幸福地做老师
Be happy Teachers
我的生本教育实践之路

荆志强 著

江苏人民出版社

图书在版编目(CIP)数据

 幸福地做老师:我的生本教育实践之路 / 荆志强著
.—修订本.—南京:江苏人民出版社,2019.9(2024.12重印)
 ISBN 978-7-214-23846-7

 Ⅰ.①幸… Ⅱ.①荆… Ⅲ.①中学—教学研究 Ⅳ.
①G632.0

 中国版本图书馆 CIP 数据核字(2019)第 215679 号

书　　　名	幸福地做老师——我的生本教育实践之路(修订版)
著　　　者	荆志强
责 任 编 辑	汪意云
责 任 监 制	王　娟
出 版 发 行	江苏人民出版社
地　　　址	南京市湖南路 1 号 A 楼,邮编:210009
照　　　排	江苏凤凰制版有限公司
印　　　刷	江苏凤凰通达印刷有限公司
开　　　本	718 毫米×1000 毫米　1/16
印　　　张	17.25
字　　　数	200 千字
版　　　次	2019 年 12 月第 1 版
印　　　次	2025 年 1 月第 5 次印刷
标 准 书 号	ISBN 978-7-214-23846-7
定　　　价	48.00 元

(江苏人民出版社图书凡印装错误可向承印厂调换)

◎愉快地工作，成就了学生，发展了自己。

◎与全国各地同行分享"生本教学"的成功和喜悦，是荆志强老师每场报告结束后的感人场景。

◎荣获全国"十一五"教育科研先进工作者后到北京参加表彰大会。

◎荆老师在全国生本教育现场会上展示课。

◎经常有来自全国各地的领导、老师听荆老师上课。

◎在上海华东师范大学讲学。

◎多次在广州全国生本会议上作专题讲座。

◎澳门政府邀请荆老师到澳门作生本教育报告。

◎在云南省红河州作生本教育报告。

◎在安徽省霍邱讲学。

◎在辽宁省沈阳市作专场讲座。

◎在河南省郑州市作生本教育讲座。

前 言

我觉得人生有两大快事:第一,做自己喜欢的事情。第二,快乐有大家分享。人生的意义在于活得有价值,有价值并不在于拥有多少金钱和荣誉,而是要让别人生活得更有价值!我是一名普通的老师,在做自己喜欢的事——幸福地做老师,和学生一起开心地学习,愉快地工作、成就了学生、发展了自己。我每天都有好心情,每天都有新发现。原来书可以这样教,生活可以如此美好!我虽无家财万贯,但这种巅峰的喜悦和快乐体验,只有体会过才知道。我也觉得自己生活得非常有价值。拥有是幸福的,分享更快乐!于是我试图把自己做的事说出来,让大家分享,期望让更多的同行朋友们也能享受到教师的职业幸福感,生活得更有价值。但总觉得没说透,我每次讲座结束,很多老师都非常希望得到我开展生本教育实践具体做法的书面资料,渴望分享做生本的快乐。有位西方哲学家说过:"大凡与人谈话意欲未尽,又不得不说,可以把它写下来。"我本来没想写书,受此鼓舞,我就把自己的教学实践具体做法记录下来,以《幸福地做老师》为名在江苏人民出版社出版。

自从 2012 年出版我的专著《幸福地做老师》以来,至今已有 7 年多。其间此书重印了 13 次,在全国教育界激起了巨大反响,好评如潮。此次纪念版中,我做了部分修订,也增加了一些照片,以飨读者。由于本人水平有限,时间又仓促,不妥处请大家批评指正。在我的公众号"荆志强幸福地做老师"中还有很多生本资料和电视台介绍我们开展生本教育的专题片、课堂实录、生本班会课等视频,欢迎大家观看!

荆志强

2019.8

目　　录

序一 …………………………………………… 郭思乐(1)
序二 …………………………………………… 朱万喜(5)

第一章　奇在哪里 …………………………………… (1)
　　第一节　经历传奇 ………………………………… (1)
　　　　一、黑板上养鱼 ……………………………… (1)
　　　　二、改行教初中 ……………………………… (2)
　　　　三、破格教高中 ……………………………… (3)
　　　　四、荆志强现象 ……………………………… (3)
　　　　五、生本花儿开 ……………………………… (4)
　　第二节　成绩传奇 ………………………………… (6)
　　第三节　课堂传奇 ………………………………… (10)
　　第四节　反响传奇 ………………………………… (13)
　　　　一、墙内开花 ………………………………… (13)
　　　　二、四方讲学，八面来风 …………………… (15)
　　　　三、媒体聚焦 ………………………………… (21)

第二章　妙在哪里 …………………………………… (23)
　　第一节　我对生本理念的理解 …………………… (23)
　　　　一、教师观 …………………………………… (24)

二、学生观 …………………………………………………… (26)
　　三、师生观 …………………………………………………… (27)
　　四、管理观 …………………………………………………… (28)
　　五、教育观 …………………………………………………… (30)
　第二节　如何引导做生本 ………………………………………… (31)
　　一、从学生层面来讲：让学生了解生本、接受生本 ………… (31)
　　二、从家长层面来讲：不用担心家长不支持 ………………… (40)
　　三、从教师层面来讲：我们教师该怎么做 …………………… (41)
　　四、从学校层面来讲：走生本教育道路，勇敢进行教学方式改革 …
　　　　………………………………………………………………… (45)
　第三节　开展生本教育的具体做法 ……………………………… (50)
　　一、生本教学流程 …………………………………………… (51)
　　二、生本教学管理 …………………………………………… (60)
　　三、激励评价机制 …………………………………………… (64)
　　四、生本课堂调控 …………………………………………… (70)

第三章　魅力在哪里 ………………………………………………… (74)
　第一节　生本故事：让事实证明 ………………………………… (74)
　第二节　课堂观察：让数据说话 ………………………………… (97)
　第三节　学生评价：让生命感受 ………………………………… (118)
　第四节　博客闪光：让思想互动 ………………………………… (133)

第四章　问题在哪里 ………………………………………………… (137)
　第一节　答别人问 ………………………………………………… (137)
　　一、自信问题 ………………………………………………… (137)
　　二、如何调动 ………………………………………………… (142)
　　三、进度问题 ………………………………………………… (147)

四、成绩问题 …………………………………………… （152）
　　五、评价问题 …………………………………………… （155）
　　六、发展问题 …………………………………………… （159）
　第二节　做生本要注意几个问题 …………………………… （162）
　　一、前置设置不妥 ……………………………………… （162）
　　二、讨论不够透彻 ……………………………………… （166）
　　三、不能持之以恒 ……………………………………… （168）
　　四、自治执法不严 ……………………………………… （169）

第五章　一起做生本 ……………………………………………… （170）
　第一节　生本教育之花盛开 ………………………………… （171）
　第二节　全国各地网友评价 ………………………………… （179）
　第三节　各科生本模式介绍 ………………………………… （196）
　第四节　生本管理之花绽放 ………………………………… （221）

第六章　课堂实录选 ……………………………………………… （225）
　课堂实录1　数学课，还可以这样上！ ……………………… （225）
　　一、自学交流，自主成长 ……………………………… （225）
　　二、几点启示 …………………………………………… （230）
　课堂实录2　变教为学，变听为讲，彻底变革课堂教学 …… （232）
　课堂实录3　抛物线的几何性质 …………………………… （239）
　　一、先学研究 …………………………………………… （239）
　　二、课堂展示 …………………………………………… （241）

序一

郭思乐

荆志强老师的书《幸福地做老师》要出版了,他要我写个序,我一直想着,荆志强老师是个名人,这是他出的第一本书,要好好地写写,结果反而把时间耽搁了好久。

荆志强老师教学经历丰富,他选择了生本教育,并且把这和幸福联系起来,我认为,这是他对自己教育生涯和教育思考的高度凝练。他在自己的教育工作中,很早就自发地采取了让学生自主的教学方法,但不满足于方法的改变,而是去追求更高的境界。在朱万喜校长的关心下,他积极学习教育的思想理论和实践经验。他选择了生本,他说,这是他教育生涯的最棒选择,生本教育成就了他,但我想说的是,他言重了,生本教育是有作用的,荆志强老师却是自己成就了自己,而且他的实践,丰富和加深了生本教育的实践和思考。

这就是,生本教育可以使教育者幸福。或者说,教育可以使教育者幸福。傅国亮先生在一个新年赠言中说:"年年讲幸福,幸福很简单,只奉献,不索取。"我们说,这是一个很高的境界,人们只能努力追寻才能达到,所以还有许多不幸福、不快乐,它构成了我们真实的人生。然而,有一种奉献,同样是真真实实地存在的,这就是自上而下的父母之爱,父母因此也就得到了终生的幸福,因为他们的彻底奉献。与此同时,大自然还安排了一种爱心,就是人类精神的传承,需要有教师,教师天然地就是做奉献,把自己之所学,奉献给学生,于是,有"教者父母心"之说。我观察荆志强老师,读他的文字和听他的课,感到他的特点,最重要的也是这样一种为人父母般的奉献精神。

现在的问题是,不知多少以奉献为己任的教师,却没有享受到这种幸福。相反,不少教师朋友厌教了、倦怠了,原因何在呢?荆志强能享受其中乐趣,他的奉献有何不同呢?许多人探究荆志强,希望找到答案。

前些天我和常州横林班的学员去了丹阳六中,又一次听了荆志强老师的课,和大家一起赞叹,学生是这样的出色,课堂是那样的活跃。一位听课老师说,学生为了显示自己,争先恐后地上去。我忽然想,似乎不完全是这样,展示自己,已经不是课堂的主流,课堂完全是在对数列进行深度的研究,这个时候,打动大家的,震撼每个孩子和老师心灵的,是向着知识进军。没有什么比此刻的创造,比对自己成长的真切感受更激动人心。不是为了与同学比,不是为了与别的什么学校比,不是为了赢得掌声,而是他必须对这道题、这个内容有所发现、有所表达。教师也如此,他只是在帮助同学,而不是在讲书,他也沉浸在与学生的分享之中,这是一种复杂的感情,却表达得如此清晰和直白,其中最强烈的是对孩子们创新的喜悦,荆志强老师高度信任和尊重学生,学生也不负他的信任。所以,荆老师的奉献,是智者的那种奉献,他最大限度地理解学生,过去被认为最差的学生,现在成为最热心的解题者。63人的一个班,一次数学的市考平均分达到146分(满分160分),而且,"一科把人带上去,各个学科站起来",他所在的班不仅数学最好,语文和英语成绩都是全校最好的,所在班级的班主任、语文教师洪琴华老师说,感谢荆志强老师的数学教学,无论哪个学科,我们的孩子们都喜欢学习了。

真诚,知人善任,高度尊重学生和全面依靠学生,是生本教育的宗旨,是对于生命最大的爱,这就是荆志强老师的奉献的特质,也是他的成功之道。

这种默默的爱的力量同样"直教人毕生相许"。

这也是乔布斯最感人的故事。乔布斯说,他的父母出身贫寒,但是为了一个送他上大学的承诺,仅仅在送乔布斯上大学的头几个月,就耗光了积蓄,乔布斯因此作出了他最重要的也是后来认为最好的决定:辍学。但是,乔布斯用其毕生,去上了"他自己的大学"——他成为伟大的发明家。乔布斯是性情中人,我看到 iPad 上的苹果标识是带有缺憾的,有裂纹的,苹果的小枝居然是为风吹斜的一朵烛焰!在那个聪明绝顶的头脑中,这想要说明什么,又想暗示什么呢?我们大家都没有留意。可是到了今天,我们可以读得懂那耿然在魂梦之中的是什么了。我没有系统读过乔布斯传,只记得他自己说,当年他父亲教他油漆栅栏的时候,不仅要他把人家看得到的一面油得精美,对人家看不到的另一面,也要油得精美,他说,这样人家看起来会觉得你认真。乔布斯说,这对他后来学习美术字,直到现在他把它用在苹果电脑中那些美术字深有影响,他说,我学会了"怎样才能作出最棒的印刷式样,那是一种科学永远不能捕捉到的美丽的、真正的艺术精妙"。在这样的体验之中,我们感受到了一个人的发展背后的爱的力量。

我认为,这也正是荆志强老师的强项,荆志强老师的奉献与人的区别就是,你们教书,他教人;你们教人,他把教人转变为帮人学;你们帮人学,他给人最大的信任与依靠地帮,他把学生组织起来,理清头绪,进入自主和自为。荆志强老师第一学历是水产养殖(人们说,可能使荆志强更感受到人像鱼那样都是自己长大)、担任过"养鱼"教师和校办厂的工作,还是五六千人的学校的总务主任,但他主动要求上高中数学课,他和广东的周伟锋老师、胡首双老师一起,用自己的实践,说明了生本教育,高中更要做,高中更好做,高三更要做,高三更好做。高三的数学更好做。这将会对高中教学改革带来巨大影响。

荆志强对于学生的智者之爱,还表现在他对于数学的独特而平凡的认识,他丰富的阅历,使得他更多地依托生活和敏感去研读数学,而这正是学生认识数学的途径,所以荆志强的教学总是那么自在和自然,总是用生活中的真善美去启发人思维,使每个学生的数学领悟都扎根于深厚的生活土壤。我们之所以说他对数学的认识独特,是因为目前像他那样思考的人不多,之所以说他是平凡的,是说如果不被扭曲的话,人们原本就应当这样想。

荆志强的教学成就和他的快乐教育生涯,让人艳羡和思索。读荆志强,我们会觉得,他那些平常岗位中知人达世的丰富阅历才是真正的财富,这是任何对他教学的录像和微格分析,都很难揭示出来的奥秘。这促使我们想起一个大题目,我们应当改革教育教学,使孩子们能更多地思考,进而有更多的时间和精力离开短期应试思维,走向发自内心的思维实践和生活实践。我们为之努力了13个年头的真正的以生为本的教育,正在带领实验教师和实验学校走向"小立课程,宽着期限,大作功夫",孩子们有更多的闲暇、更多的实践、更优异的成绩的日子,已经为期不远了。

这就是我的感想,由荆志强老师的幸福想到整个教育,想到生本教育的使命。是为序,请读者指教。

(作者系我国当代知名教育家,生本教育创始人,华南师范大学教授,博士生导师,中国关心下一代工作委员会专家委员会特聘国家级专家,全国教育发展战略研究会理事,广东省教育科学研究所所长,享受国务院特殊津贴。)

序二

朱万喜

由全国著名教育家、华南师范大学郭思乐教授主持的生本教育课题研究在全国极具影响,实验学校达到数百所,生本教育的核心是"一切为了学生,高度尊重学生,全面依靠学生,生本教育理念下的教学观就是关注生命,关注状态,把'为教师好教而设计的教学'改变为'为学生好学而设计的教学'。把主要依靠教师教转变为(在教师的帮助下)主要依靠学生学。教师应该由'纤夫'变成'牧者'!"

从2009年的情人节"约会生本教育创始人郭思乐教授"到今天,我们丹阳六中的生本教学已经历经了近三年时间。在"专家引领、典型引路、科研支撑、氛围推动、骨干先行"的基本思路指导下,我们的生本教学在省内外产生了广泛的影响,同时也逐步成为学校"自主建构教育"特色建设的主要亮点。

应当说,实施"生本教学",对我们丹阳六中来说,这并不是空穴来风,也不是心血来潮。多年来,我们积极践行"觉悟"核心办学理念,在努力培养"不需要特别提醒的自觉"中,从行动研究、课题研究、课程研究等三个层面,逐步完善了以《中学生自主管理研究》《中学生自主学习策略研究》《自主课堂实践研究》等为依托的"自主建构教育"。可以说,这些以"自主"为核心的教育教学研究,特别是以荆志强为代表的"自主课堂"实践为我们对接生本教学、实施生本教学提供了丰厚的土壤。

以"自主"为核心的教育科研是开展生本教学的基础。在2005年至2009年的五年时间里,丹阳六中独立承担了国家级课题研究《中学生自主学习策略研究》。在这个课题的引领下,学校借助于"江苏省教科研基地"和"丹阳六中教师发展学校"这两个载体,广泛渗透"以生为本"的教学理念,广泛开展"自主课堂——教师何为""自主课堂——让学生在自主课堂中泛化活力"等主题研讨活动和教学实践活动,创设了以自觉策划、自主学习、自能成功、自身完善为核心的"自主课堂"氛围,形成了19种自主学习校本教材、2本专著、50多篇专题论文。多年的教科研实践不仅为建构"生本教学"积淀了丰厚的养分,而且为进一步拓展"生本教学"增添了动力。

以荆志强为代表的"自主课堂"实践是开展生本教学的典范。多年来,我校的总务主任、数学教师荆志强,他的课堂教学特别注重发挥学生的主体作用,教学效果一直非常优秀。于是,结合独立承担国家级课题《中学生自主学习策略研究》,我们坚持开展与自主学习相适应的课堂教学模式探索。经过市教研室专家和同行名师的课堂观察,大家一致认为,荆老师的"自主课堂"值得总结、值得推广。不久,我们在《人民教育》2008年第11期看到了一篇极有魅力的长篇报道——《郭思乐和他的生本教育》。我们认为,荆志强老师的"自主课堂"和郭思乐教授创立的生本教育有着共同的特点,有着惊人的相似。在2009年2月14日情人节的这一天,我们"约会了郭思乐教授"。在观摩荆志强老师的课堂、参与教师沙龙之后,郭思乐教授在《寻觅教育的春天》一文中这样描述:"在丹阳六中,我遇到了令人感动的事:荆老师的四位学生,自己来到教师沙龙现场,要求发言,他们想要说自己对生本的、对荆老师的感激,他们说得那么好,那么自信大方,充盈着感情,他们对生本的认识又是那么真切,全场动容。我忽然想到了,哪怕是高三禁区,哪怕是原来成绩很差的班级,生本教育都能使人发生剧烈变化,而孩子们自主地、快乐地成长了,这就是教育的春天。"

因为共同的理念,相通的实践,我们走到了一起,达成了双赢:我们找到了生本教育理论的引领者;郭教授找到了生本教育理论的实践者。郭思乐教授对荆志强老师的充分肯定与高度评价,为我们进一步推进生本教学增添了信心。2009年11月下旬,镇江市教育局副局长陈国俊曾带领基教处、电教馆、教科所主要负责人亲临丹阳六中调研荆志强老师的生本教学,达成了"值得推广、惠泽地方"共识。在2009年12月上旬丹阳市教育局举行的"打造活力课堂、推进教学改革"现场会上、在2010年4月上旬全市区域品牌建设推进会上,在2010年全国第三届中小学校长发展论坛上,以荆志强为代表的生本教学团队沙龙和课堂教学展示受到了与会专家和老师的高度好评。

近三年来,荆志强频频应郭教授邀请参加全国生本教育学术报告会作经验介绍;荆志强"生本课堂"教学实录常常被郭教授大会重点介绍,在各种场合播放推广。于是,荆志强的"生本课堂"引起了连锁反应,省内外数十家单位和学校前来考察学习,荆志强应邀在全国各地20多个省市作课堂教学专场报告250多场,足迹遍布北京、上海、广东、广西、浙江、安徽、福建、甘肃、青海、山东、辽宁、湖南、河南、湖北、贵州、吉林、四川、重庆、新疆、云南、江苏等地,2010年8月下旬,澳门政府邀请荆志强作专场讲座。继2008年《基础教育》杂志刊登荆志强老师的事迹以来,《丹阳日报》《镇江日报》《镇江教育》《扬子晚报》《人民教育》《中国教师报》以及省市电视台等诸多媒体先后报道了荆志强和丹阳六中生本教学的典型。短短三年多时间,荆志强成了蜚声全国的生本教学名人,2010年,荆志强被授予"镇江市学科带头人"称号,2011年,荆志强被列入"江苏省特级教师培养对象""江苏省三三三工程培养对象"。与此同时,我们丹阳六中的声誉也随之不断扩大。

"等闲识得东风面,万紫千红总是春"。在成就自己的同时,荆志强想到更多的是成就他的团队,成就他的学校。因此,他首先把自己的教学经验和教学模式毫无保留地传授给全体教师,接着在学校成立的"生本教育工作室"、在被镇江市教育局确立的"生本教学"学校特色项目中担任主角。一方面,他积极加强理论学习,另一方面,他坚持生本教学的创新实践,力求做到把新课程的美好理想和常规教学有机融合,把繁重的课堂讲授变为轻松机智的主持,让学生从被动的听众变成课堂活动的主角,让学生的综合能力在轻松高效的课堂中得到提高。而他的"先学后教、以学定教、少教多学、师生互动"的生本教学模式也被愈来愈多的教师所认同接受。

在他的影响和带动下,教师教学理念和教学方式在转变,教师教书育人理念和管理模式在转变,生本教学实验扩大到各个学科,生本管理实验班级达到三分之一以上。我们欣喜地看到,在生本教学的强势推进中,学生获取的不仅仅是知识、成绩,更是成长、成才。2010年,以荆志强老师为代表的、体现生本教学理念的《普通高中自主课堂建构》获得江苏省首届基础教育改革成果评选二等奖,由荆志强老师主持的全国教育科学"十一五"规划教育部重点课题《以生本教育推进素质教育促进教育均衡的理论和实践研究》已在全国范围推广。目前,借助于"生本教学实施方案""生本教学特色项目""生本教育工作室"这些有效载体,既有理论指导、又有实践典型的系统化和文本化的生本教学特色正在丹阳六中逐渐生成。

"大家好才是真的好"。为了让更多的教育工作者分享生本教学的成果,荆志强老师撰写了《幸福地做老师》一书。我想:如果用心读完这本书,你一定能够从他独特的思想、独特的经历和独特的教学中感悟到独特的魅力;如果用心去做,你也一定会在在平凡的教育岗位上成就学生、成就自己、享受幸福。

2011.12

(作者系丹阳市第六中学校长、江苏省特级教师、江苏省人民教育家培养对象。)

第一章　奇在哪里

有人说我是"生本教育实践名师"，

有人说我是"史上最牛的总务主任"，

有人说我是"北有魏书生，南有荆先生"。

……

这些溢美之词让我愧不敢当。没有人比我更清楚，我其实就是一个在基层默默探索的生本教育实践者。

第一节　经历传奇

一、黑板上养鱼

我出生在江南鱼米之乡，1986年拿着淡水养殖专业的证书大专毕业，回家乡职业中学水产班教学生养鱼。本来想，一生就这样与鱼嬉戏，与水为伴。乡镇职业中学的教学条件差，只能在"黑板上养鱼"。一支粉笔，一块黑板，我讲得口干舌燥，学生听得昏昏欲睡，真可谓：学得无趣，教得无聊。"要改变！"那时候，职业中学还不流行"改革"这个词。经学校同意，我自己承包鱼塘，把上课地点安排在鱼塘边,在养鱼过程中进行教学,教学的效果大大提高,学生学习兴趣大增,午休时间甚至放学放假了还三五成群地往鱼塘边跑。选鱼苗、喂鱼、给鱼治病甚至卖鱼,学生们不但学得带劲,干得更卖劲。在做中学,在学中教,教学合一。我把这次教学改革称为"养鱼教学法",它教会了学生很多在黑板上学不到的东西。后来生本的做法可能缘于养鱼,对生命的尊重。

二、改行教初中

鱼塘教学法的实施时间并不长,市场的变动直接影响职业学校专业的开设,水产专业停办了,我处于专业失业状态。为了生计,我向学校领导提出了教数学的要求。经再三请求,专业不对口的我被安排到镇中学的下属中学教数学"试试看"。这所学校地理位置偏远,教学质量薄弱,教育管理也松散。"天高皇帝远"。为了学校创收,当时我还承包了校办工厂,由于跑业务,经常"一天到晚不在家",根本就是"不务正业"。特殊情况逼出特殊办法,我重点培养优秀学生当小老师,让小老师代替我上课,作业也由学生自己交换批改。回校检查作业情况后,我再做相应安排。谁知期中统考结果却让人大吃一惊,甚至不可思议。我班数学成绩提高到90多分,比平行班高出10多分。与那些加班加点实行题海战术的教师相比,我仅仅课到人来,课完人走,此外我并不占用学生的课时,也不给学生布置过多的作业。在校长的眼里,这样的工作态度即便不说是消极,也绝对算不上积极努力。成绩这样好,学校里一下炸了锅,大家议论纷纷,羡慕嫉妒皆而有之,当然免不了有人说三道四。既然影响这么大,校长也重视起来,委托教务处调查此事。于是,教研组跟踪听课,学生民意测验,结论是:我的课堂上都是学生在主讲,连平时进校不带书包的学生也踊跃上台辩论,月末学生人人有奖。期末考试,校长亲自出马监考,并组织其他年级教师细心批阅。公布成绩时,我任教的这个公认的基础薄弱班数学成绩全镇第一,校长不禁拍案称绝连呼三声,真是个奇才。新学年,教务处特意安排我担任一个纪律混乱的班级做班主任,并美其名曰学校对我的考验与重用。我不在乎别人的评说,课堂上依旧让学生主讲,作业让学生批阅。无论是抽考还是统考,班级数学成绩总是稳居全镇第一。我另辟蹊径的教学法,学生不苦,教师不累,家长不愁,效果不错。我一下成了杏坛怪杰、教苑奇葩,身上笼罩着一圈神秘的光环。

三、破格教高中

那年县城新办丹阳六中,全市招聘老师,竞争者芸芸,没有任何背景的我凭一堂试教课被"破格"录用。到了高中,压力很大,因为大部分题我都不会做,上课怎么办?只能全面依靠学生,跟学生讨论啊,学生中有会的,就请他来讲。同学们可自由上台展示各种不同解法,谁讲得好就听谁的,这个办法很奇怪,比起教师教学生学,效果要好得多。学生很有成就感,学习的兴趣上来了,学生自主学习的积极性上来了,学生自己掌握的比教师教会的效果更好。

当然,我知道并不能真的等着让学生来把教师教会,那只是开始阶段的应急之举,教师必须把所教学科的知识全部弄懂,融会贯通。一方面我通过函授取得了数学教育本科文凭,另一方面我每天只睡几个小时,做了大量的学习笔记,单是关于每一章知识点、能力点、主要题型,学生易错题的活页笔记,就有20多本。数学特级教师秦汉光看了以后说,这些都是宝贵的财富啊,可以说"价值连城"。最珍贵的是"备课收集本",我是"先备课——上课——再备课——再上课",不断更新,越来越厚。备课"一次次重备"是低水平的重复劳动,不如"一次一次增加"。备课不是教师知道要讲什么,而是要知道学生学习需要得到什么帮助。

四、荆志强现象

高考,作为高中教育的终端考试,其重要性对于高级中学而言是不言而喻的。在经历高考的检验之前,我的教学是不会得到公认的,虽然我教的学生成绩在高一、高二一直都名列前茅,但还是招来很多质疑和非难,甚至说我不会上课。但我是幸运的,高考一战成功取得优异成绩。对此,时任六中校长的刘元良提出了"荆志强现象"。所谓"荆志强现象"大意是荆志强专业功底浅,水产专业半路改行教数学,初始学历是大专,却能执教高中。由于能调动学生,教学效果就好。他提出"荆志强现象"的初衷是希望学校的其他教师向我学习,提高教学效果,保证高考考得好。与"现象"相对的是规律,刘元良调任丹阳市教育局局长后,朱万喜成了现任校长。朱万喜是特级教师、丹阳唯一一位"江苏省人民教育家"培养对象,作为一名学者型校长,他更希望能从荆志强现象中找出促进学生成长的教育教学规律,更希望从教师的"个人成长"到"群体成长"①。朱万喜校长说:"荆志强教学效果这么好,我们要研究他,调动学生的积极性肯定是对的,身边有这么优秀的典型,作为校长,我们没有理由不支持,没有理由不推广。"于是丹阳六中申请国家级课题《自主学习策略研究》,组织课题组的成员们积极探索"教师把繁重的课堂讲授变为轻松机智的主持、学生从被动的听众变成课堂的主角"这种高效轻负的教学模式,千方百计调动学生学习的积极性,真正让学生动起来、学起来,真正让学生成为学习的主人。

五、生本花儿开

在研究"荆志强现象"和开展国家级课题《自主学习策略研究》的过程中,丹阳六中与原江苏省教育科学研究所(现江苏教育科学院)联系成为省教科所的一个"基地"。几次基地活动中,"荆志强现象"都得到省内专家的好评,朱万喜校长感觉到需要从教育理论上对"荆志强现象"加以提升。一次偶然的外出学习,朱万喜校长接触到了广东省教科所、华南师范大学郭思乐开展的国家级课题研究项目"生本教育",朱校长立即查找到《人民教育》等关于"生本教育"的相关介绍:"一切为了学生、尊重学生、依靠学生。"我们不正是这样做的吗?朱校长立即和郭思乐教授取得联系,邀请他到六中指导。郭思乐教授亲临丹阳六中作了精彩的"生本教育"报告,现场考察我的课堂教学,并和全体教师一起举行教师沙龙。六中非常重视这次活动,特邀了国家督学、原江苏省教科所所长成尚荣先生主持,六中教学顾问、丹阳市教科所所长董洪宝主任也参加这次活动。这一天是2008年2月14日,恰逢西方传统节日情人节,浪漫的六中人

---

① 周竹生、贡永清:《从教师"个人成长"到"群体成长"》,人民教育出版社2009年版,第15—16页。

第一章　奇在哪里

将当天举办的教师沙龙主题确定为：约会郭思乐——从师本向生本的华丽转身。

当天，在郭思乐教授讲学之后，活动似乎变成了我的个人约会，精彩的课堂展示之外，教师沙龙讨论点集中在"荆志强现象"里。我的个人特点需要不需要、能不能仿照，课堂怎样以学生为本呢？教师们对"生本"这个陌生理念从各个不同的角度提出了咨询与质疑，而所有的质疑点因顾及到郭思乐的教授身份和客人面子，而集中到对"荆志强现象"推广的问题上，有赞同的，也有怀疑与反对的。"学生真的可以相信吗？""高三能开展生本吗？""各科都生本，时间不够怎么办？"双方交锋不下，场面十分热烈，火药味也相当浓烈。这时，主持会议的国家督学江苏省教科所睿智的成尚荣老所长发现：教师沙龙现场几位我的学生悄悄跑来旁听，他们知道当日教师沙龙是讨论我的教学，感到好奇而自发进来的。（用董卿的话说：他们绝对不是托！）成所长当即就变动了主持程序，表示：今天我们讨论的是荆老师的课堂教学，课堂教学的效果怎样？学生最有发言权，既然老师们的观点有所争议，我们不妨先听听荆老师的学生的看法吧。几位学生被成所长请到了沙龙主席台上，这几位我刚教了一学期多的普通班的学生面对全体教师敢说话吗？又能说些什么呢？

学生说：以前碰到这种场面，我们不敢讲。虽然我的脚在发抖，但是我们不怕，通过平时的训练，我现在想讲、敢讲。以前，课堂就是老师的课堂，他们在那里讲，我们就是在下面听，他们是主持人，我们只是听众。所以老师讲多少我们就听多少。我们荆老师是一个老师，我们学生是46个学生，他一个老师可以讲出几种方法，我们46个学生可以做出几十种方法。可以说，科学地讲，我们的方法要多于老师，或者说老师虽然有方法，但是我们的方法可能会优于老师……请你们老师能够下台，让我们学生上台。也就是说这个舞台不是你们老师的，是我们学生的。因为你们培养的是我们，而不是你们自己。展示的是我们，也是你们自己。①（我的博客的播客中有现场录像）

---

① 根据当日教师沙龙现场摄像讲话实录（有节选）。

掌声,热烈的掌声,这时不管是支持、质疑,还是反对的老师都一起鼓掌,为学生鼓掌。在完全没有预设的情况下,学生用即兴发言表达了自己对生本教学的真切感受,这些孩子向全体教师展示了普通班学生不普通的成长,这些普通班的学生用行动撕掉了贴在他们身上的标签。这些孩子不是被安排发言的,但无论如何,他们的确言为心声。

约会郭教授有了意外的收获,学生的真情流露打动了现场所有人员。我也是泪流满面,学生的认可是我们作为老师最大的幸福。每次想到这件事情我都很感慨。发表感慨的还有郭思乐教授:

在沙龙的过程中,我遇到了令人感动的事。荆老师的4位学生自己来到会场,当被要求发言时,他们说出了自己对生本的、对荆老师的感激,他们说得那么好,那么自信大方,充盈着感情,他们对生本的认识又是那么真切,令全场动容。我忽然想到了,哪怕是高三禁区,哪怕原来"成绩很差"的班级,生本教育都能使人发生剧烈变化,而孩子们自主地、快乐地成长了,这就是教育的春天。[①]

我们一直探索与众不同的教学方法终于得到了专家理论的支撑!一南一北,一个普通的实践者,一个著名的教育家,我们有着不谋而合的想法与做法,我们也有着精神和志向上的情投意合。郭教授千里追寻的钟情与指点更坚定了我把"生本课堂"开展得更好的决心。教育之本,首在生本。这是郭思乐教授强烈的呼吁,也是我深切的体会。门人知己即恩人,让我们追随着郭教授的梦想,真正做到让孩子们把学习变成自己的心仪和魂梦,让课堂成为我们的心仪和魂梦。

第二节 成绩传奇

下面还是想说一下我践行生本教育取得的一些成绩,虽然微不足道,但我觉得对生本教育只要真相信、真实践,一定会有真实绩。实际上我仅是一个代

---

① 郭思乐:《寻觅教育春天的定义》2009年2月16日。

表：郭教授做生本十多年,结出丰硕的生本教育现实之果。涵盖了从小学、初中到高中各个学段、各门学科,全国各地实验学校在终端考试中都取得了比原来好很多的成绩。有人说生本教育是"必胜客",而且越做越强,人见人爱,可见其具有强大的生命力。

在历年统考及高考中,我所教班级频频传出振奋人心的业绩,我们学校朱万喜校长总结说:"荆老师无论教那个年级比平行班总要高出十几分!"我们虽然是二类学校普通生源,但我教的学生成绩不仅总是名列同类型班前茅,而且一直保持与一类学校并驾齐驱或领先一步的格局。我最在乎的还是学生的评价。学生司马文浩说:"今天高考成绩揭晓了,当我看到我数学成绩165分时,我非常吃惊,因为这远远超出了我的预想,但随后我也觉得是在情理之中,毕竟教我们的是位堪称一流的'王牌老师',是一位创造了太多奇迹的神奇老师。生本教育让我们感觉高考时如同平时一样,衷心地希望老师的生本教育可以造福更多的学弟学妹,圆他们的大学梦。"学生李小云说:"高考我最想谈的是数学,我这次考了156分,不算太高,但我感到十分满意。因为若是从前,我要考到这个成绩就是'痴人说梦'。这一切我最想感谢的是荆老师,是生本教育挽救了我,是他的开放课堂帮助了我。使我从心里想去学,因为我渴望得到同学们支持的掌声。因为以前是老师要学生学,是鞭策力;现在是我自己要学,激发的是内在的求知欲,是一种渴望,一种从心底升腾出的力量,正是这种力量为我赢得了满意的成绩。"

郭思乐教授撰文《大哉,教中无我》——来自荆志强老师的风采:

生本教育为我们创造了一个非常大的空间,我们在此中会有许多创造。然而,一般来说,我们都还是"有招"。打一个比方,我们如果做诸葛亮,也不过是一边造箭,却又一边借箭的诸葛亮,不是那个摇着鹅毛扇,谈笑自若的"无招"(根本不去造箭)的诸葛亮。草船借箭的故事,说明了"此时无招胜有招"。诸葛亮一下子借了十万支箭,原因是他的无招,出自于深知曹操有箭,而且肯射箭。现在的问题,就是如何激发曹操射箭的问题,不是造箭的问题。

于是我们联想到教育,我们知道孩子们有才,也肯于用才,现在的问题是我们怎样激发它施展,所以,我们也几乎不"造箭",我几乎不去研究他们在学习上多少时间就会分散精力的问题,研究我如何讲解他们就易于接受的问题,而是研究他们怎样组织起来,怎样自己学起来。我只做这些事情,而过去却认为,这些不是我们应当做的事情!

这就是荆志强的精彩。他真的能这样做——努力无招。原因何在,高度相信学生。也许这是因为他自己的成长道路并不平坦,他从中体会到了,感恩老师的同时要更相信自己:听老师的话是对的,但是更多时候,老师帮不了自己的忙,于是,自强不息成了习惯。前些时候,我在这里讲了荆志强的故事,63人的新组建的班,居然在期中统考中,获得了平均分146分的奇迹般的分数。在想象之中又在意料之外,146分,63人,这当然是奇迹!那么,这位借箭的诸葛亮,现在的分数又如何?最近统考统一阅卷,他教的生本班各科均全校第一。语、数遥遥领先,全校总分前十名他教的班占8名,他班前1—6名就是年级前1—6名(全级20个班),班第7、8名列全级第9、10名。荆志强老师的教学业绩尽管是意料之中,但也还是在我们喜望之外。也许更重要的是,注意并且学习了他的无招之道,受用无穷。诸葛亮真的无招吗?他准备船只,训练军士,这些不是招吗?我们说,这是为了无招的招,此招不是那招。大哉,教中无我。

刚结束的全市高三期末考试中生本班的学生又取得优异的成绩(网上阅卷):虽然数学试卷难度大,能力要求高,但我们班数学平均分仍超过最好学校14分,其他各科也都取得很好成绩,全班超额完成本科模拟指标。最高分徐志强同学数学190分(满分200分),总分417分(超本二模拟线100分)进入了全市第二名,有了冲击北大、清华的可能,简直不可思异,但生本就能达到这种极致;原来基础很差的赵佳斌同学也进入了本二模拟线。实践证明开展生本教育,不管基础好差的学生,终端考试中都能取得比原来好很多的成绩。

还有数学竞赛,全校两个最高分全在我班,说明生本培养的学生不仅成绩好,而且能力强。自主招生、招飞等我们班也是捷报频传,江苏小高考:我们班各科平均分均最高,达A人次,4A的人数最多,甚至一个班级的4A人数比得上一所同类学校的4A人数,高考加分是全校各班最多的班级等等。班主任说:"生本教育静待花开,我们似乎听到了花开的声音。"郭思乐教授总结:"一科把人带上去,各个学科站起来。"学生成绩的突出不仅仅表现在数学一门课上,他们在课上培养的自主合作探究能力在各门学科上也都开花结果。

更重要的是学生学习状态非常好,快乐幸福,阳光活泼,享受学习。班主任洪琴华老师说:"学生好像着了魔一样想学习。"教务处汤主任亲眼所见我的学生放假不肯回去,想留在学校学习。

下面我们选看几位学生发自内心的诉说:

焦如鸣:课堂不再索然无味,同学不再冷若冰霜,一年经历,一世珍藏!

徐小雅:班级是一个活跃的大舞台,每个人都能成为台上最耀眼的明星。一次次的上台展示,就有一次次的收获;班级是一个温馨的大家庭,有父母般的老师,兄弟姐妹般的同学,我阳光、我快乐、我奋斗!

赵佳斌:是生本课堂教会了我们如何快乐地学习,在做题时,我是快乐地去做,去享受它,我觉得不要惧怕题目,钻研做出一道道难题,或是速度比别人快,那种幸福、优越感,无法言语,只有体会过才知道。课堂是我们的舞台,可以积极地上去讲题目,当每一次我把题目讲对了,同学们掌声一片,同学们对我都刮目相看,我的自信心顿时猛增,脸上的笑容也更加灿烂,我觉得那真是一种享受,真是一件很快乐的事。

……

郭思乐教授说:"我们极其轻松地看这些变化。分数是必然的副产品。哲人不看分数,只看状态,看到了学生的学习状态,由后往前看,看到了教师怎样教。而现在看来,都要把握事情的本质。例如,要理解,教育其实就是促使学生自己成长。"事实上,我们看分数只是表面,最重要的是很多我们无法通过考试来衡量的素养、能力,我们中国已经是教育大国,但大而不强,我们的人才数量已经超过美国,但创新人才远不够,事实上,生本学生所学大多无法用考试体现。教育家熊丙奇说:"知识、能力、素养是决定人生的三大要素,中国式教育着重知识。人力资源理论认为:从小到大学到的知识所起作用不到5%,能力和素养才是终身受益的。"生本教育培养的学生获取的不仅仅是知识、成绩,更是成长、成才。成长在前,成绩在后,素质高,能力强,何愁考,最后的考试成绩肯定好。刚揭晓的2012年高考,我们学校再次取得优异成绩。我教的班级学生也同样取得辉煌成绩,普通中学一个班级共63人,本二以上达线57人,达线率90.5%,其中本一以上重点大学达线33人,达线率52.4%,准空军飞行员一名。优秀学生名列全市前茅、全省前列。很多基础较差的学生也纷纷进入本科线,就连当年进班处于全年级700多名的蒋成良同学也超出本二线12分。2016年高考所带班级三类生源100%考上本一重点大学。这些看似不可思议,但生本教育就能让学生达到这种极致。

第三节 课堂传奇

讲台变舞台,教师的生命在课堂,教师的光彩在课堂,教师的魅力在课堂。那么这个课堂究竟是什么样?

让学习与愉悦连接:学生上网、打游戏那么着迷,如果上网游戏由老师教,做很多填空还要考试训练,如何打?学生说:我不想打了。我在想能否把上课变成和学生在一起玩游戏,学生就肯定喜欢上课学习了。如果让学生一旦有了巅峰体验:幸福经历生命力量焕发的瞬间,人生需要的支点,一旦体验,其乐无穷,一发不可收!我想,姚明、刘翔等可能就是这样的。

所以我努力把繁重的课堂讲授变为轻松机智的主持,让学生从被动的听众变成课堂活动的主角,颠覆了传统课堂,转换了师生角色。把课堂变成剧场,小品、相声的舞台;媒体说我上课如同王小丫主持的《开心辞典》,学生人人开心;李咏主持的《幸运52》,学生个个幸运。我教的班级是一列动车组,给每一个学生都安装了一只"内燃机车",一起奔跑。教师以轻松悠闲战胜了"汗水主义",从严苛复杂走向了"充满活力的简单"。

传统课堂是会议报告厅。主席台上一个人在读报告、念文件,会场上所有的人正襟危坐,鸦雀无声。

第一章 奇在哪里

我的课堂是剧场,有时是小品舞台,有时是相声舞台,有时是多幕话剧舞台,有时是东北二人转舞台。在我的课堂里,老师不再是学术报告人,有时是端着盘子,围着毛巾,吆喝着招徕生意的跑腿小二,有时是坐山观虎斗的闲人,有时是指挥千军万马的将军,有时是说戏排布的导演。

上课铃声一响,帷幕拉开,短兵相接,好戏连台。

开戏就交上火,引出问题,各路豪杰,粉墨登场。

随着剧情的变化,指挥员和战斗员之间的角色不断发生变化,指挥棒也在不断地交接。通常在我的课堂前方的投影屏幕下方会并排放着好几根教棒,在讨论一个数学问题时,座位上任何一个学生都可以在举手示意后,带着自己的讲义,直奔讲台,用多媒体实物投影展示自己的做法,手执教鞭讲给大家听。一个同学讲完后,其他同学有不同做法的,可接着上去讲。

学生跑上跑下,指指点点,议论纷纷,在我的课堂里习以为常。

有次公开课,各学校的很多老师来听课,发现我教的学生自主学习做得非常好,学生抢着上台,神情大大方方,讲得头头是道。听课的老师们在交流着感受,都以为这个班学生素质非常高,而且肯定经过很长时间的训练。其实不然,这个班是刚组建的一个普通化学地理选科组合班,我接班才一个多月。

就像体育比赛一样,我的课堂里有裁判员,也有记录员。一个学生站起来回答问题,化解难题,结束之后,我要引导学生进行五分制评分。这时学生评委代表往往会高声唱分,课堂里不时响起"四分、五分"的评分声音,在得到大多数同学的认可之后,记录员会及时将评分结果计入该同学的数学学习档案,作为评定平时数学成绩的一项依据。遇到特别精彩的回答或者独到的解题方法,全班同学会习惯性地给予掌声鼓励,裁判员也会给予更高的分数。遇到疑难杂症,班级的学术仲裁委员会成员便会披挂上阵、奋力攻克。

我的课堂中学生比教师讲得多,发现存在问题比讲授新的知识多,场次更新快,知识容量大,学生得到的实际锻炼和收效多。课堂里掌声多,笑声更多。我把数学语言转化为通俗易懂的生活语言,把生硬的数学公式赋予时代的流行色。数列递推问题被我叫做"退一步海阔天空法",恒成立问题被我叫做"走极端",线面平行判定定理被我叫做"里应外合",线面平行线线平行被我叫做"顺其自然",异面直线问题被我叫做"取点推线,相交则灵",几十个诱导公式被我总结成一句口诀:"符号看象限,横不变竖变"……代名词代替数学公式,学生易记易背,充耳不忘。用幽默激活课堂。

学生感受:

学生荆文华说:"我从小到大都不怎么喜欢在课堂上表现自己,每次老师叫我站起来回答问题心里就很紧张,甚至声音都在颤抖,有时还会闹出笑话。您在课堂上让每个人都有表现自己的机会,我觉得现在这种形式激励着我拿出勇气克服内心的恐惧。这不但锻炼了我的胆量,也锻炼了我的表达能力。总之,在数学课上,我觉得很开心,很有趣,很想把这门课学好。您的数学课让我深深感受到学习是主动去学的,而不是老师灌给我们的。"

学生邹金金说:"荆老师,还有几十天,三年高中就结束了,回想高三一开始,学数学是那么不习惯,如今成了一种习惯,我把这种方法不仅用在学数学上,也用于其他学科,收获很大。因为这个学习方法能让人觉得心里有底,可以从容面对各种题目,不管难易心中都是十分自信。"

……

郭思乐教授感悟:

"荆老师的数学课有许多优点,最核心的是他热爱学生、尊重学生和依靠学生。"而这一点,正是生本教育的核心理念。其实,很多教育者心里都有信任和尊重学生的念头,只是有的人这个念头是模糊的,不清晰,不能时刻用于对自己教育教学行为的指导;而荆老师则能把它变为自己的自觉。"荆志强老师的课堂,真正把'教'转化为了'学'。"

我的感悟:

上课是享受,生活真美好,岁月使我变老,教育使我年轻。我现在上课很轻松,真的是享受。这种享受,这种因品尝成功喜悦带来的快乐,无法用语言形容。师生共同讨论,学生自主学习。这么多学生从不同角度思考,以多种方法解题；出现了问题，学生眼睛是雪亮的，肯定能找出错误的原因。通过这样自觉主动的学习，学生肯定能把问题彻底学懂、学通，并且会铭记在心，灵活运用。那种"一讲就懂，一做就错"的现象再也不会出现。师生每天都有好心情，每天都有新发现。原来书可以这样教，生活可以这么美好。

第四节 反响传奇

一、墙内开花

生本教育带来了教育的春天，开创了教学的新路径。事实上，生本教育也带来了"荆志强现象"的春天，带来了"荆志强品牌"的春天。拥有是幸福的，分享更快乐。为了让更多的一线教师分享生本教育的成果，不再教得辛苦、学生不再学得痛苦。我的生本实践经验首先在本校落户，产生了良好绩效，引起了连锁反应。我们学校成立了"生本工作室"，由原来的中心组成员18位，扩充至骨干成员33位，再到涵盖九大学科56位的生本研发团队。学校提出了专家引领、典型引路、科研支撑、氛围推动的总体要求，生本工作室每周活动、研讨。在生本教学过程中，老师们注重摆正自己的位置，以学生为教学过程中的主体，教师成为课堂的组织者、引领者，尽量少给学生提示，以免干扰了学生的思维过程。如果把课堂当成一个舞台的话，唱主角的是学生，老师们注重对学生的自觉意识和认识能力的培养，让学生通过自己的活动和思考主动地生动地建构知识。譬如说，语文老师在践行生本的过程中，深深感受到在语文课的教学中，教师要敢于放手，要通过多种方式让学生进行大阅读，在阅读中自由感悟，深化理解。避免自己讲得太多，避免教师的讲解代替学生的感悟，学生被动接受老师讲解的知识点，毫无动力、兴趣可言。很多教师都有这样的体会，真心对待学生，同样也能换来学生的真诚与拥戴。如果教师走进教室时面带笑容，学生们上课时就格外用心，以情激情，配合教师也很积极。反之，如果教师总沉着脸，学生们也就变得死气沉沉，课堂毫无生气。生本实验班的老师在与学生和谐共处中,深切感受到浓浓的职业幸福感。师爱是践行生本的基础。生本工作室的研讨卓有成效,教育教学质量稳步提升。目前,借助于"生本教育工作室"这些有效载体,既有理论指导又有实践典型的系统化和文本化的生本教学特色正在丹阳六中逐渐生成。随着"生本课堂—生本教学—生本教育"这一发展链的形成,"生本教育"在丹阳六中正由个体示范向群体推动扩大,由生本教学向生本管理拓展,由课堂和谐向生命和谐延伸。丹阳六中通过积极开展生本教育,有效地促进了学生、教师和学校三位一体的共同发展,极大地提高了高考质量和社会影响力,成为全省最年轻的四星级高中之一,从一个普通高中一跃成为江苏乃至全国有一定影响力的生本名校!

郭思乐教授这样评价:

江苏丹阳六中,是一所有96个班级6 000余人的大校,他们由朱万喜校长领衔,成立生本教育工作室,对生本教育做到四真:真相信,真实践,真提高,真收效。以名师荆志强的生本实践为榜样,带领全校各级各科全面开展生本教育,成功地进行生本教育研究、实验和推广,转变了教师教学理念和教学方式,师生精神面貌发生了巨大变化,成果显著,中、高考成绩大幅度提升,引起了全国各地的关注,成为实行生本教育教学改革力度最大、成效最显著的知名学校。

丹阳市教育行政部门召开全市区域品牌推进会,由我校生本团队向老师们介绍我们开展生本教育的情况,并在全市大力推广活力课堂建设,我的生本课堂成了活力课堂建设现成的活教材。

生本教育以激发人的学习欲望、潜能、创造性为起点,以提升人的生命价值为目标,以全新的理念指导课堂教学改革,激活了课堂,提高了效率。经过三年的生本教育实验,在生本课堂上,学生消除了厌学的现象,学得主动,学得灵活,课堂上学生积极讨论,踊跃发言。生本教育使学生获得了学习的动力,变"要我学"为"我要学"。在生本教育理念的引领下,学生开始喜爱学习、善于学习,积极向上,自信大方,提升了学生的综合素质。通过开展生本教育实验,改变了教师的教育教学观念,改变了传统的"我讲你听"的教学模式,提高了教师的教育水平和整体素质,提高了教师的素质。广大教师们发现了学生强大的学习天性,并全面依靠学生的这一天性进行教育和教学,极大地提高了全市教育教学质量,让学校和师生焕发出生命的活力。

我先后在丹阳市、镇江市以及江苏省教科研基地学校开设展示课。我的《教师善教、学生乐学、享受课堂》经验分别在丹阳市高三教育工作会议、镇江市高三数学教师会议上作交流发言,我的《学生自主学习教学模式初探》论文在国家核心期刊上发表。我被丹阳市教育局确定为丹阳十大"名师工作室"之一,我也有了越来越多的追随者。

纵观我的成长之路,成绩的取得应该归功于在平时教学中坚定不移地践行生本教育的本质——天纵之教。所以,无论是谁,只要坚定不移地做生本教育的追随者,就一定会成功!我的学生袁柳燕就是其中一位。今年高考她任班主任的丹阳市珥陵高级中学高三艺术班取得了惊人佳绩,她将一切归功于生本理念的指导。

袁柳燕实践生本教育的最大成功主要的体现还并不是"差班"的高考优异成绩,而应该是她和学生关系的改变。两年前,珥陵高中让袁柳燕出任班主任的时候,袁老师是学生眼里的"灭绝师太",两年来,同学们都亲切地称她"燕姐",高考前最后一次周记,48位同学一致写了题为《亲其燕,信其道——遇见老班是我们一生的喜剧》的抒情文字。在这些文字中,我们感受到即便是那些公认的"差生",一旦成了学习的主人,成了成长的主体,能表现出来多么大的生命潜能和精神张力!后面我会介绍她开展生本教育取得成功的具体做法。

二、四方讲学,八面来风

我也被郭思乐教授吸收到生本教育推广团队并成为核心成员。2009年以来,我在全国各地作讲座250多场,足迹遍布包括北师大管理学院、上海华东师范大学、广东华南师范大学在内的广东、广西、浙江、安徽、福建、甘肃、青海、山东、辽宁、湖南、河南、湖北、贵州、吉林、四川、重庆、黑龙江、新疆、云南等共20多个省市。2010年8月25日应澳门政府邀请到澳门作了专场讲座,获得强烈反响。

郭思乐教授：在各地听课时发现很多老师富有弹性的声音在调动学生,学生积极,老师们已刮起了"荆志强风"。在人民教育出版社作"走向生本的中小学教材和教学"报告时专门播放了荆老师上课的录像,与会专家反映强烈,感到豁然开朗,有打开了一扇窗的感觉。同时都露出惊喜的眼神,希望早日在一起探讨生本教育。

广东省教科所李巧萍主任：江苏省丹阳六中荆志强老师是我们生本教育实验做得特别优秀的老师,近两年我们请他到全国各地作生本教育实验典型案例报告,引起极大反响。多家报刊电视台进行了长篇报道,荆志强老师的事迹特别感人,是近年来基础教育改革中最成功最典型的案例之一。如果把他介绍给大家,的确是为中国教育改革做了一件非常有意义的事。

北京师范大学管理学院中小学校长高级研修（上海）项目组负责人汪洋老师：采用这种生本教学法：学生开心、教师快乐、家长满意、领导放心、学校发展。生本教育确实是规范办学、减负增效的一条有效出路！一场教育的革命已经到来！

沈阳市教育专家协会会长李锦韬先生：荆老师报告百听不厌,每次都有新收获,因为荆老师讲的是一线老师最需要的,我们向沈阳全体老师推广了荆老师的做法。

河南省教育局田宝华副局长：我也是教师出身的,我很理解荆老师,我想师生一旦体会到教与学的快乐,有了幸福感,就好像开车上了高速公路,想停都停不下来！

兰州教育局王有伟局长欣然作诗《丹阳六中听课偶感》：生本佳境在六中,总务最牛荆志强,教育觉悟堪万喜,创新发展去远航。

江苏省教育学会数学专业委员会副理事长,江苏省特级教师,江苏省名教师,教授级中学高级教师臧立本：荆志强老师在课堂教学中,充分尊重学生,调动学生学习积极性,善于挖掘学生自主学习潜能,使课堂成为学生展示生命活力的平台,让学生在课堂中学会学习,掌握知识、技能,感受学习的愉悦,是课堂教学改革的一面旗帜。其课堂教学鲜活、生动、高效,教学成果显著,在全省乃至全国有很高知名度,近年在全国各地作观摩教学受到广泛好评。

省丹中特级老师秦汉光:没有爱就没有真正的教学,荆主任心中有爱,爱学生所爱,想学生所想,知道学生心中想什么,为学生的痛苦而痛苦,为学生的欢乐而高兴,对学生热爱有余,处处想到学生、尊重学生,只要学生有一点进步就抓住机会表扬和欣赏学生:讲得好表扬,学生感冒上台表扬,有学生提醒大家易错的地方表扬,示范做得好表扬。荆主任上课很轻松,总是让学生发现、思考和创造,教学过程自然流畅,教态非常自然、亲切,荆老师的课堂实践了三个转变:第一,真正由教师为中心转变到以学生为中心,以学生为本,把学生作为朋友、战友。第二,由"满堂灌"向"启发式"的转变,学生没思考不讲,没讨论不讲,他自己"装傻",是真正的启发式教育。第三,由一人活动到群体活动的转变,一节课有几十名学生自己主动要求上台发言,而且不是老师叫,是自己跑上去。学生表达能力、思考问题、分析问题等能力得到极大的提高,对学生一生一世的发展都有帮助。特别是学生在研究后自编的问题尤其精彩,由求面积联想到求体积,由小于联想到大于,有限联想无限,水平比老师还高,高考考题就是这样出来的,跳出了高考对付高考,学生平时当做高考,高考肯定作为平时,难怪荆老师的学生高考能取得如此好的成绩。

丹阳六中朱万喜校长:荆志强同志是我校总务处主任。他分管全校6 000多人的吃喝拉撒,他在繁忙的事务中坚持上课,是我校"生本教育"的典型代表,是教学改革的榜样。他在教学中尊重学生,挖掘学生潜能,学生学得活泼,学得轻松,效果显著。他的课就是精彩,他有一颗强烈的事业心和责任心,真正做到了功夫化在备课上,本领显在课堂上,他的课堂充分体现了学生学习的自主性、课堂氛围的民主性、师生交流的情感性、教学过程的智慧性。

苏州太仓教培研中心孔柏良主任:研究了这么多年教学,听了无数节课还没有听到过这么开放的课,学生调动得太好了,简直是不可思议,绝对不亚于老师,比老师讲得好,惊叹、惊讶、震惊、实在、由衷地佩服,这些学生能力如此强,对付高考绝对是绰绰有余,一般的老师不如生本培养的学生讲得好,学校可以不用再招聘老师了,完全可以由学生替代。要让更多老师走进荆老师课堂,分享生本教育带来的喜悦和快乐。

江苏省教科院宗锦莲博士:荆志强老师的生本课堂使以生为本的理念得到了最大限度的彰显,学生在课堂里被充分地调动起来,全身心地投入到学习问题的解决中,我们看到了学生的鲜活、灵动、自信与伟大,也看到了教师的智慧与教育的魅力。

苏州江阴高级中学顾校长:荆老师的学生个个像"小老虎"一样,迈着自信的脚步上台,踏着快乐的步伐回位。

南京江宁高级中学周校长:眼睛一亮,心中一壮,有想再教书的冲动。

泰州姜堰二中姜校长:学生激情已经被点燃,远远超过了一百度。

广东惠州博罗刘校长:我是第七次听荆老师的报告了,肯定还有第八次、第九次……报告中一个个生本教学的鲜活真实案例,听起来很亲切,讲的都是我们一线老师最想听的,一线老师最需要的,听后很感动,很激动,恨不得马上回去就行动。如果能像荆老师这样让学生真正体会到学习好玩,应该是做老师的最高境界。荆老师讲座语言朴实,操作性强,十分精彩。

深圳市胡梅老师:荆老师做生本好像对待生命一样,用心、用情,相当投入。

……

说得好,不如做得好。百闻不如一见。许多听完我报告的老师将信将疑地纷纷到丹阳六中实地考察,要亲眼看看我的生本课堂。黑龙江省牡丹江市第十六中学、吉林省白山市抚松县第五中学、广东惠州一中、山东淄博中学、淄博五中、沈阳三十八中、新疆昌吉一中、新疆巴音郭楞梨中学、延边朝鲜自治州延吉中学等学校的听课老师都表示我的生本课堂名副其实,让人震动。

安徽省教研室王应群主任:太感人了,学生们调动得非常好,就像被施了什么魔法一样,每个人在课堂都是全身心投入,积极冲上台讲解,而且讲得很到

第一章 奇在哪里

位,确实是训练有素,管理体制严明,激励措施健全。不是亲眼所见,真的不可想象,学生真正成了课堂的主人,学生主持,学生分析,学生总结评点,正如荆老师在广州讲的一模一样,甚至有过之而无不及。

浙江省台州市路桥中学校长卢献:荆老师的学生已经走上自主自治的道路,荆老师的课已达到不教而教的境界。荆老师人格魅力强,很亲切,调动学生好。

福建省厦门集美中学请我到他们学校作报告。刘卫平校长听完我的报告后对老师说:"荆老师来自教学一线,以生动的例子和具体的操作,讲了他自己践行生本教育的过程,对我们老师启发很大。荆老师的报告以情动人,很难听到这么精彩的报告!老师们尽管大胆试验,成功了算你们的,万一失败一切责任由我负责!"我的眼睛湿润了,有这样的好校长我想没有什么做不好。集美中学来丹阳听过我课的老师也说:"荆老师是真做生本,讲的都是教学中的实例,所以讲得很实在,我们都亲自去现场感受过。"有一个女老师在与我交流时真诚地说:"荆老师您干脆调到我们学校来吧,我们就可以和你一起做生本了。"李欣欣老师听完我报告后连夜写出了感受,并在晚上一点多发到了他们学校的网站上。李副校长、教科室谢主任等对生本教育也非常认同,全程参与活动。今年他们学校高考一本、二本录取率大幅度增长,成为了福建省课改的典型。

广东省中山市壕头中学全体老师听了我的讲座,我作报告时领导、老师们听得都非常认真,希望我多讲一些具体的操作。乐校长说:"生本从理论到实践荆老师做得都很好,听了荆主任的讲座,老师们进一步明确了生本理念如何真正落实到教学中。"报告后我还回答了老师们提出的做生本过程中遇到的具体问题。他们学校积极践行生本教育,原来一本任务没有,二本以上任务40个,但现在一本达到18个,二本以上超额完成任务400%多。

重庆市凤鸣山中学龚雄飞校长是教育专家,教育部高中新课程专家组核心成员、北京师范大学和国家教育行政学院客座教授、全国模范教师、特级教师。

他邀请我到该校为全体老师、学生、家长共 8 000 多人举行了生本教育大型报告会,开创了培训之最。报告会在学校大操场举行,会场上新架了 4 台投影仪,因为他觉得开展生本教育必须得到老师认同,学生配合,家长支持。搞这么声势浩大的培训活动,目的是让培训一步到位。报告会引起了与会人员的强烈反响和高度共鸣,虽然人很多,但是会场气氛非常好,大家听得非常认真,由衷的掌声和会心的笑声不断。有一位家长在我博客中留言说:"我是重庆凤鸣山中学的一名家长,听了你的生本报告,我为孩子们高兴,为老师们高兴,从此开始,老师和学生将轻松愉快地进行学习和交流,也将给凤中的教学带来质的飞跃,太好了,我将满怀信心地期待着全体师生的喜报,在此,向荆志强老师道声谢谢,你辛苦了!"虽然前一天赶到重庆已近凌晨 2 点,报告时在大操场,外面风大、天冷,我站着讲了 5 个多小时,嗓子有点沙哑,但心里还是很开心、温暖,因为有更多的人理解了生本,从而开展生本,可以享受生本,从此可以走上幸福的康庄大道!欣闻他们生本教育已经开展得非常好,中考、高考成绩大幅度提升,为他们高兴。

深圳市南山区教育局副局长王水发博士听完报告后把我讲话记录整理后发给全区的每位高三老师,并亲自带领他们区教科中心主任、教研室主任以及深圳南山外国语学校、深圳市南头中学、北大附中深圳分校、南山区华侨城中学、南山区育才中学、南山区博伦职校等校校长专门到我课堂听课,听完后他们都给予了很高的评价。名校深圳南山外国语学校优秀校长郑秉捷说:"很长时间没听到这么好的课了,我从来没有为一个人讲这么多恭维的话,但今天听了荆老师的课我赞不绝口。"听我们朱校长说,我的书马上要出版,他说多印一些,我们学校先订 400 册,每位老师一本。深圳市百年名校南头中学博士校长刘引当即要求我去他们学校为他们全体老师讲课……事实上他们是真正的"专家型"领导,我应该向他们学习!感谢他们的鼓励。

凡是到过我课堂听课的专家、领导、老师无不被我们的生本课堂实践所震撼,广州市百千万培养工程名校长陈武说:"任何一个人只要到荆老师的课堂都会被唤醒激情,看到学生可以如此精彩,看到老师可以这样神奇,传统教学思维的头脑会掀起巨大的风暴,我从来没有怀疑过这种生本的力量,但是荆老师达到了这种极致。"

在生本教育的大旗下,全国范围的研讨活动广泛开展,我结识了很多志同道合的生本同志,也有了拓宽沟通交流渠道的需要。我在新浪开通了"荆志强生本实践网的博客"。2016年建立了微信公众号"荆志强幸福地做老师",经常跟大家分享教改最新的具体做法上传各学段、各学科老师教改公开课的视频。我的宗旨想让更多的一线教师不再教得辛苦,学生不再学得痛苦。

三、媒体聚焦

对教学规律的探索,是我一直在做的事情,但都是默默无闻的。去年11月下旬,《中国教师报》记者茅卫东来丹阳采访,教育局向他推荐我的生本教学实践,当时天下着大雨,茅卫东记者对"生本教学"并不怎么感兴趣,具有全国影响力的媒体记者视野非常开阔,对各种突然流行的教改新名词已经产生审美疲劳。朱万喜校长没有放弃,希望他能听我一堂课,于是他亲自开车,硬是把茅卫东记者"拉"到六中。一堂课下来,茅卫东记者感到很惊奇,主动要求访谈学生和老师,临走时表示:我采访报道过全国各地不少优秀教师,但像荆志强老师这样有活力、有魅力的教学还是第一次看到,我一定要写一篇报道宣传荆志强老师,让更多老师开展生本教学。不久,《中国教师报》以《荆志强:让数学课好玩起来》为题,整版刊登了我的事迹,对我的生本教学实践做法进行了充分的肯定,作了全面的宣传。

忽如一夜春风来,一朝闻名四方知。各方媒体对我进行了深入研究及广泛报道,有《丹阳日报》《镇江日报》《江苏教育报》《扬子晚报》《基础教育》《人民教育》《中国教师报》《中国教育报》等诸多报刊杂志刊载,光明日报主办《考试》杂志还把我作为封面人物。

这些媒体记者注目课堂感到震撼的是什么呢?是在教师有效影响下,课堂里学生们表现出来的自觉、自悟、主动、合作的学习状态,学生主动学习、自主成长的勃勃生机。面对纷至沓来的媒体报道,面对专家和教授的推崇和赞美,我战战兢兢,其实我只是一个普通的一线老师,我做生本的实践只要对大家有所启发和借鉴就很欣慰。

郭思乐教授生本教育的本质相信生命,生本教育激扬生命,而每个生命以其自然之伟力促使自己提升,这就是"天纵其才"。依托生命自然,就全局皆活,反之,不让他自由生长,或错误地判断了学习者的生长方式,例如揠苗助长者所为,就会与生命的本质相违背。而既有的源于"师本"的、"考本"的和"本本"的教育问题就在这里。也就是说,教育要合于自然,向大自然寻找力量,才能成就天纵之才,自身也就成为天纵之教。纵观我的成长之路,成绩的取得应该归功于在教学中掌握了生本教育的本质,坚定不移地践行生本教育的本质——天纵之教。真正把生本理念落实到教学行动中。所以,无论是谁,只要坚定不移地践行生本教育的本质——天纵之教,那他的生本教育一定会开展好,至少比我做得更好!为了让更多的同行了解生本,实践生本,我编写了这本题为《幸福地做老师——我的生本教育实践之路》,回顾我的生本教育实践历程和经验。

我觉得我的教学生涯有四大荣幸。第一,与书为伴。用心用情地教书,自得其乐,享受生活。第二,学生喜欢。每届学生们都相当认同,并且投入,效果很好,如果没有成绩的支撑,我也不可能走到今天。第三,领导推崇。领导对我的教学方法非常认可,领导的支持理解让我有了做好生本教育的好环境。第四,专家赏识。结识了郭思乐教授,找到了生本理论的支撑,我做生本才更彻底,更自觉,更有信心。系统地学习了生本理论后,我的教学有了突飞猛进的进步,是生本教育成就了我。真是一段传奇路,无限感恩心!写这些是想把自己作为最低的标杆,告诉大家,我能做好生本,每一位都能做好,而且肯定会比我做得更好。

第二章 妙在哪里

第一节 我对生本理念的理解

"术"有千万,"道"最重要。"理念"在生本教育中占有非常重要的地位,"几乎可以说,生本教育的理念就是方法,就是该放手时就放手的意蕴。生本教育的行动如果不畅,大体上都不是因为方法不对,而是因为理念不到位","行动:理念胜于方法"①。

我们对于生本教育只有真相信、真实践,才有真实绩,才能真正体会到做老师的幸福。半信半疑都不行,真做不累。有的老师平时不做,公开课才做,又没有成绩,假做会很累!我是天天生本,每天快乐,享受生活。

事实上,"就像每个人都有自己的生活哲学一样,(教师)他也应当有自己的教育哲学,那就是一套个人的信念,认为在教育领域内什么是好的、正确的和值得去做的"②。我认为,教师的专业理念,特别是关于教师观、学生观、师生观、管理观、教育观等问题的看法,不仅具有理念层面的思辨性,而且具有方法

---

① 郭思乐:《天纵之教——生本教育随笔》,华东师范大学出版社2011年版,第158页。
② [美]J.索尔蒂斯、闵家胤译:《论教育哲学的前景》,载《思想杂志》1983(2)。

论意义的实践性；不仅导致怎么做的功效，而且具有解释为什么做的探究意义，在生本教学实践专业化发展中有着不可取代的意义和价值。

我一直在实践，与生本理念相遇、相知，一路同行，最终也确立了自己的一些教育理念，主要有五个方面。

一、教师观

我觉得上课是享受，教师要自我解放，才能幸福地做老师。我认为教师是平等中的首席，学生是平等中的一员，一起对话，一起生活，共同经历，共同体验，融为一体。"师者，所以传道授业解惑也。"传统的教育中把教师置于教学的中心环节，教师对学生一点一点地教，要学生亦步亦趋，教不厌细，日清月结，把学生看成需要拉动的逆水之舟，而我们这些教师则成了牵着学生走的"牧羊人"。

而生本教育则认为教师的角色应从师本教育中的"传授者"转变为"引导者"和"协助者"，其主要的教学工作必须依靠学生自己的思维、活动来完成。整体而言，教师帮助的意义仅仅是激发和引导，教师的作用就像是在点燃火把，而不是像过去的观念那样是灌满一壶水。

教育者的所有教学活动则都成为学生得以自学的辅导力量，从而满堂灌转变为去促进学生的学，教师的工作变化为"组织学生去规划自己的学习和生活，帮助学生顺利地进行自主学习，组织学生的学习生活"。

通过教师和学生的共同努力，以生为本的教育不但可以快速、高效地提高学生的学习能力、表达能力、组织能力、团队协助精神等多方面的能力，还可以使得教师得以迅速成长。教师在学生的解放中也得到解放，教师和学生一起成长。教师在生本教育中将可以感悟到教育依靠学生的真谛，感受到学生生命的灿烂，精神面貌必将焕然一新。由此，我们必将能实现幸福地做老师，实现教师的自我解放。

由此，教师要努力扮演好这样一些角色：

（一）学生的好导师和生本教育的行者

因此,教师应精心设计教学活动,把静态的学习内容有意识地置于生动的教学情境中,让学生在积极参与、主动实践中来获得知识技能、理解学习过程,掌握学习方法。此外,教师还可以通过教学检测、评价来对学生的学习态度、学习成绩等及时地进行有效评价,针对学生学习中存在的问题,查缺补漏,让学生学有所获,保证教学效果。

（二）民主、平等的合作者

教师应允许、鼓励学生大胆提出自己的看法和意见。为学生自主探究课程内容创造条件,形成正确的自我概念,避免被动地听从教师的安排和灌输,帮助学生正确地进行自我评价,要让学生学会自我肯定、自我鼓励,发挥学生的能动性和创造性。在生本课堂中,教师不再是个"独角戏"表演者,也不是一个完全置身于课堂教学外的旁观者,而是"平等中的首席"。

生本教育下的自主教学模式的第一项工作是：教师在集备的基础上形成一套符合学生实际情况的教、学一体化的资料,并将预习提纲提前一天下发,让学生们自主学习或复习知识,以便于构建自己的解题思路和方法。在课前,要及时将学生自主学习后的预习提纲收上来,但老师并不批改,而只是作为了解学生自主学习情况的途径,教师要研究和记录预学案中出现的各式各样的猜测与想法、典型案例等。对于其中蕴含的各种学科方法、学科技巧和学科思想要做到"了然于胸",这是生本教育实施过程中教师备课的重要一环。

我总是认为生本教学中教师应当是主持人、学生的协调员、服务员,一位交换意见的参与者,也是学生学习上的顾问。在之后生本课堂内,在学生上讲台讲解自己的解题思路和方法时,我总是会努力去肯定和积极评价学生思考的价值,然后再化身为学生中的一员,与学生一起比较集中解答的优劣,一起讨论、一起评定,不时补充、偶尔更正并作阶段性总结。在每节课的最后,我必然要和学生一起反思、点评、升华、归纳出本节课的知识体系、注意点,总结出数学思想和方法,让学生切实感到能上升到一定的高度去看待问题。在看似简单而流畅的课堂教学背后,学生要进行大量、细致的预习工作,教师更是要精心备课,总结、提炼出学科知识、学科技巧和学科思想。在点评学生讲评中的偶尔"撩拨",便要起"画龙点睛"之功效。对于学生的生活也要时时关心,将爱注入学生的内心,以教师的个人魅力去感染、激励学生奋发向上。

二、学生观

学生不是教鞭下归顺的奴隶,而是充满活力的教学资源,只有解放才充满活力。传统的教育观念总是认为儿童是处在幼稚的、被动的、愚笨的发展阶段,而生本教育看法恰恰相反。"一切为了学生,高度尊重学生,全面依靠学生"是生本教育的原则,在此原则的指导下,生本教育摆脱了上述传统教育中视儿童为"一张白纸"的看法,强调儿童自身生命的高级本能中就包含了自我学习、自我完善、不断创造等能力。相信儿童具有学习的本能。

生本教育认为传统教育中视儿童作为"消极、被动"的学习者是不可能实现课堂的高效的,而儿童自身就具备了与生俱来的强大的学习动力。"动力机制不是来源于对学习效果的体悟,而是来源于人类需要对周围世界有所了解,以躲避危难,发展自我的本质需求。"(郭思乐)。此外,生本教育还认为儿童(学生)天生就具有创造的积极性,特别是儿童的"天真"和幻想、联想能力常常能给我们这些教育者以惊喜和启迪。传统教育中过多地强调经验和训练反而可能给学生对生命意义的感悟和发散思维的展开设置桎梏。

我总会秉承这样的想法:"要开展生本教育,就要与学生做朋友。在课后,我得经常性地、面对面地和学生就学习方法和解题技巧等问题进行沟通和交流,或者让学生写下自己的心里话,了解他们所想、所需,把思想工作做到学生的心坎上,最大限度地调动学生学习的积极性。并且要充分地利用讲义,在讲义的开头和结尾,经常写一些励志的话,或友情提醒一些学习方法,加大对这些小'朋友'的人文关怀。"

由此,师者不再仅仅是"传道、授业、解惑",而更应充满"大爱"。例如:

有一位同学家里突发火灾,经济损失严重,以至于严重地影响到了这位同学的学习。我获知后,带头、组织捐款,并联系学校和相关部门尽可能地减轻他经济上的压力,在一定程度上减轻了该同学在学习上的后顾之忧。我所教班级里曾经有一位同学,其母亲身患残疾,父亲则在外做瓦工,收入微薄,家庭非常困难,这位学生由此感到很自卑。我在了解到这种情况后便去家访,看到其家庭经济确实非常困难,便通过学校减免其相关费用,授予其奖学金,让他感受到六中这个大家庭的爱。在平时,我也经常去学生食堂,跟同学们坐在一起吃饭,利用这个时机与同学们谈谈心。总之,我会尽力对所教班级的学生的各种情况做到全部了解,针对不同学生的家庭背景,针对各种背景的学生进行思想工作。另外,我还会邀请之前已入大学的学生来做班集体的思想工作,组织学生回家观察父母面容(鬓角、眼角、额头)的变化,让学生谈谈自己的思考。

这些细致入微的工作,工作量是很大的,当然,看起来也是比较辛苦。但是,如果把学生视为自己的朋友,把教学工作、学生思想工作视为和朋友的亲切交谈,那我们做教师不就变为了一种快乐的生活方式了吗?

在生本课堂内,学生成了老师,学习好的学生带动学习落后的学生;学习小组内根据学生各自的优势学科相互为师,共同带动,一起进步。当然,高中学生在本性上还是孩子,因此,在教学和管理工作中要根据学生的性格、爱好和能力等适当地安排学生的学习任务,保持学习的动力。总之,学生是我们教育的主体,也是我们这些教师亲密合作、共同探究的好伙伴。

要努力建构师生主体间性,师生主体间性是师生平等交往、主动对话、相互理解的主体间关系及其在其中形成、表现、发挥的主体性。同时为了促进师生、生生的相互理解性、通融性和提高共识性。我自封"副班主任",经常深入班级,找学生谈心。实践证明,效果是非常好的。

三、师生观

传统的师生观认为教学是一个特殊的认识过程,其必然会导致师本。而现代的师生观则认为教学是一种"知、情、意"统一的发展过程,课堂不仅应是探索知识的过程,还应体现生命的力量。

在教学实践中,我认识到教学就是要教会学生学习,让学生自己会学。在平时改变追求学习的结果为强调学习的过程。由学习好的学生去带动落后的学生,在互助中,慢慢地使后进生学会好的学习习惯和方法。

在生本实践中,我采取"先学后教,以学定教"的原则。先由学生进行预习,获得基础知识的感性认识,然后以问题来激发学生进一步探究的欲望。同时,通过对教、学案的研究,获取学生的困惑点、闪光点等信息,为课堂中对学生的讲解进行点评做铺垫。

教师的作用从有形变为无形,学生的表达、组织、创新等能力得到提高,教学的内涵才会真正逐渐演变为"教学生如何学习""如何促进学生的健康成长和全面发展"。现代教学观的变革方向是六个转变,即从重视教师向重视学生转变;从重视知识传授向重视能力培养转变;从重视教法向重视学法转变;从重视认知向重视发展转变;从重视结果向重视过程转变;从重视继承向重视创新转变。而上述做法在不知不觉中切合了这些要求。

我经常对学生们说:"成功的背后都是巨大的付出,生本不是不要努力,而是要让你们快乐地学习,不觉得辛苦,发自内心想去学。"这样的教学,学生快乐地自主成长,老师亦可在快乐中高效地实现教学目标,就像米卢的"快乐足球"一样。让我们视师生为一体一起努力,让学生真正体会到"勤学者不如好学者,好学者不如乐学者"的幸福吧!

四、管理观

我们总是怕学生在课堂中走神、打闹,以至于提出了一个名词——课堂管理。我们也怕学生早恋、怕学生厌学,于是便有了班级管理。其实,这都是我们教师将自己处于一个居高临下的位置来看待学生而产生的问题。很多问题就像洪水一样,采用"堵"是没有用的,为什么不试试"疏"呢?什么是"疏",就是让学生自我管理,做到:1. 思想自律,这是学生自治自理能力养成的基础;2.管理自治,这是学生自治自理能力培养的重要途径;3.自我教育,这是自治自理能力的内化和升华。由此,以生为本的管理就成为了推进生本教育的利器。

"堵"住恣意的生命能量,"疏"导出向上的生命活力。曾有人建议在学校立个派出所,在他们看来孩子们太多的能量是促使他们走向不正确道路的催化剂。然而,我们也知道办一所学校就可以少办十所监狱,如果能把学生的能量疏导到学习上,让学生自我管理,实现"小鬼当家,学生自治"。

生本教育认为:教育的本质是促进与成全人之生命的充分、自由的发展,因此,不言而喻地,我们必须依靠生命自身,在操作上从主要依靠教,转向在教的帮助下主要依靠学。由此,生本教育的管理应由"控制生命"转向"激扬生命"。依靠学生自我生命中那强大的潜能、本能和天性构成的原动力,让"绝大多数的细节转向融入、服膺或依托生命"。把传统教育中强调限制、强调管理,转变为相信学生,让学生的生命自由行动,最终让学生主动地、自觉地生成和发展出符合班级、学校、社会发展需要的品质。譬如,我们一再强调的要学生品行端正、具备集体荣誉感、社会责任感等这些品质都可以在学生的自我管理、学生集体管理中逐渐养成。

教师在课堂管理和课堂教学中"无为而为""无为而无不为",为学生的自由思考和活动提供空间,为学生生命活力的发挥提供可能。把课堂交还给学生,在课堂教学中不断提醒、纠正、培养学生养成各种良好的学习习惯,帮助学生掌握有效的学习方法;最终使学生能掌握一些能力,如会先自学、会在小组进行有效的讨论交流,会分工合作,会互帮互学,会认真倾听,会质疑辩论,能大声汇报,能认真书写,会搜集资料,会出题改题,会自我管理,会评价欣赏别人等。以课堂为主阵地,逐步在生本教育的思想下,以学生的自治自理来全面发展学生的能力。

经过多年的实践,我确信"小鬼当家"下的自主课堂可以使学生的情感态度与价值观目标在活跃的课堂中得到较好的达成。这种教学由于充分发挥了学生在学习中的主体地位,满足了他们自我展示的欲望,可以极大地培养学生的学习兴趣。在教学过程中,我会适时地加入一些艺术语言,提高学生兴趣,活跃课堂气氛,让课堂教学丰富多彩,让学生真正感受到探索带来的无穷乐趣、成功的喜悦。常而往之,学生收获的不仅仅是应试分数,他们的批判精神、发散思维、语言表达、合作意识、创新能力、性格素养、综合素质等都会有不同的升华。比起沉闷的"填鸭式教学",这种教学方式更有利于培养一个完整的人,这又何尝不是新课程所提倡的呢?万事开头难,生本的开展起步可能会有点困难,但在经过一个阶段的自主课堂训练后,学生在语言表达上最终实现敢说、会说、善说。由此,生本便会变得轻松、愉快。

逐渐地,学生会真实地感受到作为课堂主人的快乐,而随之而来的集体荣誉感、团队协作精神将慢慢地让学生们自觉去培养好自身的日常行为,维护好学习小组、班集体的学习环境,满怀着责任感自觉"管理"好属于自己的班级。这些参与感、责任感就会成为维持学生积极参与生本教育的精神动力。

五、教育观

以往对教育的界定是"指以影响人的身心发展为直接目的的社会活动"(《新华词典》)。而郭教授指出,教育必须回归人,立足于现实的人;提出教育的本质是人的自我建构的实践活动,教育就在于过一种有意义有价值的生活。著名教育家杜威也曾指出:"教育即生活。"由于中国高中教育的特殊性,学生在十七八岁的时间段主要活动范围是学校和课堂。由此,我们要让学生在学校的生活、课堂的生活和校外、课外的生活中学会自我计划、自我掌控、自我评价和自我更正等。真正实现学生在自主中学会自主,在生本中学会生本。例如,我就曾利用学生的生活作为教育资源,促使学生的思想发生改变:我的班级曾有一位数学成绩很好的学生,由于网恋而深受"少年维特的烦恼"的困扰。我请他做铝合金的父亲来,由他的父亲带他去体验其为何常年手上充满老茧、血迹斑斑的工作。生活的艰辛彻底改变了这位男生的学习态度,学习成绩突飞猛进。

生本教育中的着眼点不再仅仅是知识的传授,更应是学生个体能力的全面培养和发展。我们应以生命的观点去看待教育,让校园生活、课堂生活充满爱和生命的脉动,则教育也必将具有强大的生命力。

再强调一点,即在生本教育中一定要创设一个和谐的、充满关爱的氛围,一个可以让学生富有个性、独立自主的,又能自由合作与探究学习的良好生态。这样,才能使学生进入"学如不及,犹恐失之"的学习状态,而教师也才能真正做到既教了书,又育了人,为育人而教书,在教书中育人。总之,"大爱无言",而好的教育就应当如此,不但充满了爱,还要"大雪无痕"。结合了日常学生工作的生本教育,必将具有强大的生命力!

教师不是哲学家、教育家,但是不能只埋头教书而没有自己的教育思考。遥想当初在乡下教书时,我所追求的不过只是尽量不占用课外时间(那时我还得为了生计去办企业),而这恰恰就是在追求课堂效率的提高,以生为师、生生互助的这些做法即与生本教育理念想吻合,也在实践中取得了良好效果,也促使我去思考、学习教育教学中的一些理论。在与"生本教育"有了一场魅力的邂逅之后,我才认识到实践只有在理论的指导下才可以发挥更大的威力。

第二节　如何引导做生本

教师的生命在课堂,在生本课堂上学生们争先恐后地走上讲台,他们的讲解从容大方,充满着"因为……所以……";针对每个话题旁征博引,引经据典,侃侃而谈。我们在为学生的精彩讲解喝彩时,实际上需要学生、家长、学校等方方面面密切配合和教师大量的幕后引导与准备工作。

一、从学生的层面来讲:让学生了解生本、接受生本

告诉学生,生本教育是应试教育和素质教育的最佳结合点,开展生本教学的老师着眼于学生的一生。通过曾接受生本教育的学生对生本的认识来告诉新学生开展生本教育的必要性,在心理上接受生本教学,从而认识到改变自身学习方式的必要性和迫切性,学习应从"主动学习"开始。

引导学生开展生本教学的方法和策略：

老师们也许担心，学生从幼儿园起一直是被动听课的，现在要他生本，假如不能做到这点怎么办呢？

关键还是我们的观念问题。确实，刚开始可能要花一点的精力，学生也有一段适应期，但经过多年的摸索，我发现无论什么样的学生内心都有展示自己本领的内在欲望（这是人的天性），就看我们老师如何引导和培养了。办法总比困难多，只要我们坚持不懈，努力尝试去做，我们一定会做出成效。我是这样做的：

1. 讲清道理。

告诉学生：满堂灌的教育，毫无创新能力。考试不会取得好的成绩。再从个人前途而言，现在社会发展很快，竞争非常激烈，假如只会人云亦云，而不会创新思考，肯定不利于长远发展，今后不可能有高质量的生活、好的前途。学校不创新，社会怎么创新。

2. 落实措施、多种形式加以引导。

① 刚开始以点名和自主上台相结合，统计个人上台次数等形式，迫使其去尝试。开家长会时举例：一个老农民三个儿子都考取大学，其中二个博士。他的育子经验是：老师要求检查小孩子作业，他识字不多，勉强会写名字，不会检查，但他每天会问他们一个问题："今天上课你举手发言了吗？"只要上课举手发言他就签名，只要孩子上课发言他就放心了。老农民之所以成功育子，因为他促使孩子上课专注，动脑筋思考。

② 适当调控：点名上台一段时间，如果放开（最后总要放开）让他主动上台又会出现一种情况，上台的总上台，不上台的还是不上来，这时就采用马俊仁训练"马家军"的方法：跑得快在外圈，跑得慢在内圈都是第一名。我就对经常上台、成绩又好的学生说：老师知道你会了，一般的问题你就不用上台了，有挑战的问题你再上来。一个较简单的问题出来，基础暂时较差的学生一看，这问题怎么没人上台，我也可以一试，于是便会上台，讲得好大家再掌声鼓励，他很满足（因为暂差生他不知题目难易，他觉得题目都很难）。良性循环，他下次一

定会努力做得更好。我班上有一位学生说,他上课睡觉近十年,在我们生本班上课再也不睡了。问他为什么不睡了?他说,听着别人讲,我也想讲。郭教授说:每个学生都想做老板。真正难题只有基础好的同学才能解决,这样做,基础好或差的学生都有成就感。

③ 榜样引领:以做得好的、成绩进步快的学生为榜样,激发其他学生自主学习的内在动力。每节课都努力这样去做,学生自己会明显感到成绩上升、能力增强,习惯成自然。尝到甜头后也就乐于配合。

3. 与学生做真心朋友。

① 研究学生:老师最大的智慧应该是认识学生,发现学生,发展学生,走进学生的心灵。世界上最重要的学问是人的学问。切不可把学生当做最熟悉的陌生人,好像来自另外一个星球。哈佛大学有位教授说:"教学过程就是研究儿童的过程,学生一切皆有可能,就看我们老师如何启发唤醒。"

② 以生为友:亲其师,信其道,第一天上课就告诉学生,我们是朋友,合作目标一致,我的一切措施都是为了你好。我的做法并不是最好的,希望你帮我想出更好的办法。

③ 交流沟通、用亲情感化学生:采用多种形式谈心、写心里话在小纸条上交流、建 QQ 群等,最大限度地调动学生学习的积极性。

通用电气公司前总裁"韦尔奇"是全球最杰出的 CEO,被誉为"管理大师"。小纸条是他管好这航母企业的秘密武器:"我非常赏识你一年来的工作,你准确的表达能力以及学习和付出精神非常出众。"充满人情味,给下属带来很大的激励和感动。

④ 人文关怀:了解他们所想所需,烦恼忧愁,身心健康等。

⑤ 指导方法:磨刀不误砍柴工,利用一切机会指导学习方法。

⑥ 适度"惩罚"。

针对个别特殊学生,先谈心教育再罚其为队员补课;反正不把他思想工作做通,绝不罢休,一定要让其心悦诚服。教学工作要实实在在去做,我想只要真诚地对待每一个学生,学生是会感动、努力的。

⑦ 变罚为奖:将被动参与管理转化为主动参与管理。

例如:美国有个著名的植物园,里面种满了各种各样的珍奇名贵的花卉,每天都有大批游客来观赏,但常有花卉不翼而飞,管理人员竖起一块告示牌:"凡检举偷窃花卉者奖励300美元",从那以后,再未发生过丢失花卉现象。为何不写成"偷窃花卉者罚款300美元"?用罚款的方式只能靠有限的几个人看管,而用奖励的方式,就可能充分调动游客,使更多的甚至全部游客参与管理之中。

⑧ 表扬真诚:现在老是采用表扬、鼓励,学生会不吃你这一套。激发内因:鸡蛋孵小鸡,石头不行;蛹化蝶过程难,结果美。

经过一段时间引导,为了了解学生对生本的感受,我做了一次调查,结果全班63名同学百分之百盛赞生本,下面摘取几位同学的心里话。

学生看生本教育(一)

教育的春天——生本感想

李 俊

生本在学习上带给了我快乐,这是我一年多来最大的感受。自从在荆老师的带领下接触生本后,我的学习生涯发生了巨大的改变,由一开始的老师讲、我来听,变成了现在个人自主预习上课积极发言。我很快就明白了,学习真正在乎的是实效性,这样的改变,让我在学习上有了主动性,真正地实现了全课堂的掌握,全方面的认识。

荆老师的生本很有特色,他在"生本"思想的指导下,注入了自己的智慧与经验。他不光让我们在学习上"生本",在各个方面也都领会了"生本"的乐趣。可以这样说,荆老师现在和我们早已成为了朋友,同学们私底下总亲切地称呼他为荆哥。

经过一年多的生本,我也从中有了很多体会与感悟。首先我认为开展生本应建立在学生完全自觉的前提下,因为只有学生自觉了,各种各样的自主活动才能展开,这样才能保证生本的实效性。其次就是学生对生本的正确认识,学习肯定是辛苦的,如果一味追求快乐,那么也就背离了生本的本质,我们要做的就是在学习中体会快乐。正所谓只有对一件事情充满了兴趣,才能把那件事做好。再次是生本总是有过程的,就像荆老师所说的那样,我们要"静待花开"。

总之,我很高兴能遇到荆老师,是他把我带进了生本快乐的海洋,让我敢于在知识的海洋中畅游。

学生看生本教育(二)

静待花开

杨　煜

有一种学习可以很快乐;

有一种师生关系可以像朋友;

有种教学方法叫生本教育。

一年前,带着期待、怀揣梦想,我开始了高一生活。看着一片片为应试教育而设下的"题海",我不禁望而却步。这时候,正当我迷惘得不知所措时,我看到了一张慈祥的脸。殊不知,正是这个有着慈祥笑脸的人,给予了我前行的勇气,为我的人生指引着方向。

生本教育——陌生的名词,老荆——陌生的人,老荆的生本教育——更陌生的搭配。高一的第一学期,首次接触这些从未听说的词汇。于是,对于生本,我将信将疑地开始尝试,开始跟着老荆的思想一起运转。对于我们,这的确很新鲜——让学生成为课堂的主人。

还记得,在很长的心理斗争期过后,大家陆陆续续走上讲台的情景。第一次,是要下很大决心的,压抑着恐惧,在几十个人的注视下走到讲台,颤抖着抓起教棒,然后背对着大家,哽咽地说出了第一个字。但这次尝试是正确的,当回到座位,留存心中更多的是欣喜与自豪感。于是,便渴望下一次更好地表现,成功之路便开始了。

期末考试,我们班毫无悬念地取得了年级第一的好成绩,那一刻我们都笑了,像花儿一样。

到现在,生本与我们的学习紧密相连了,各门学科都不同程度地采用生本教学,更多自主思考的空间,给了我们考场上更大的发挥空间,考试成了检验自我的工具,不禁令人期待,期待自己的成绩能够被肯定。

老荆说过,高考是学生在考,不是老师,只有靠自己思考,老师不能再教。的确,生本是一个长期的过程,当中有些小磕绊很正常,但终极目标是高考,有了能力,还怕不能在考场上游刃有余?

高三学生谈生本(三)

上课是一种享受

谢 红

在以前的数学课上,我们只是充当听众,即使上课发言也只有一两次,而现在荆老师给我们创造了一个能够展现自己、让自己完全暴露在同学们眼光中的一个舞台,在这个舞台上,我能让自己变得更闪亮,同时也能发现自身的问题,我会听到同学们由衷的掌声,这对我产生了一种鼓励和动力,而当我犯错误的时候,同学们也能毫不留情地站起来指点我的错误所在,可以说在我们的课堂上,我们容不得半点错误。这才是真正的课堂,这才是真正的教与学。我们的活力也只有在数学课上才能展现得淋漓尽致。

作为学生的我,以前都是坐在下面听着老师滔滔不绝的话语,觉得老师是多么伟大、多么神圣,但经过上荆老师的课,我也体会到了这种感觉,当我上台讲题目,把同学们都讲懂了,我就有一种无以言表的成就感,像这样上课有益而无一害,因为这样的上课既能给学生留下发展的空间,还能加深学生对题目的理解,做到难以遗忘,"生本教育"真正达到了素质教育的目的,能让学生充分施展自己的才能。上荆老师的课,把我各方面都调动起来了,从小学到高中,我从来没有遇到过这样的好老师,荆老师独特的上课方式深深地吸引了我,让我感觉到上数学课是一种极大的乐趣,荆老师上课独特在于他上课和其他老师不同,不是以老师为中心,而是以学生为中心。

上一堂课就如同一场精彩的演出,是同学主持,学生来当老师,而荆老师就坐在教室后面点评一下,同学们涌跃地举手发言,冲上讲台讲出自己的看法和方法,有的同学质疑上一位同学所提的问题。我相信,在荆老师的带领下,会走上成功的舞台。

第二章 妙在哪里

自从荆老师任教以来,给我最大的感受就是真心实意地关心我们,虽然工作繁忙,但对每人的发展一直很关心,能够充分地调动大家的积极性,让我感到数学原来有如此大的魅力,让我深感学习的乐趣。荆老师课堂永远是最生动有趣的,让我们能够在知识的海洋里畅游。让我们有充分的机会锻炼自己的能力,为以后的发展打好基础,感谢上帝赐给我们这样好的老师。

在荆老师的课堂上,我们会有更多的自主权,尽情地展现自我,去挑战自我,去增强自我的交际能力、胆识。在课堂上,老师把"权力"让给我们,由我们自己主持,自己讲题目,每个人在课堂上都有展示自己的机会,而且遇到问题,全班会进行激烈的辩论,这让我们对难题有更深刻的思考,我们也可以得到全面发展。总之,我觉得上荆老师的课没有压抑感,是一种享受。

上荆老师的课,我就有一种很放得开的感觉,在课上,我们可以自由施展自己的才华,尽情展示自己。课上更是热闹非凡,这是我们第一次上到这么热闹的课,荆老师的教法、方法独特而新颖,当然对学生各方面能力提高很大,这让我们每个学生都充满了自信。教学中,老师给我们的记忆方法与口诀使我们印象很深,我们很容易记住,有的甚至很搞笑,这让我们知道,在学习中也可以寻找到快乐,原来课可以这样上,学习可以这么学,原来我们真的可以自主学习,我们的能力真的提高了很多。我是第一次感知到这种教学方法,很独特,很有效。

现在上课可以说是师生互动的,主体由以前的老师讲,学生听、记、想,变成了如今的学生上台主持,学生拿教鞭讲,学生讨论,老师坐在旁边听,在适当时老师会点拨一下。

这样将课堂的气氛调到了高处,个个都是充满着激情,教室里洋溢着求学的希望气息和欢快和谐的气息。老师称我们是朋友,把我们看作是真诚的朋友,相信我们,爱我们,处处为我们着想。

老师布置的作业量不多,但每天我们都精心为课堂准备,老师以笑面对我们,帮我们解决难题时也很细心,讲得我们每个人听得懂,听得明白,给我们带来了最有效、最生动的课堂。

我觉得上数学课不仅是一个学习的过程,更是一个锻炼的过程,在老师与学生的互动中,我学到了很多,老师让我们自己讲,使我们充分发挥自己的才能,在讲的过程中也在不断地发现自己存在的问题,同学们也及时帮助我纠正了错误,而且做题的一些奇景妙解也让做题变得更加有趣味,老师适时帮助我们点评一下,给我们总结归纳,让我们学得更加有劲。

通过这段时间的学习,我发现我的数学成绩在不断提高,我对自己越来越有自信。令我惊奇的是,别的科目也在数学的带动下有了明显的进步,我从心里为自己的进步而感到高兴。

以前从来没有想过数学课可以这样上,在课堂上从没有这么多的欢声笑语。在数学课上,我们自主学习,课堂完全由学生自己掌控,个个都积极冲上去一展自己的风采。在课堂上我们认真讨论,有时还会争得面红耳赤。课由学生主持,学生上讲台,给我们一个从来没有过的环境,这样不仅锻炼我们自己,知识点也记得更加牢固。听说别省也有这种方式讲学,而且取得了骄人的成绩,我们的信心也就更加大了。记得以前上课,根本没有学生讲的机会,上台会吓得发抖,现在完全不同了,我可以称得上是一个老手了。真心感谢荆老师给我们这样的机会。

自从荆老师来到了我们班,我们班有了许许多多变化,上课认真听的人多了,认真参与课堂的人多了,积极发言的人多了,尤其是那让我们自主学习,自己讲课,让我们明白了学习数学的乐趣,学习数学的轻松,原来数学可以这样学。我们的数学课不再像从前那样苍白无力,而是变得十分有活力、有朝气。上课主动发言也使我们的个人能力得到提高,以便于我们适应将来激烈的社会竞争,所以说,荆老师是真正的终身教育者,让我们可以受益终身。

能成为他的学生,深感荣幸。自从他推行"生本"教育以来,更使我们的课堂推向开放化。学生上课,不仅使我们的潜力得到开发,而且自己遇到不懂的问题也可以和同学们一起讨论,这种学习方式增强了我对数学的浓厚兴趣。高三虽然有很多学习压力,但在数学课上可以得到放松,不会再觉得高三学习是一种压力,而是一种像是在玩"智力"的游戏。

学生写的公开课报道

2011年11月7日上午9时45分,全国生本大会在丹阳市第六中学隆重召开。上午10时40分,荆志强老师带领他所教的班级代表六中向专家展示了一节震惊全国的生本课堂。

站着讨论,透彻七分

宣布上课之后,学生便一个个训练有素地站了起来,开始了讨论。在10分钟的时间里,20班的学生们一个个分工明确互相讲解,指出题中的注意点和易错点。再加上长久的训练,10分钟的时间足够他们将讲义中大部分简单题甚至是较难题自主攻破,只有少部分难以解决的难题留待接下来的环节中讨论。

"学生一个个像小老虎"

记者注意到10分钟还没到各个小队便已经讨论完毕坐下,效率之高实在令在座老师叹服。可效果怎样却让在座老师心里打了个问号。"好,我们开始进入第二轮的集体讨论环节。"看见各个小组都坐下,荆老师宣布正式讲课。接下来的时间里,完全成了学生的自由舞台。同学们一个个争先恐后,一道题往往都有好几种解法。而荆老师只是在一旁引导,所有的知识点、题目全部由学生讲解。课堂一直沉浸在活跃的气氛中。随着一个个亮点的闪现,教室中高潮迭起,连在场的老师也受到感染,情不自禁地跟随学生一起鼓起掌来。一位听课的老师在课后的采访中打趣地称赞20班的学生"一个个都像小老虎一样"。

"我还有提升"

一道题刚"完美"地讲完,就在大家都以为要进入下一题的时候,一个声音突然在教室中响起:"我还有提升!"一名同学信心满满地走上讲台,投影仪下是密密麻麻的知识点和方法总结,将学生的思路开阔起来,不单单是对一道题而是一种思维的体现。"就算是我也不一定能讲得这么好!"在课后的采访中,听课的来宾们纷纷这样表示。

"怎么只超14分?"

郭思乐教授在课后的交流中知道:这班的学生不仅上课表现好,而且刚结束的全市高三统考(网上阅卷)中也再次取得骄人成绩,各科成绩均名列全市前茅,虽然是二类学校普通生源,但超过当地最好生源学校的平均分14分"。郭教授听后却是出人意料地说道:"这么好的课堂怎么才超14分?"

学生热情,采访记者亦叹然!

当记者临时决定要现场采访学生时,各小队的同学争先恐后地向记者介绍他们开展生本教育的情况。"海豹队"队长有声有色地介绍了他们的纠查工作,谈吐间仿佛同学们你问我答,攻克难题的场景展现了出来。在谈及荆老师时,王春燕微笑着告诉记者:"荆老师像朋友,学习上对我们要求严格,生活上对大家关心倍至。我们平常都喜欢称呼他老荆,这样可以拉近师生间的距离。"王晨玉同学说:"我本来认为高中课堂都很死气沉沉,没有人上讲台讲题目,但自从荆老师带领我们生本教育之后,课堂很活跃,而且接受知识也很快,也很透彻。"李俊同学说:"生本课堂真正解放了学生,在课堂上,讲台就是你的舞台,可以展示自己的风采,提高我们每个人的价值。"徐君捷同学说:"生本教育很好,我们和老师像朋友一样。有什么问题就直接问老师,就是朋友之间的关系,所以成绩上升很快很快,不仅是数学,语文、英语也一样……整个采访中,同学们无一不热情畅言,从容而没有丝毫的胆怯,只觉得意犹未尽。

让学生对生本产生美好的憧憬,从而实现让学生由心动到行动的转变。

二、从家长层面来讲:不用担心家长不支持

学生是家长的"开关",因为家长是听学生的,如果学生觉得生本教育好,家长肯定会支持的,所以我们先不要急于做家长的工作,还是让学生感受快乐,有了进步,借学生之口,让学生去做家长的思想工作,讲实施生本教学的好处,自然会起到事半功倍的效果。有的老师不知道这一点,刚开始做时就急于向家长去解释:你讲得最多,他也不会理解,感觉是你老师"偷懒"。

以下文字为学生写给我的心里话,均为学生原话:

沈芳:我觉得每次上数学课我都很激动,很想参与其中,想在同学面前展现自己,所以每次做题我都会集中所有注意力,争取少出错,也会从多种角度思考,探索最简便的方法,现在我的做题速度越来越快,正确率也非常高。

施小玲:荆老师,自从成为你的学生,我感觉最深的就是我不再畏惧数学了。以前学数学觉得很茫然,自从接受你的"生本教学法"后,我觉得很多知识

点都贯通了,有"做一抵十"的效果,在您的课堂中我从未感觉 x、y、z 枯燥,相反,觉得这些字母很神奇,我对高考数学已经充满了信心。

荆文华:从来都没想到数学还可以这么学。以前做题目时用什么方法都只是凭感觉,可是现在看到什么类型的题目用什么方法都很清楚,就像"退一步海阔天空法"感觉好形象、好生动,想忘记都难。总之,我觉得很开心,荆老师的数学课让我深刻感到学习是主动的,而不是老师灌给我们的。

……

将学生这样的感受告诉家长,家长还有什么可担心的呢?我的学生家长给我发来短信这样说:

荆老师,您讲得太精彩了!我为我儿子能拥有您这样的好老师而感到荣幸,作为家长,我对我儿子的未来充满期待,充满着信心。儿子交给您我一百个放心,您不仅让我,我敢肯定让所有家长对自己的孩子都充满信心!您讲课不再是以前千篇一律的严肃,而是气氛格外亲切、活跃,让人有一种积极参与的力量,真的很了不起。我儿子回来说到你就满脸的笑容、满腔的热情,在电脑里居然还称呼您老荆,可见您作为一个老师和学生之间的融洽,有这种气氛,学生怎么可能不对这门课感到兴趣呢?生本教育确确实实了不起,确确实实值得推广。还有的家长发现孩子"生本"后不仅成绩明显进步,而且性格也变得开朗起来,阳光快乐,不知怎么感谢我。有一位家长给我送来了"十字刺绣"大匾(后面有图),他们说:"这太珍贵了!针针线线寄深情"。所以你只要真做生本,学生感受到进步,绝不用担心家长。

三、从教师层面来讲:我们教师该怎么做

叶圣陶先生说过:"课堂教学既然是一讲一听的关系,教师当然是主角了,学生只处在观众的地位,即使偶而举手回答个问题,也只不过是配角罢了。这样学生就很轻松,听不听可以随便。但是,那后果可能是很不好的。学生会不会习惯了教师讲,变得永远离不开教师了呢?"于是,叶老先生提出了"'教'都是为了达到用不着'教'"这个著名论断,并鼓励我们教师"朝这样好的境界努力"。

1. 转变教学思想和教学行为、树立"以人为本"的教学理念。

新课程改革强调的自主学习,是指教学过程中学生的高品质的学习,它不同于放任自流的自学,是在教师组织、引导下的学习。只有教师在教学过程中组织得力、引导得法,才能使学生具有自主学习的兴趣和能力,养成自主学习的习惯。

没有什么教学目标能够比让学生成为独立的、自主的、高效的学习者更为重要。因此,教师应转变陈旧的教育观念,从过去只重视分数的"应试教育"转变到注重提高学习者能力的素质教育上来;从以教师为中心的灌输式教学转变到真正以学生为主体的自主学习上来;从传统的以知识传授为主的教学模式转变到以探索、发现、协作解决问题等为主的探究教学模式上来。树立"以人为本"的生本教学理念,充分认识学生的主体地位和能动作用,做到心中有学生,着力为学生的个性发展、长远发展"引路"和奠基。在进行课堂教学设计时,应把以前设计"教师如何教"转变为设计"学生如何学"。只有这样,学生才会在教师的指引下充分发挥自己的潜能和主体作用,把学习活动置于自己的监控之下,从而调动认知、情感、意志等多方面的能力进行知识的主动建构和高效学习。

"生本教育应用于课堂教学,首先就是更新观念,即要更新传统的教学观念,要转变老师的角色,要让老师从知识的垄断者、传授者变为学生的指导者、帮助者和参与者。只有放下老师的架子和学生融为一体,才能创设出民主、平等、和谐的学习氛围,才能恰当地应用生本教育的模式、依托现代教育技术手段为学生提供大量、丰富的学习资源,指导学生自主学习、自主设计、自主探究、自主评价,从而最终达到自主发展的目的。与此同时,教师必须充分相信学生,相信学生能够通过发现、探究、研讨、交流等学习过程达到学习目的。只有这样,教师才能把课堂真正还给学生,让他们做课堂学习的主人;也只有这样,教师才能在以知识体系为中心的教材中分辨出能够引发学生思维的结合点,培养自主学习能力的切入点,让学生通过协作、交流的学习形式达到知识与能力的双向建构。

"生本教学"就是要让学生做学习的主人。要想教师教得轻松、学生学得轻松,必须充分调动学生和教师两个方面的主动性和积极性,更需要学生充分的自主合作和老师对课堂的精心设计、驾驭。在探索生本教学模式上,我探索并积累了一套独特且卓有成效的方法。引领学生进入生本教学的角色是实施生本教学的必要前提。每堂课前，我们老师对教材的难点、重点进行透彻的研究，对所选题目、各种解法考虑周全，做到心中有数、应对自如。在这个基础上，超前一天告诉学生明天要学什么内容。如果是教高三，就超前一天下发预习讲义，让学生先练。每堂课前把学生做的探究收上来，先看一下，对学生的练习情况、解题方法及典型错误做到了如指掌。课堂教学之前的这些准备，实际上就是让学生尽早进入生本教学的角色，同时也是老师在课堂上当好服务员、协调员的前提。

引导学生参与教学的过程是实施生本教学的关键。无论是新授课还是复习课，我都是有针对性有重点地引导和组织学生进行课堂讨论，实行探究与合作式学习，共同寻找解决问题的最佳方法。对于简单问题，鼓励成绩较差的学生上讲台。对于重点题型或学生易错的题目，组织学生开展讨论。学生可以自由上讲台，用多媒体、实物投影讲述自己的解题方法。一个同学讲完后，其他同学有不同见解的，可接着上去讲。学生先认真听别人说，然后提出自己补充意见或不同意见。每当这时候，课堂上总是此起彼伏，学生争着上讲台，而学生为了有底气上台讲，课前必须进行充分的准备、认真的思考，尽最大努力讲清自己的解题思路和过程。学生自主课堂大大增强了学生规范化解题意识和考试得分意识。而采用实物投影不仅节省了大量的时间，增加了课堂的容量，而且提高了课堂教学效率。

"生本教学"，教师应当是服务者和协调员。我对学生的讲解，首先肯定他们思考的价值，然后再引导学生比较几种解答的优劣。在这个过程中，我和学生边讨论、边评定、边补充、边更正、边总结，进而弄懂哪一种是通法通解，哪种做法比较巧妙，此类题目如何寻找突破口，为什么要这样做，你是如何想到这样做的，这类题型可以从几方面考虑，有哪几种思路，此题应该注意什么，为什么错。学生相互质疑，一问一答，老师作为其中一员参与学生的质疑、讨论，直到把题目彻底弄懂、弄通。每一节课的最后，和学生一起反思、点评、升华、归纳出本节课的知识体系、注意点，总结出数学思想和方法，让学生切实感到能上升到一定的高度看待问题。在生本课堂中，老师完全是一位服务员、协调员的角色，是一位与学生交换意见的参与者。

有些老师觉得,生本教学以学生自主学习为主的方法肯定是好的,但是又担心学生多少年来一直习惯被动听课,现在要他自主学习,假如不能做到这点怎么办呢?有的老师甚至担心让学生走上讲台讲解会浪费时间,还不如自己讲省事,常常是"不讲不放心,不讲完心不安,讲完心里才踏实"的心态。其实我们有的老师一节课讲了很多内容,学生总是被动地接受,自认为是讲完了,但学生掌握多少,不得而知。这又有什么效果呢?因此,关键的问题还是我们老师的观念问题,你想不想这样做,你愿不愿这样做。

2. 要学会逐步实现"以学定教"到"不教而教"的转变。

"以学定教、不教而教"是生本教育教学论里重要的一点,这里的"学"是教师的学,学生的学,而不只是学生的学。"教"不仅是由知识本身的结构性质所决定的,同时也是由学生的学习决定的。以往在师本课堂上教师上课,学生听课,具有一套完整的、封闭的教学模式,学生"学"什么,学生"做"什么,以至学生反映的范围和程度是什么,教师都基本上设计好,甚至完全处于控制之中,而不管学生是否愿意去接受和参与,从而容易抹杀学生学习的积极性和创造性。

生本教育提出的"以学定教、不教而教"正与这一现象相反,它要求教给孩子想学的、想要的东西,但这并不能说我们作为教师,学生想学什么,我们就教什么,而是紧紧抓住学生学习的欲望和兴趣去设计活动或课程,扩大知识量,给他们空间去想象,时间去讨论、归纳和总结,让他们在大量的学习材料(教师给的,同学给的,书本写的,等)上筛选自己需要的进行知识内部的整合,从而达到"不教而教"。以学定教的一个最大好处是始终保持学生强烈的情感和兴趣。整个教学过程体现在学生学习的活动过程上,而这个过程又充分突出了学习的随机触发性和跳跃性的规律。同时,生本教育强调的"以学定教"并非不能体现出学生对学习的系统性,因为以学定教是在确保第一层次的知识,即必备的基本规范和工具的掌握原则下进行的,让学生自己去形成以自己喜欢活动内核的课程,从而可以主动地学习第二层次的大量知识,而第二层次的知识完全可以为若干活动所覆盖。以学定教所激发课堂的学习热情,会促使学生主动地把知识系统化,这是自然的需求。只要教师在适当的时候引导学生进行回顾和整理,学生自然会在充分认识知识内容的基础上把所学得的进行内部的系统化。

3. 实施生本教育,教师要不断提高自身的素质的要求。

生本教育把课堂还给学生,让学生成为学习的主人,并不意味着老师成为了观众,成为了可有可无的摆设,而是需要老师以新的身份和方式出现在课堂教学之中。生本教育对老师的素质提出了更高的要求,老师们应该具有民主的思想(不凌驾在学生之上,成为学生的朋友)、开放的心态(让自己的课堂拥有多元化的理念,多辩的言论,让学生充分表达自己的见地和思想)、尊重的态度(尊重学生的课堂表现,尊重学生的价值观,把每个学生当成有价值的人来看待和培养,充分尊重他们的言论和发现)、宽容的胸怀(要有海纳百川的胸怀,要宽容学生在课堂上表现不完美,在表达上差强人意的地方,给予他们鼓励和肯定)、理解的方式(理解学生的价值观、情感表达、思维方式,允许他们抒发不同见解,要倾听学生的心声,使课堂学习成为追求科学、民主、自由交流的场所)、学生的视角(怀有一个童心,以学生的视角观察这个世界,不否定学生的发现,不对学生揠苗助长,让学生在学习和实践中自我觉醒和成长)、学习的品质(教师要将终身学习成为习惯,成为自己事业发展的必修课,老师要有更丰厚的本学科知识,同时对其他领域要有所涉略)、引领的角色(教师不再是主宰,掌控学生的发展,做终端评价者,而是学生的帮助者、引导者,帮助学生以自己的方式获得成功)。

四、从学校层面来讲:走生本教育道路,勇敢进行教学方式改革

以我的成长为例,尽管生本之花越开越艳,但开展生本教育教学仍然离不开学校大环境的精心呵护和鼎力支持。它的成长与绽放需要学校校长、教务部门和教科室的良好的政策支持和科学的评价。

1. 开展生本教育需要学校校长和领导具有先进的教学理念和远见卓识,领导的大力支持就是我们教师开展生本教学的坚强后盾和动力源泉。我在做生本的一开始也不是一帆风顺的,有一次我刚带的班级考试成绩不够理想,当时校长在外地开会,我发信息告诉了我们朱校长。他很快回信息开导我说,这

只是开始,做任何事情都需要一个过程,再说成绩的提高有一定的滞后性,况且你的学生对数学的学习兴趣和热情已经有了很大的提高,这些都是非常好的现象,我坚信通过你的努力一定会好起来。看到校长的回信我非常感动,顿时信心倍增,他激励着我继续前行。

2. 开展生本教育还需要学校提供必要的教学设施设备,如电脑、实物投影以及电子阅览室或备课系统。

3. 做好生本不是一蹴而就的,学校要有静待花开的耐心,营造宽松的评价教师机制,否则教师带着镣铐跳舞难有成效。教师要有"等"的耐心,要有"牵牛上树不如驱牛向草"的恒心。敢放手,有问题,找学生。让学生在思想的碰撞中提高分辨是非的能力及培养解决问题的能力。

世界上最难的一件事就是将自己的思想装进别人的脑袋。确实,生本教育的改革是颠覆性的,因此不可能一蹴而就。我们从当初的个体起步,到现在全校群体做生本,多数是自觉自愿的结果。老师们参与教学改革不是来自行政压力,而是自觉自愿,是真正看到学生的精彩和解放,也渴望自己得到成就和解放。学校所做的就是营造环境,一棵树之所以成就美丽是因为成长的天性不被压抑。学校对老师的要求是:越教越轻松、越教越幸福、越教越漂亮的老师就是生本老师了。

4. 作为学校既应培植丰厚的生本教育土壤,也要有必要的制度保证。

① 在生本教育的起始阶段,需要学校通过专家引领让教师认同生本教学理念。

实施生本教学,首先要解决的是教师的观念问题。在生本教育学习阶段,可先把《郭思乐和他的生本教育》这篇文章复印出来,发给每一位教师学习。在校园网介绍郭思乐教授的生本教育理念、思想、方法以及成果,并以文本形式发放给每一位教师学习,学校可邀请郭思乐教授为教师或骨干教师作生本教学的专题讲座和指导,邀请生本实验学校校长和优秀教师作实施"生本管理""生本课堂"的经验交流,组织教师举行生本教学专题沙龙。这些可以实现让部分教师从迷茫、犹豫、怀疑到顿悟、认同和坚信的转变,生本教学的理念不断深入人心,被越来越多的教师所认同。

在学习阶段,我们进一步认识到:由郭思乐教授全力倡导、推广的生本教育,其最大的特点是:突出学生、突出学习、突出探究、突出合作;生本教育是理性的教育,是充满魅力、最有生命力的教育。大家都意识到不能再沿着以往"师本"的路子进行下去了,这就进一步坚定了我们推进生本教育的信心。

② 学校需要对生本教育进行必要的推进工作。

我们认为,生本教育是一段很长的路,在路中还会遇到这样那样的困难。但是有一点可以肯定,生本教育肯定是强教之举,是强校之本,这条路学校一定会一直走下去,这种信念我永远不能改变。

首先,学校要不断开展生本教育课堂教学研究活动。每个学科实验小组每月至少推出一堂"生本教育"课堂教学研究课,组织教师观摩,以沙龙研讨的形式通过对话互动进行研讨分析。每学期至少组织一次以生本教育为主题的学术沙龙。

其次,教务处要开展教师基本功竞赛。组织教师开展生本教育课堂教学评比,推出优秀教师在各种公开活动中作课堂教学展示。教科室可设立生本教育工作室,举办生本教育沙龙,边学习、边实践、边反思。

开展生本教育优秀个案和个人随笔评比。学校可以要求每一个教师在学习、实践、思考的基础上不断总结,提炼出成功的优秀的课堂教学案例,或以随笔、论文形式总结自己成功的经验或改进的措施。学校还可将生本教育实践与学校课题有机结合起来,力争教科研的支持。

学校逐步实现评价制度的改变。学校应为生本课堂制定必要的评价制度,"生本教育"理念下,一堂好课的标准不是看教师表现有多精彩,而是看学生表现有多精彩。教师从"纤夫"转变为"生命的牧者",给予学生的不是"叶子思维",更不是"枯叶思维",而是"根思维"。

什么样的课堂是优质课堂? 我到外地参加一些活动,也聆听了专家、教授的一些观点,大家认为好的课堂就是学生状态好不好? 就是他的心进入课堂了没有? 他独立思考了吗? 不能人云亦云。那么基于这样的理念指导,课堂教学的抓手在哪里? 什么样的课堂是有效的? 什么样的课堂是有价值的? 用郭思乐教授的话说,"你抓住根本了(未)没?"郭教授说这个"没"不能写成没有的没,应是未来的未。"抓住根本未?"那么什么是根本? 也就是说知识的根本在哪里？我认为，这个根本就是新旧知识的连接点，就在新知识、新思想的发生点，抓住这个发生点，抓住这个新旧知识的连接点，就算抓住了要害，抓住了根本，有根了，树就会生长，就会枝繁叶茂。没有根，你怎么长啊？这是生本教育、数学的抓手，你每一堂课的设计都要想这个问题，这一堂课的根本在哪里？你抓住它，要对它进行设计。

尽管实践生本教育需要脱胎换骨的改变，需要伤筋动骨，尽管这个过程会有失败，有挫折，有痛苦，但只要有睿智的领路人，有一批信念坚定的实践者与推动者，那么生本教育一定会有快乐，一定会走向成功。

当然，开展生本教学实践，除了需要各方面付出极大的热情外，作为学校既期待实验教师的成功，更要有静待花开的耐心。

总之，在实行生本教学过程当中，要做到六个心：一是爱心——把爱赋给学生；二是创造心——创造性地开展工作；三是平等心——与学生平等相待；四是细心——细节；五是耐心——克服烦燥情绪；六是关心——全心全意为学生服务，在工作中处处体现生本。

附：2011年学校生本工作室推广生本教育的工作总结

以荆志强同志为典型的"生本课堂"教学模式，作为我校的一个特色亮点应该说已经享誉大江南北，闻及天山脚下。秉持朱校长提出的专家引领、典型引路、科研支撑、氛围推动的总体要求，朱万喜生本工作室在过去的一年共活动了12次，出了12次简报，共有22位老师上了生本公开展示课，还有27位老师于2011年12月20日向镇江市开设了生本公开课，3位教师在全国生本现场会上公开展示；朱万喜生本工作室由原来的中心组成员18位，扩充至骨干成员33位，再到涵盖九大学科56位的生本研发团队。在全面提高教育教学质量的呼唤中，在培养学生终身学习能力的期待中，学校提出本课堂教学模式，以学生为主体，全面提高了课堂教学的质量和有效性。以往我们也在不断地进行教学改革的尝试，但都是绞尽脑汁，想方设法让我们的学生听得更明白，教师对自己的每一句话都字斟句酌，而且挖空心思借用各种媒体来让学生看得一清二楚，这种教学模式可以在短时间内向学生传授不少东西,表面上看是很见成效的,但遗憾的是学生仅仅是学到了一些知识,而且知识的掌握基本上是被动的,根本谈不上创新,因为教师很少给学生思考的机会,不思考,也就不会思考,不会思考就不会创新,不会创新就养成不了终身学习的习惯和能力!

在生本教学过程中,老师们注重摆正自己的位置,以学生为教学过程中的主体,在大部分时间里教师都是课堂的组织者,尽量少地给学生提示,以免干扰了学生的思维过程。如果把课堂当成一个舞台的话,唱主角的是学生,老师们注重对学生的自觉意识和认识能力的培养,让学生通过自己的活动和思考主动地生动地建构知识。譬如说,语文课重在自读自悟。老师在践行生本的过程中,深深感受到在语文课的学习中,教师要敢于放手,要通过多种方式让学生进行大阅读等,在阅读中自由感悟、深化理解。避免自己讲得太多,避免教师的讲解代替学生的感悟,学生被动接受老师讲解的知识点,毫无动力、兴趣可言。

很多教师都有这样的体会,真心对待学生,同样也能换来学生的真诚与拥戴。如果教师走进教室时面带笑容,学生们上课时就格外用心,以情激情,配合教师也很积极。反之,如果教师总沉着脸,学生们也就变得死气沉沉,课堂毫无生气。生本实验班的老师在与学生和谐共处中,感到浓浓的职业幸福感。师爱是践行生本的基础。

一年来整个生本课的特点:

1. 课前展示丰富多彩。

课前展示无论从内容还是形式,都更加丰富多彩。生本实验班教师在这方面也在积极地探索。

2. 小组合作充分调动学生积极主动性。

小组合作学习是"生本"课堂必不可少的环节,但以往的小组合作,往往流于形式,成为少数优秀学生展示的舞台,大部分学生只是旁听者,而非参与者。生本的老师经过不断摸索,在不断完善小组合作学习的过程中,使小组合作学习不断趋于合理、适用、有效。

3. 前置性学习培养学生自主学习习惯。

生本课堂的一个重要表现就是前置性学习。"前置作业"体现了"先学后教"与"先做后学"的自主学习的精神，反映了"生本教育"理念及其方法论追求的价值，学生要接受知识必须依靠自身自主建构，符合认知论中的先行后知。在生本课堂构建之初，教师反映学生对前置性学习有难度，完成不够认真，经过探索，到现在为止，很多班级总结出了一些行之有效的办法。大部分文科教师认为，前置性学习一定要放在课内进行，教师要给学生提出明确的学习目标，有的老师设计几个问题，让学生根据自己的学情自由选择完成其中的两至三个，要求学生研读文本时要专心致志，把文本读懂读透，善于在表象中找到藏在背后的内涵和特征，碰到自己不懂的问题，要求学生把它记下来，准备质疑，自学完后再让学生到台前讲，还可以小组汇报交流，教师再对学生提及不到的地方予以补充、深化。也就是说，"生本"我们可以理解为以生为本，也可拓展理解为学生与文本之间的"生本"对话，然后进行生生对话、师生对话！

4. 多表扬唤起学生的自信心和学习兴趣。

在研讨过程中，大部分生本教师都提到，对学生一定要不吝表扬，用真诚的赞语、行为唤起学生的成就感。这些老师都有一个很深的感受对学生多加表扬与鼓励，会让学生爱上老师、乐于学习、爱上学习。

5. 评价总结。

学生完成的前置作业和课堂上的一些练习，不管是老师讲评、学生自评还是师生一起评价，都要给予评判。要告诉学生，评判的目的主要是让自己知道究竟掌握了多少知识，而不是只看对错。

总之，一年来生本工作室的研讨是卓有成效的，所有老师的教育教学质量是稳步提升的。随着研讨的进一步深化，我校的教育教学质量会有质的飞跃！

第三节 开展生本教育的具体做法

生本教育的实践探索：先进理念是生本的指南，充分准备是生本的前提，积极践行是生本的保证。作为一线老师,我更关注生本教育操作层面的问题,不断探索生本教学新路径,全力打造生本课堂,催生了实施生本教育的教学流程和一整套生本教学管理机制。

一、生本教学流程

生本教学以激扬生命为宗旨,是为学生好学而进行的教学。老师要正确把握好自己的角色定位,老师是学生学习的促进者、引导者、组织者。生本教学包括四个基本的教学流程:前置学习研究——小组合作探究——学生上台展示——评价激励超越。结合本人长期的教学实践,简单介绍各个教学流程具体操作。

[附1] 生本教学流程图

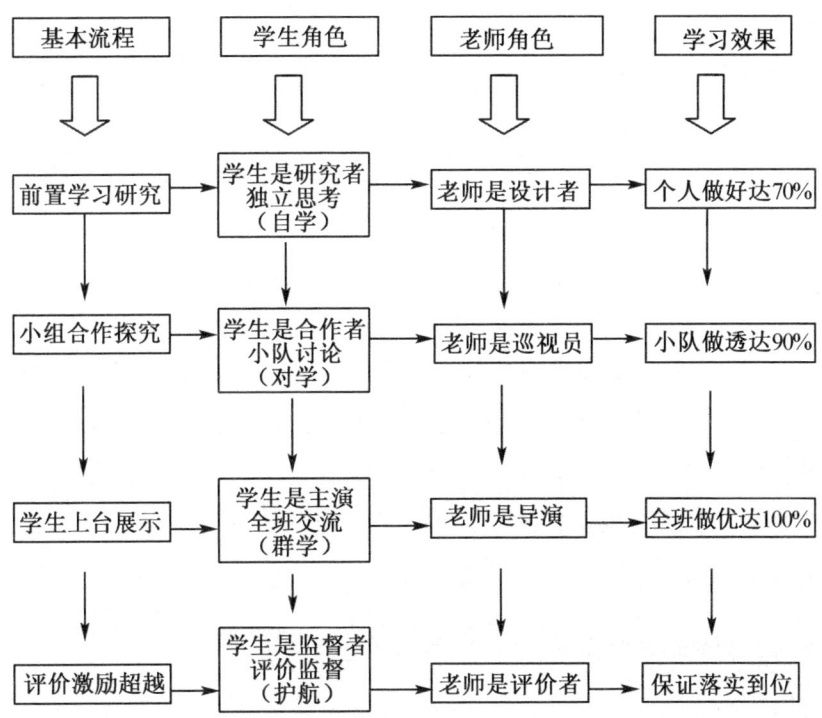

（一）前置学习研究

（1）学生是研究者。学生的自学对生本教学至关重要，每个学生自学的深浅和效果是不同的，这种超前性和差异性正是课堂开展合作学习的宝贵资源，使每个学生在课堂教学中具备了对学和群学的资本，做到"作业倒置，学在讲之前"，这正是落实"先做后学，先学后教"的生本教学原则的具体体现。

书是最好的老师，学生在前置学习时，要先把书看懂看透，然后把本课的内容要点、层次、联系划出来或打上记号，写下自己的看法或弄不懂的问题，对于一些较难的问题，留给课堂去讨论、提升，不必强求一律。学生在自学时可以创造性地提出自己独特的解决问题方案。前置学习学生一定要独立完成，一定要尽力想办法解决所遇到的问题，力争先解决、多解决问题，个人做好达70%。

（2）老师是前置学习的精心设计者。"功夫诗外"，前置学习的设计要最大限度地把教转化为学，前置设计时一张白纸分基础题、研究题、自出题三大块，做到简单、根本、开放。简单就是基点自主化，知识点由学生疏理。难点分层化，要让学生自由选择，问题设计首先要浅入浅出以激发学习兴趣，要让学生能学。根本就是重点问题化，要形成问题串，知识辨析，问题导学，重在激活思维、提高自学能力。要知识辨析，问题导学有明确的学法指导，引导学生会学。开放就是老师不要过多地预设，要给学生以更大的探究空间，可让学生富有创造性地自编拓展题和挑战题，让学生在个性化的发展中展现生命活力，从而让学生好学、乐学。

刚开始时老师还要指导前置学习，要学生明确看书范围、注意问题、学法研究等等。更重要的是要结合学生的实际，制定前置作业学生互相批改、大队长督查检测、专人统计错题等一套行之有效的方法。生本老师要做到"拿着错题统计进课堂"，这就有别于"带着教材进班级"的传统教学，有利于真正做到以学定教，提高教学的针对性和实效性。

（二）小组合作探究

（1）学生是合作者。小组合作探究学习主要表现为小队讨论（对学），针对前置作业中已批改过的错题,学生能自己订正先订正,对于学生不会订正的错题和自学中发现的问题进行充分的小队讨论,小队长要严防假讨论,克服浮躁,讲究实效,保证全员积极参与。对一般的问题先由队内讨论解决,小队不能解决的问题由小队长做好记录,准备全班交流。讨论时一般站着讨论好!中心组先找我面谈过关,在表上打钩,小组内一对一讨论,再由中心组把关。老师:1对多60人,而小组:1—1点对点。我对学生说,出钱买听众,也要多创造讲的机会。讨论时有时间限制,一般10分钟左右。方法会了可坐下来订正,全组都坐下意味着已经全部讨论好,至少方法要知道才能坐下。小队讨论一定要透彻,否则在课堂抽查时全组整体扣分。小队中有一人会的问题,其余5人必须会,小队讨论再解决20%的问题,小队做透达90%。

传统教学就像一列普通列车,只有一个车头,火车跑得快,全靠车头带(教师)。而生本课堂就像一列气势十足的动车组,每个学习小队就是一节带"分动力机"的"车厢",队队有活力,生生有动力,大家齐飞奔!

(2)老师是巡视员。教皈依于学,老师"少教"是为了保障学生"多学"。老师在小队对学中要通过巡视指导或小队汇报等形式把握学情和讨论进程,并以此调整自己课前预设的教学方案,剔除无效教学内容,减少不必要的教学环节。老师少教了,学生多讨论多学了。"多学"从三维目标考虑,多让学生掌握知识要点,多掌握拓展的知识,多让学生对知识点进行自主的构建;多让学生在学习过程中进行思维训练,老师留出的空白,是让学生有独立思考的空间,提高学生的理解分析能力;多让学生经历学习的过程,使学生对学习更有兴趣。

(三)学生上台展示

(1)学生是主演。班级展示即由我和学生主持,对学生自学、对学中没有解决的10%的问题全班交流(群学)。学生上台展示,引出问题,好戏连台,开戏就交上火。通常在我的课堂投影屏幕下会并排放着好几根教棒,教棒在不断地交接。座位上任何一个学生都可以在举手示意并在得到允许之后,带着自己的讲义,直奔讲台,用多媒体实物投影仪展示自己的做法。遇有"疑难杂症"的挑战题,班级中心组成员便会披甲上阵,出谋划策。如果同学们解决不了,再由老师讲解。学生群学能集思广益,深化认知。理论上讲,每个学生应该把所有问题都彻底弄懂弄通,即全班做优达到了100%(少数还不会的学生课后请本小队同学帮助,已会的学生要鼎力相助,尽量让学生解决学生中的问题)。学生上台交流时,犹如《转碟》杂技演员巧手轻旋轻摇,使几十只碟子转个不停。

要杜绝"无主题、无目的"展示。如,学生都会的内容不展示、生成空间较小的,比如定理定义一般不展示。基础知识尽量让学习较差生讲解,典型例题一般让中等生来展示讲解,方法小结最好让优秀生来展示。具体地说,学生上台展示的主要包括以下四个内容:

① 知识梳理(课堂用时约5分钟左右)。知识梳理要将原来平淡的知识陈述过程转变成有价值的师生互动。我通常采用PK式展示法,即让小队互动提出有一定质量和难度的问题PK对方,胜队整体加分,答不上来的队整体扣分。为了难到对方队,小队就必须把双基知识弄懂弄透。这样学生学习兴趣更浓、效果更好。上台提问好的和被抽签答对的小队都加分,被抽签答错的小队要扣分。对于知识点的板书我倡导立体展示,有时指定专人先在黑板上板书,有时由师生在总结、讨论、投影中完善板书,板书分知识点、方法总结、数学思想三个方面。学生的板书(用彩笔书写),书写规范,简明扼要,往往出乎我的意料。

② 错误分享(课堂用时约10分钟左右)。对于学生的错误,让学生自己上台展示,讲给大家听,讲清错因在哪里,通过小队讨论后自己知道了应该怎样解决,希望其他同学能引以为鉴。把学生的错误变成宝贵的教学资源,我们发现错误分享停留时间越长,学生今后再犯错的可能性就越小。

③ 质疑解惑(课堂用时约20分钟左右)。对于学生在自学、对学中还不能解决的疑难困惑,学生可直接上台质疑,上台答疑者不只是告知题目的答案,更重要的是要讲解题目的分析过程,把自己的思维表述出来。有不同解法或仍有疑问者可接着上台展示,每到这时,学生总是抢着质疑、争着解惑,课堂此起彼伏,学生跑上跑下,他们总能找到带有普遍意义和近似性的"问题"、最容易出现歧义的问题。遇到特别精彩的回答,学生会得到热烈的掌声和真诚的表扬。学生在自信和

愉悦中好学、乐学,不会的学生有求知欲,会的学生有表现欲。当学生成为课堂的主人时,教学便充满活力。课堂因互动而精彩,老师想到的想不到的学生都会想到!

④ 当堂抽查(课堂用时约10分钟左右)。当堂抽查对于学困生来说,是一次很有效的"补补丁"机会,对于学优生则是知识巩固、能力升华过程。为检验前面三个环节的学习效果,学生主持人或老师抽签检查,任抽一人,如第几队第几号代表小队讲某个问题,这个问题实际上由统计小队提供的错得较多的问题或者是重要的方法或必须掌握的数学思想,讲对了他会像英雄一样凯旋。被抽查者讲对不加分,因为讲对是应该的,讲错者则整个小队要扣分,讲错者会觉得相当歉意,好像是千古罪人,其他组员也会抱怨他刚才讨论的时候为什么不问呢?通过强化团体意识,促使他们每个人把每个问题都思考讨论透彻。

(2) 老师是导演。课堂是剧场,老师成导演。老师不再是学术报告人,有时是端着碟子、围着毛巾、吆喝着招徕生意的跑腿小二,有时是坐山观虎斗的闲人,有时是指挥千军万马的将军。我用变更主持人的方法激励学生参与教学互动,主持人先是老师,后是骨干学生(大队长、中心组成员),再到学生自告奋勇上台,后来到抽签确定主持人,最后轮流主持,使每个人都得到锻炼。从而让课堂唤发出生命的灵性和无穷的魅力。

生本课堂要求做到"少教多学",少教多学不是指真的老师不教,而是指老师教得有效。为了锤练学生思维,老师要"缓说破",要静待花开。等学生有困惑的时候或等学生想表达却表达不出来的时候,老师不应该一下子就讲透,要让学生从不同的角度、不同的途径、不同的方法去尝试解决问题。老师仅在关键处点拨,要"讲在关键处",在全班没有任何学生能讲的情况下才具体地讲。老师要做到"三讲三不讲",教师集中力量讲学生学习中的易错易混易漏点,讲学生想不到的拓展点,讲学生自己解决不了的问题。凡能由学生学懂的内容教师不应讲,凡能由学生提出的问题教师不应提,凡能由学生解答的问题教师不应答。

老师在交流展示中的点拨、调控作用,还体现为引导学生对自主探究结果进行总结提练。我要求学生把本课、本单元的知识用较为简炼的语言(数学符号语言或借助图形语言)总结概括出来。我擅于把数学语言转化为通俗易懂的生活语言,把生硬的数学公式赋予时代的流行色。数列递推问题被我叫做

"退一步海阔天空法",恒成立问题被我叫做"走极端",线面平行判定定理被我叫做"里应外合",线面平行线线平行被我叫做"顺其自然",异面直线问题被我叫做"取点推线,相交则灵",几十个诱导公式被我总结成一句口诀:"符号看象限,横不变竖变"……复习课上,师生共同总结,然后让学生比较,也可以借鉴别人的优点加以改进,促使学生自觉地在新知识与旧知识间建立起多重联系,使知识结构不断地发展与完善。老师要注意做好"追问",让学生把问题彻底弄懂弄通,多问为什么?你怎么知道?

上课展示四大环节,使教学过程成为源源不断激励学生发挥自己最大潜能的过程。我上公开课时只要给学生内容,学生就会按以上四个环节积极准备,上台展示的效果非常好。当然,根据课型的不同,侧重点还得有所区别。如,新授课的知识疏理要用时更多一点,知识体系揭示得更详尽一些;而复习课进行知识疏理时一般不需要面面俱到,学生要针对本节课的重、难点知识精选习题进行配套训练,重在提升。

(四)生本教学的小组构建及其运行原则

生本教学不是不要管理,而是学生管理学生。建立小组及其科学的运行机制,组织起来。我认为小组的构建是做好生本教育的基本保证。构建好纵横小队,期望纵横小队在行动带来整体提升。

(1)纵向分组。三个大队长——中心组——小队长——组员(一对一组合)

分成三个大队长、中心组、小队长、组员。三个大队长实为三个课代表,各管4个、4个和2个小队。小队我觉得6人为宜,小队逢双设立的目的是便于对调检查和批改作业。组建小队应遵循搭配均匀原则,一是综合考虑学生的个性、学习特长和人际关系等;二是小队成员男女结构适宜,开朗与文静搭配、学科基础好与差搭配。

分组方式:

第一阶段:刚开始自然分组

第二阶段:了解后一般二个月后在学生自愿(中心组统筹),班主任、任课老师适当调配基础上均衡分组(根据学生成绩、能力、性格、学科等情况)。学生民主选出小队长(能力强、责任强、成绩好),队长负责制。

第三阶段:最后小队长定期轮换,以培养每个人的能力。

[附2]　纵向分组样例

　　大队长:葛卢峰　　分管4个小队

　　　　　王晨玉　　分管4个小队

　　　　　王春燕　　分管2个小队

十个中心组:各管6到7人

葛卢峰	一	姚瑶	1	岳铖晨	钱鑫	张琳赟							
			2	钱　鑫									
			3	管泽群									
			4	步丹滢									
			5	姚　瑶									
			6	方　彬									
	二	赵燕	1	鞠　凡	张萍	王晨玉							
			2	张　萍									
			3	李双双									
			4	黄　辉									
			5	王　涛									
			6	赵　燕									
	三	陈逸之	1	陈杨俊	钱丹辉	唐雨							
			2	陈百惠									
			3	钱丹辉									
			4	丰鑫豹									
			5	钱　浩									
			6	陈逸之									
	四	韦立	1	韦　立	钱程	黄燕							
			2	钱　程									
			3	赵佳斌									
			4	杜源浩									
			5	张　烨									
			6	陈佳军									
			7	葛卢峰									

续表

王春燕	五	赵韦芹	1	何曾宝	何曾宝	王春燕								
			2	贡 凯										
			3	李 俊										
			4	王 艺										
			5	赵韦芹										
			6	徐珺婕										
	六	贡玲霞	1	王春燕	周宁	陈杨俊								
			2	贡玲霞										
			3	周 宁										
			4	徐志强										
			5	孙正杰										
			6	郦小艳										
王晨玉	七	贺天立	1	谢 红	刘伟康	葛卢峰								
			2	钱姝娅										
			3	黄 燕										
			4	贺天立										
			5	刘伟康										
			6	杨辉军										
			7	贡 瑾										
	八	袁勤	1	王煜娇	眭倩倩	贡凯								
			2	张琳赟										
			3	孙 阳										
			4	周志扬										
			5	袁 勤										
			6	眭倩倩										
	九	许小雅	1	项旭琦	马韬	徐志强								
			2	马 韬										
			3	眭佳磊										
			4	任理玉										
			5	许小雅										
			6	杨 煜										

续表

			1	王晨玉											
			2	汤凯杰											
王晨玉	十	史宇轩	3	蒋俊斌	沙丽文	贺天立									
			4	史宇轩											
			5	沙丽文											
			6	陈 煜											
			7	唐 雨											

注：1—2 3—4 5—6 7—8 9—10

（2）横向分组：

根据需要设置，要什么小队设什么小队 如：策划小队、统计小队、纠错小队、订正小队复查小队、纪检小队、海豹突击队等。主要负责考核督查工作，保证每个同学、每项工作都能落实到位。根据各人的特长，因人设岗。每人一岗，人人有事做，事事有人做。实行队长负责制，队长等各种"官衔"定期轮换，以培养每个人的能力，人人都有责任，人人把事做好，班级不乱而治，不弱而强。

[附3] 纵向分组样例：

总负责——李俊（班长）

总协调人——贡亚云

新闻发言人——张业军

秘书处处长——尹娇

概念队队长——龚云

纠错队队长——贡欣慰

订正队队长——贡文凯

记录队队长——黄朕

纪律队队长——唐雨

统计队队长——张业军

策划队队长——赵江

海豹突击队队长——徐志强

规则：中心组、各部门领导自愿报名，民主推举。未尽事宜由中心组随时讨论调整同意后实行。

二、生本教学管理

（一）小组运行原则

小组自主、自治、民主管理能锻炼每个学生的能力，充分发挥其积极性，让他们自愿、有序参与到交流、展示等教学中来，确保生本教学有条不紊地进行。

三级管理不越位。为树立小队长、中心组、大队长的威信，老师要建好三级管理网络：大队长（课代表）——中心组（中队长，各蹲点一个小队）——小队长——队员（一对一组合）。要一级抓一级，绝不能越级，通过兵教兵，兵管兵，让他们各行其事，各负其责，从而使班级整体有序高效地运行。

小队自治显活力。生本成败的关键在于小队抓得是否到位，为此，必须实行小队自治。小队长扮演着小队学习、管理领袖的角色，要由小队民主选举产生，小队的管理措施由队员讨论和决定，小队的事尽量由本队成员去做，特别是小队长严格管理不放松，才能使本小队的考核分不被轻易地扣除，小队工作抓到位，生本教学出奇效。

又如，大队长要负责小队对调批改、统计错题的工作。批作业也可让学生主动要求批，批得好加分。批的时候一定要做上红钩、五角星等记号。小队长把批过的前置作业发给学生，大队长及时将错题统计，向老师汇报。到正式上课时，学生有序地订正、讨论、交流、检测、总结，全程由学生主持，大队长巡视，择机收场。整个教学过程中每位学生每天都生活在希望中，沉浸在克服困难的喜悦中，享受在学习带来的快乐中。

我再举一海豹突击队行动为例说明小队运行方式：

对班级里学有余力的学生组成海豹突击队，每天出3题抽查5名同学。用小黑板公布在教室后面，打钩通过，打叉未过，加减分评判。

出题要求：第一个：典型题，第二个：易错题，第三个：自出题。根据他们自学研究时发现的资料上的好题，我提供最新杂志让他们参考出题。

处罚规定：如被海豹突击队查出错误，该小队要被纳入369，并整体扣分，若该小队为第一第二小队，则该人进入369，小队整体扣分，所有被纳入者，一律做3天后自动出来。让出题和做题好像打游戏一样好玩。

奖励规定：出的题目每天必须由队长组织评分，最后由中心组讨论确定，放在教室后面的桌子上加分后让大家评判。

每个小组每周至少出一道有思维含量的自出题，在周四前由中心组长负责交海豹突击队长，老师和中心组讨论后，有选择地让大家做和讲，每天选一个，周末半节课做，半节课讨论展示，出得好、做得好都有加分。充分利用学有余力的学生，让他们通过选题、反思、检查等工作，站得更高，成绩更好，能力更强，我也尽量为他们再提供一些资料和最新的杂志，以及往届学生总结的知识疏理本、纠错本等。另一方面督促、帮助基础较差的学生。所以生本教育可以让好生更好，差生变好！

（二）考核奖惩制度

学习是人的天性，但圣经上说：罪性也是人的本性，每个人都有惰性，而且现在社会来自各方的诱惑很多。因此，生本绝不是放任自流，而要形成一整套管理制度，评价激励机制，因此，落实生本教学的各项工作需要建立一整套评价监督机制作保证。

（1）考核内容：考核分前置考核、课堂考核、作业考核和纠错考核等。

① 前置考核：先学态度，正确率，队长面谈。

② 课堂考核：课堂一般展示两种题型：挑战题、整体题。如果有时间再研究提高题。课堂里还有评分员采用五分制评分。一个学生回答问题后，课堂里不时响起评分声音；记录员会及时将评分结果计入该同学的学习档案，作为评定成绩的一项依据。

整体题(基本题，大多数同学通过自习或小队讨论后能会的题)。

挑战题(通过自习或小队讨论后还不能解决的问题)。挑战题是自由上台,主动上台讲对者加分。

提高题:学生能力提高后,还可让学生上台展示他们自命的变式题或者自选题。选得好、做得好者也是加分的。

③ 前置考核:学生会做才会改,小队对调互批作业,批作业时学生可以主动要求批,批得好者加分。如果发现学生批改得不认真还可倒扣分。扣下来分加到复查人所在小队。

如:语文老师二次批改发现学生王丽作文分数打得太高,就严厉批评她。她很过意不去,觉得对不起同学,对不起老师。我们老师事后觉得:做生本,"世道都反了"。原来我们老师应该做的事,现在交给学生做,他做得不好,我们反而可以批评他,最关键的是,这样做的结果学生成绩更好,能力又强,生本真好!

④ 纠错考核:纠错检查考核由海豹突击队对不认真学习、过程写得不详细,或怀疑有抄作业的人,像检察院一样随时审查(不满意的人随时找来查)。

我现在的主要工作:一是指导方法,磨刀不误砍柴工,利用一切机会指导学习方法。并做"好人",要求他们不要抓得太紧。努力调节各种学习中出现的矛盾,强调不能骂人,要有耐心。二是海豹队检查时(现场做题),我在旁边听听。生本老师好不悠闲。

(2)捆绑考核制。

为增加学生的互助合作意识和集体荣誉感。考核实行小队整体捆绑,做到整体加、扣分,即整个小队成员的平均成绩就是该队学生的平时成绩。同一队的人,互相帮助,共同努力,队员们觉得学不好对不起其他组员,所以每天都在想着把事情做好,争取多加分为队里作贡献。用极度的热情、高度的责任全力以赴,自发地投入学习,为学习小队争得荣誉。

小队捆绑考核制度绑住了六个人的心,组内成员荣辱与共。

队长管得很严!例如:我晚上10:53发博文,小队长徐君婕10:57就评论,问她为什么还不睡觉,她说"上次考核我们小队最低,星期六我到新华书店买了三本参考资料,我要把三角函数这节看透,下周一我要一个个去找他们"。

后来我们发现捆绑考核制也有弊端,还实行了"亮点、黑点制"对个人优劣进行考核,个人任何工作只要做得好给"亮点"奖励,做得不好"黑点"侍候。实践证明:这样既有个人又有团队考核,效果比较好。

[附4] 生本教学流程考核方案

1. 前置学习(课前)。

预先告诉学生学习内容,让学生选好资料:书以及一本好的参考资料(最好有知识点总结、典型例题、一定量的习题有答案),让学生看书、尽力做题的基础上在讲义或笔记上列出三块内容(知识点、方法总结、数学思想),便于学生上台展示。

将学生做的讲义收上来,先看一下,对做得特别好的表扬,差的找来面谈,态度一定要和蔼、诚恳、耐心。并在作业统计表上加、减分,表上记录:学生做的情况,打分批作业六个等级:+3、+2、+1、-1、-2、-3。老师只批大队长即课代表的。

2. 小组合作探究(上课开始)。

课代表批中队长的,中队长批小队长的,小队长批组员的。对一般的问题先由组内讨论解决,小队长不能解决的问题由队长做好记录、讲义上记错误率、要讲的问题。课代表汇总出全班每个题目错的人数,记在老师讲义上,准备课堂讨论。

如果互批,发现一处不合要求扣一分(该做的题不做、该画图不画、该写过程不写),批好后要签名,批错要倒扣分。批作业也可让学生主动要求批,批得好者加分。批的时候一定打钩、做记号,如五角星等。

其他做法:提前三天交表格,表格收上来后先给老师看,再交给小组讨论交流表格(看谁最聪明;我的发现;我的提醒;我的感受;我的例子)。

3. 学生上台展示(课中)。

上来展示的题目由学生自己选择,通过上台讲自己认为有价值的题目。

刚开始上课时由老师掌控,之后课代表主持、中队长主持或中队长安排人主持,以提高大家的兴趣(由课代表确定上课的主持人并预先通知,视主持情况打分)。

特别是复习课(你认为最想讲的题),基础知识尽量找差生(保证他们的积极性),组内其他人补充。典型例题让中等生来展示、讲解、点评。方法小结一般让优秀生来进行。

主动讲的一般称"挑战题"(有挑战性题自主上台讲对加分)。为了保证人人参与,讲完后或无人上台时,老师点名让没上台或不常上台或考得差的人上台讲余下题,称"整体题"(讲错扣整个中队分)。一般以小队为单位上,3个人必须都发言后才可下台,一题不够下一题。

课后完成课堂上的问题,不会则等待,保护好差生的热情,让会的学生帮助不会的学生,教师尽量让学生解决学生中的问题、教师抓住"中心组"的学生(不要偏题、怪题)。钱学森从来不回答学生不会做的问题。

其他做法:典型题或每人都要掌握的基础题,抽一个小队轮流说("读题""说思路""我们小组汇报完毕,谁和我们交流""谁还有什么补充"四种角色轮流上、下次调换角色)。

复习课改试卷:中队交换批改(并签名),给参考答案,如差生不会改,让他们请组内同学帮助,成绩公布个人前10名,小组或中队平均分排名。

章节(单元)整理(复习)学生手抄报,张帖评比,中心组出一张示范。单元复习;原来没做的,现在会了双倍加分,原来没懂弄懂双倍加分。注意:按单元装订。

三、激励评价机制

评价是引领,通过自评、小组互评,使学生及时了解自己的学习情况,主动进行自我反馈、自我调节、自我教育,学生在评价的过程中学会正确对待自我,学会欣赏别人,取长补短,相互促进,共同提高。这样,既可以培养学生的评价意识和能力,又可以培养探索问题、发散思维的能力与语言表达能力。

任何人做任何工作,认真做好有奖励,做得不到位就会有处罚!只要有要求就有评价,评价是引领,久而久之,课堂自然会活起来,效果也必然会好起来。要使每个学生学习目标的达成、成功欲望的满足、小队集体荣誉的实现、课堂分组展示的竞争、精彩的点评,成为课堂学生学习的驱动力。充分利用组与组之间的竞争,及时小结、公布,奖惩落实到位,最大限度地调动每位学生的积极性。我认为再好的制度,如果检查落实不到位等于零。

(一)奖励方法

(1)常规奖励:工作负责奖、最佳合作小队、最佳小队长、进步最大队、展示风采奖等。考核分数与素质报告单挂钩。与校长面谈、学校网站公布等等。

(2)特殊奖励:刚开始奖文具,后来不吃你这套。现在考满分,你要什么奖励给什么奖励(能办到的)。

活动奖励:考得好开联欢会、数学课去打篮球、在学校电脑房绿色上网等。绝不用担心,少上一节课,他自己说不定会用十倍时间补上。

利用好家长资源,考核分到家长处兑换人民币;让考核分数最高的小队出去旅游:星期天家长组织,成绩不太好但家庭条件好的出钱出车,因为他的儿子成绩不好,得到大家的帮助最多,只要组员多帮助他儿子,家长非常愿意;成绩好、辅导别人最多、平时最辛苦但家庭条件不是太好的同学,他就不出钱了,大家玩得很开心,最主要的是那种自豪感,无法用语言形容。

还有用奖学金为你最敬爱的人送一份礼物:用自己努力得到的奖学金给最关心你的亲人送一个礼物,以表达自己的感恩之情。同学们对在高三阶段能凭自己的能力获得奖学金为最敬爱的人送一份礼物非常向往,这次没有拿到,下次一定争取。有的同学和我说:"我非常想送妈妈一份礼物,因为她为我付出太多了。"家长也打来电话说:"这个奖励太有意义了,激发了孩子的学习热情,孩子变得更懂事了,我们从心里感谢学校、老师。"学生学习状态非常好,每个学生都积极努力,快乐奋进,享受学习。

(3)精神奖励:给学生信任。我觉得学生最想得到的还是老师的承认和老师的精神鼓励,有时老师一个真诚的眼神也会让学生幸福一个星期。写赞美的话,毕业时汇编成册发给大家。

奖励项目(由学生设奖):

数学小状元、突出贡献奖:数学检测满分的

最佳师傅奖:徒弟进步分加在师傅身上

纠错之星:精彩回放得满分或平时纠错一致认为好的

展示风采奖:上台次数最多的人,并且讲得很好的(一个月评五名)

分数高的小队可享有特权:

优秀合作小队:进步前5名并且处于班级前5名的小队

工作负责奖:工作负责的人

进步明星奖:考试后进步最大的

进步最大的人上台发表讲演(每天1人)

主持之星、进步之星、上台之星、表现之星、质疑之星等

最具潜力奖、工作负责奖(设给成绩差的):

最具潜力奖:成绩最差人的奖,读书以来从未得奖,过年贴在家光荣。家长、亲戚朋友们都高兴,自己心里清楚这个奖下次再也不拿了。

获奖面尽量大,基本上每个人都有奖状。奖状对老师无所谓,校长办公室盖章即可,对学生很看重。

我觉得最好的奖励还是用学科内在魅力打动学生:让学生享受到学习带来的快乐!变"要我学"变为"我要学"!郭教授说:"凡事发自内心,源自本性,必会快乐,必能成功!"我想这也是生本教育的真谛!

(二) 处罚办法

很多老师在实施生本教学时热情很高,但是在具体执行时很容易犯一个错误:没有很好的措施,没有监督和督促学生,没有让学生在生本的"交通轨道"上有序和有效地前进,老师如同交警一样,执法不严。

(1) 常规处罚:罚义务补课,罚唱歌(声音低),过关制。

罚义务补课:利用课余时间罚其为队员义务补课。

罚改坏习惯,如对喜欢上小卖部的学生,中队长规定不做好作业不准去卖东西吃;

罚纠错:需要纠错的,由小队长、中队长收来由老师、纪检小队、中心组人检查。如果做得不好就过不了关。

也可采用变罚为奖,即变被动管理转化为主动参与管理。让做得不好的人担任值班小队长,由他负责组里一切事务,换位思考。

还有的老师总是感叹学生上台集中在少数几位同学,我是采用制度管理,每节课每个小队必须至少有一人上台,否则从重处罚扣10分等。

(2)特殊处罚

1. 开小队家长会:放假时最低小队开家长会,小队长主持,学生对学生最了解,列数罪状时家长能接受,让家长心悦诚服。家长主动要求提供补课场所,为其小孩补课,争取下次不做最低小队。

2. 纳入制处罚方法:三级过关处罚制。

只找中心组,要一级抓一级、绝不能越级。

一级处罚(小队内处罚):对当天事情没做好的同学由小队长全权处理,做好就行了。后10名需面谈的学生,在小队长处面谈后,小队长签字确认,在统计人处打钩。如果做不好就要进入二级处罚。

二级处罚(中心组处罚):二级处罚是指到中心组处过关。中心组把关包括:是不是错题、现在改对了没有、方法是不是最好的、点评了没有,画图了没有,日期、签字。中心组抽查任点一题,只要有一个不会做,就不能过关。有时老师对过关学生抽查,有一个不会做,大队长有一人扣5分(无人加5分),小队扣6分(每人一分),小队里每个人至少做3题有质量的纠错,本人收齐当天交老师。明天再来过,直到过了为止。过不了进入三级处罚。

三级处罚,即369处罚制(纪委书记处罚)。

"369处罚"是指每天做3道有质量的纠错题,全组6人整体捆绑,做的天数一般是9天。"369处罚"实行动态进出制,不管个人或小队只要有亮点都可随时进出,每天让一个同学负责记录,让学生每天充满希望和挑战,促使他们努力做好各项工作。

需纳入369的人：(黑点)

1. 上课基本题不会讲者，先学研究、小练习基本题常做错者。

2. 反复强调的问题仍做错的同学(包括先学研究、小练习，纠错)。

3. 第一、第二小队的同学，有问题不能纳入，每次只能扣整体扣分，但如果个人3次有问题就要进入。

4. 倒数两个小队全体组员都做，但个人3次有亮点可出来。

5. 考倒数5名者。

6. 其他方面表现不佳者

7. 订正没用最好的方法者

8. 纠错做的不是最重要的题(大家认为的典型题、易错题、有思维含量的为重要题)

可出369的人：(亮点)

1. 每天课堂纠错3次全对者

2. 先学研究做得好的人

3. 其他方面表现突出有亮点者

369必须出来：两周后学生一定到蹲点的中心组员处过关出来，即抽查应该掌握的题目。

为了鼓励小队争先，中心组还提出了做369的天数根据排名乘以50%来决定；为了防止少数人心存幻想，等着出来而不是脚踏实地下功夫做好当天的纠错，采取"当天确定，明天执行"的办法；如果"突击队"确认做的题没有质量，加重处罚……只要有困难找学生，他们总可以想出办法。369不能流于形式，必须批好、订正好、点评好。

对369也可有两种选择：

一是过关：所谓过关就是"突击队"成员处，任意抽先学研究或看小练习题是否会做，如果会就可以免除"369"。

二是不会就要纳入369体系。为了保证过关质量，纪检小队还要对已经过关的同学再审查,如果过关的小队中有人有问题,全组和蹲点的中心组成员全纳入体系。

(三)考核与奖罚紧密结合

考核一周一小结,一月一大结,定期评比、予以处罚、奖励。

小组考核得第一、二小队可享受一切奖励,最后小队接受一切处罚,其余按名次处罚。个人奖励和处罚还有亮点和黑点调节,这样既有团队又兼顾了个人。

最低小队不甘心,大家都不想做最后小队,想争做前面的小组,但总有最后小队,水涨船高,所以班级平均分会抬得很高。纵横小队在行动上带来整体提升。原来一有空闲聊天讲话的,现在一有时间讨论、质疑,逐步形成了一个积极向上的学习氛围。

适时松绑,自由学习,经过一段时间,学生形成了自主学习、自觉学习的良好习惯,我们可以不要再采用捆绑的方式,而是让他们自由学习。俗话说:习惯成自然,达到无为而治的局面。我们老师把学生带到快乐的高速公路入口,就让我们的学生在生本的幸福大道驰骋,学生体会到了学习的愉快,想停也停不下来了。

[附5]　　　　　　　　　　**生本教学评价样表**

组别	评价项目	前置学习 (2分)	学习探究 (2分)	自我测评 (2分)	延伸拓展 (2分)	课堂表现 (2分)	奖励其他 (2分)	总分
春风化雨	学生姓名							
	……							
	……							
	……							
	……							
	……							

激励生动力。苏霍姆林斯基认为:"人的内心深处都有一种根深蒂固的需要,那就是渴望被人赏识。"新课程标准提出:"对学生应以鼓励、表扬等积极的评价为主,采用激励性的评价,尽量从正面加以引导。"生本课堂教学中教师对于学生的评价要坚持以激励为主的原则,要尽量寻找学生的闪光点,而不是只看到学生的缺点和不足。

我时常用欣赏的眼光、专注的神情寻找学生的闪光点,以此传递一种充分信任学生、高度尊重学生的情感信息,这是对学生最好的鞭策和激励。遇到特别精彩的回答,给予真诚的表扬和掌声鼓励。"哎哟,她用到了XX法了,不得了!""他这个水平高嘞!表示一下(鼓掌)!"课堂上经常想起我表扬学生的声音。在我的课堂上,只要学生做得好、讲得对,我就真诚地给予表扬和鼓励。当学生思考错误或者是讲解不正确时,我也绝不责怪,而是与其他同学一道帮他找出错误的原因,对他说,"错得好,只有及时发现错误,才能改正错误,防止再犯"。当然,课堂上不可以盲目地鼓励,老师要非常明确地针对学生的优点进行"赏识""激励"。"你太聪明了""你真棒""你一定能行"这样空洞、缺乏力度的表扬也会让学生感到老师赞扬的贬值,这样的廉价表扬非但不能激发学生的探索欲望,增强学习的动力,反而会使学生无法看清努力的方向和前进的目标,会让他们自我感觉太良好,课堂上就左顾右盼,不再认真聆听了。表扬要真诚、有针对性,如"你的思路很清晰""你提的问题很有思考价值,我们共同研究一下"。一个人总有亮点,某事、某题、某方面确实做得好再表扬。评价一定要具体、合理,不能太过模糊,应该告诉学生哪些地方"好",哪些需要改进,差距在哪。

四、生本课堂调控

苏霍姆林斯基说:"教学的技巧并不在于能预见到课堂的所有细节,而在于根据当时的具体情况,巧妙地在学生不知不觉之中做出相应变动。"教学调控能力反映了老师的专业水平的高低。生本课堂有随机生成性,教师只能预设一些情况,教学中还会出现各种各样无法预料的"新鲜事",老师为了实现教学目标,应善于对课堂教学进行有效调控,使课堂教学有序地进行。我常用的课堂教学调控包括对学生心理调控、学生行为纪律调控、提问调控等。

1. 对心理的调控。

心理调控管理是指教师对学生在课堂上的心理活动和行为活动进行组织,使之朝着有利于接受和管理教学信息,进而形成能力,达到发展目标的方向运转,以极大限度提高教学效果的调控行为。求知欲和好奇心是培养和激发学生内部学习动机的基础。心理学家怀特指出:人有一种探索和认知外界环境的内在需要,这种内在需要会引起个体的好奇行为和探索行为,并表现为求知欲。生本教学一旦触及学生的精神需要,学生就会主动、积极地寻找机会去参加,而且在学习时感到愉悦、放松和乐趣。如信息技术是实行生本教学的有效载体,生本老师要充分利用现代教育技术,在讲解过程中,学生用多媒体实物投影,展示自己的做法。为了能让大家看得明白,同学们都尽最大努力写清楚解题过程,这样就大大增强了学生规范化做题的意识。另外,对于抽象的数学概念和复杂的数学关系,现代媒体可以通过图画、音像等直观演示,展现变化全过程,拉近学生与教材、生活的距离,使学生的好奇心得到满足,保持强烈的求知欲。

英国教育家洛克在他的《教育漫话》中指出:"教育的最大技巧在于集中学生的注意,并且保留他的注意。"老师要善于按照学生心理活动规律,在教学过程中把握和制造最佳学习状态,使学生能在最佳的心态下接受知识。学生注意力会随着丁点的风吹草动而转移,所以教师要适当地制造高潮,让学生把兴奋点放在重点教学内容上。老师也要情感投资,与学生建立融洽的心理关系,用手势、表情、语言,对学生表示关心,表达自己与他们是同一战线的意愿。教师在课堂中营造良好的气氛,诱导学生自动进行尝试探索,自然地介入学生活动中并进行有效的调控。特别是使用轻松亲切、富有表现力的姿势语言,使水平较低、性格内向的学生也积极参与到课堂中来并在课堂活动中得到提升。课后,教师应经常与学生聊天。在课后的聊天中,老师能更准确地了解学生的思想动向,从而对其课堂心理表现作出更准确的判断。

2. 对纪律的调控。

课堂纪律是教学质量的保证,在生本课堂中学生的行为只要是专注于听课和教学活动而且不影响其他人的行为都是合理的。如果学生一节课下来,都是保持一个姿势、两眼平视、一动不动的话,这节课不是成功的课,这样的课堂就会显得很呆板,学生的思维也会受到约束。在讨论交流时,我们都认为,激发学生的兴趣,让学生能广泛参与到教学活动中,让学生畅所欲言,有自己的独到见解,上课互动吵翻天,人声鼎沸才是"狂欢",这才是生本教育专家郭教授所说的"乱"。当然,"以生为本"不是对学生的迁就和放纵,老师对学生的违纪行为不应视而不见或听而不闻,老师一定要及时地指出并耐心细致地予以纠正。

3. 对提问的调控。

老师要在适当的时候,通过提问激发学生积极参与到学习中来。首先,教师要抓住教学契机,根据教学内容、学生表现提出问题,这样不仅可以强化学生对教学内容的认识,还可以管理课堂。另外,教师要提"有价值"的问题,要根据学生年龄特征、教学内容来设计问题,还可以结合奖惩的办法。第三,教师提问要有个度,如果一节课设置太多问题,学生会感到疲倦,且精神高度集中,不利于学生思考问题,达不到预期效果。第四,掌握好学生的回答。但是在鼓励学生发散思维的同时,要防止"心似平原跑马,易放难收"。学生是课堂的最活跃体,他们会有各种各样的问题,或许在教师的预设当中,或许出乎老师预料,学生对问题的回答也是五花八门,还会有故意捣蛋的学生,做一些夸张的回答,吸引他人的注意力。

老师除了要控制学生的发言数量、质量,懂得"及时刹车",还要对学生的回答作出回应。教师对学生的发言是否给予评价或者评价操作得好坏,对学生学习的积极性、学习效率有着重要的影响。

老师请学生回答问题时,不能只盯几个学生,要尽量照顾到全面并采用随机的方式,防止学生出现不要求回答就不思考的想法。老师要经常变换提问方式,使更多的学生参与到课堂中来。如果形成一种课堂定势,学生也会形成相应的定势策略,这样学生的积极性会降低,老师的威信也会大打折扣。对成绩不好的学生特别要关注,适当给予提问,调动他的积极性。

老师还要在追问中让问题得到升华,在引导学生反思中总结问题,从而归纳出解决一类问题的方法,形成知识的网络体系。

总之,生本教育是理性的教育,它是遵循教育基本规律的,我始终贯彻"先做后学,先学后教,少教多学,以学定教,进而不教而教"的生本教学原则。生本教育的智慧就是老师要放开自己的双手,让学生遵循生命的发展规律,自行发展。教是为了不教,不教才能保障权益,"放手"才能学会"走路"。原来的课堂是讲得多,练得少,讲在练之前,练在无聊处。现在的课堂是尽量少讲,让学生多讲多练,练在讲之前,讲在关键处,讲在疑难处,练在易错处。我们要将"以学生发展为本"的生本理念落实在教育教学行为上,让教与学成为我们师生共同的幸福追求!

第三章　魅力在哪里

第一节　生本故事：让事实证明

1. 第 n+1 次微笑。

什么是"以生为本"？热爱每一个学生，尊重每一个学生。我觉得任何时候都要尊重学生，对学生一定要有耐心，始终面带微笑，笑脸相迎。只有让他心情愉快，对学习甘之若饴，进步才能飞快。绝不能和学生计较，特别是对看上去很不讨喜的学生。刚开始我也没认识到这一点，每次调节好心情去上课，但经常碰到不愉快的事，师生都很别扭。过后反思，好的学生我们老师肯定喜欢，但一个班级中总有少数学生会出现这样那样的问题，这时我们老师一定要调控好自己的情绪，学生第 n 次发火，我们老师就第 n+1 次微笑，始终笑脸相迎，过后学生自然会后悔而过意不去，最终学生一定会理解我们，会被我们的真诚感动，这样做效果反而好。

我们班赵斌同学，原来基础很差，而且身上有很多不良的习惯，听不进别人的批评，谁指出他的缺点就与谁争，跟他谈了多次仍无明显效果。有一次他"前置研究"错得很多，都是不应该错的做错了，小队长讲了他一句，他眼睛就瞪着小队长。我想找他谈心,没等我开口,就冲我发起了无名之火,说"你们都烦死了!我就是这样,你们能把我怎么样?"完全是死猪不怕开水烫的样子,我微笑着对他说:佳斌你是不是遇到不开心的事了,放晚学后老师请你吃饭,讲给我听听。在吃饭时,我若无其事,给他买了很多好吃的。搞得他很不好意思。过后他给我写来纸条:荆老师,晚上好,我是赵斌,首先,先谢你上次请我吃饭,今天,我对我的脾气再次道歉,您对我这么好,我还对你发脾气,我真的是太不懂事了。说真的,当时我看见自己那么简单的题目还错这么多,真的很烦躁。老师我一定会努力的,我们做学生的都有一颗感恩的心,你这么辛苦为我们,我们是不会让你失望的。

从此他发奋学习,通过努力成绩由倒数几名一跃到前几名,有一次还考了160分满分。后来他总结说:

荆老师经常找我谈心,究竟有多少次我也记不得了,只能用第 n+1 次来形容。谈话时他总是露出了一张笑脸,这张笑脸我见过无数次,但每次见到总是那么亲切,无论心中有多么不开心,也早已烟消云散。他总是以鼓励的形式,告诉了我人生的真谛,如何快乐地学习。

我要向荆老师学习,学习他微笑面对一切的态度。高中,是人生的一个转折点,正所谓"一分耕耘,一分收获"。高中生活肯定是很苦,并且是枯燥乏味的,但我们可以把它变成一件快乐的事去做。荆老师的生本课堂,教会了我们如何快乐地学习。在做题时,我是快乐地去做,去享受它,我觉得不要惧怕题目,每当钻研出一道道难题,或是速度比别人快,那种幸福、优越感无法言语,只有体会过才知道。课堂是我们的舞台,我可以积极地上去讲题目,当每一次我把题目讲对了,同学们掌声一片,对我都刮目相看,我的自信心顿时猛增,脸上的笑容也更加灿烂。荆老师的生本为我们提供了这种机会,我觉得那真是一种享受,你每次上台得到掌声,真是一件很快乐的事,而且你也更加有自信。笑一笑十年少,高中是我们必须跨过去的门槛,如果用一种乐观的心态去面对,你会觉得时间过得很快,这会是一种很棒的享受。我已经真正享受到了生本教育带来的学习快乐,相信大家在生本教育之下,肯定也能体会其中的快乐。学习,本不枯燥,让我们一起快乐地学习!

生命是大自然最伟大的杰作;生命创造奇迹,善待每一个生命,不管生命再弱小,都是完整的人,双向尊重是一切成功的可能;人在社会最重要的是关系的建立,这是找到幸福的方法;所有关系的基础是爱,爱是自然的历练,爱就是包容,包容所有的学生。我们老师应该让学生的学习与愉悦连接,让学生体会到学习的快乐。只有心情愉快,才能进步飞快。

2. 不行,我吃不下饭!

我有一次值班,巡视到教室,发现有一小队学生中午 12 点多钟还在教室里,我问他们有没有吃饭,一位同学说:"是小队长不让我们吃饭。"我问是什么原因不让吃饭,小队长生气地说:跟他们说了多少遍就是不听,就是不认真完成好先学研究,今天他们不做好就不让他们吃饭。我说不让他们吃饭肯定不行,现在学校食堂也已过了中餐时间,老师请你们吃饭怎么样?女队长说:我不想吃,吃不下!那么老师跟你商量能不能让他们先吃饭,不吃饭肚子饿也无心思学习啊,吃了饭再让他们认真做好吗?队长说:要去他们去,反正我不去。其他同学好像得了救星,吃完饭我给做得最差的同学出了个主意,我说:你带一盒饭给队长,在她面前真诚地道个谦。他真的带饭给队长,对队长说:队长你吃饭吧,下次我一定会认真的,请你放心。队长也流下了感动的泪水。你说,能这样做,他们小队肯定不会再差了。

还有一位小队长说:上次考核我们小队最低,三角函数这节我们小队没学好,星期六我到新华书店买了三本参考资料,我要把三角函数这节看透,下周一我要一个个去找他们,让小队里每一个成员都把这节搞懂,下一次考核,绝不让我们小队再做最后一名。有一次考试全班平均分 124.6 分,但有 2 位同学考了 80 分以下,小队开会查原因,发现原来是因为一女生心思不放在学习上,一下课就上小卖部买东西吃,所以没能考好。小队里商量决定,专门安排一个组员盯住她,让她一定要把学习上的事先做好,否则就不准她去买零食吃。教室里由原来刚开始学生一有空闲就聊天讲话,逐步形成现在一有时间就开始讨论、质疑。我们老师绝对不可能了解这么多,也不可能抓得这么细。在同一队的人,互相帮助,共同努力,队长管得很严!队员们觉得学不好对不起其他组员,所以每天都在想着把事情做好,争取多加分为队里作贡献。用极度的热情、高度的责任全力以赴、自发地投入学习,为学习小队争得荣誉,学生共同进步。

我想只要有好的生本管理策略,捆绑考核,发挥团队协作和力量,学生会自加压力,有兴趣学习,再苦再晚也不觉得累。一位学生说:在小队的学习过程中,我逐渐感受到了讨论合作的力量,我们在竞争中学习,在自主中成长,小队捆绑,绑住了六个人的心,大家都心连心共同努力,没有任何人愿意做落队的大雁,学习氛围好了,学习热情不可能不高,学习成绩不可能不好。

3. 再给我 2 分钟!

师本课堂如果老师拖课,往往会引起学生极大的反感,我们老师总是想着把没讲完的一点内容讲完,虽然是好心,但学生极不领情,所以拖课的效果很不好,有时还可能引起师生矛盾,甚至冲突。有一所学校一位老师就因为拖课,学生说他违法,老师说等我上完再讲,这学生就冲出了教室。下课后老师找该学生想沟通一下,但两人由于言语不和,年轻气盛的老师冲动地踢了这学生一脚。正巧这小男孩蹲下来,踢到了他关键部位的旁边。家长把淤血发青的照片发到网上,事情严重升级。老师踢学生肯定不对,但拖一点课可是老师经常做的事。教育部门对他行政处分,社会舆论对他声讨谴责,这老师压力很大,精神几乎崩溃。

而生本课堂完全是学生主导,由于课前已经充分自学、研究过,会的学生有表现欲,不会的学生有求知欲,学生有话说,学生抢着上台,争着发言,经常是下了课还想讲,这位讲完那位讲,这队讲完那队又上,学生常说的话就是"再给我2分钟!让我讲完"。他们自己愿意讲,其他同学也乐意听,因为大家都已经投入了,一切浑然不觉,用学科内在魅力打动学生:让学生体验探索带来无穷乐趣!成功的人则喜欢自己所做的事并且视它为一种游戏。学生打游戏为什么好玩?体会到快乐。老师让学生体会并享受到这种快乐。从"要我学"变为"我要学"!孔老先生:凡是发自内心,源自本性,必会快乐,必能成功!做自己喜欢的事不觉得累:就好像玩游戏、打牌、搓麻将。

我们刚学会开汽车时那种紧张又兴奋的心情也无法用语言形容,迷路不要紧,开的时间长也无所谓。美国麻省理工学院卢因教授,在教室荡秋千演示物理运动,他们认为关键不是你讲了多少知识,而在于学生能爱上这门课程,有了兴趣一切好办。

4. 我可以"发声"了!

下面我们来看学生刘伟强写的《我的成长》:

我原来成绩很差,现在改变了许多,成绩也提高了很多,上次考试还考了满分。这并非偶然,我认为原因就是生本课堂! 他给了我展示的机会,让我更有自信。生本课堂十分重要。

举一实例,我初中的朋友,可谓是个常胜将军,他在初中几乎没考过年级第二,全是年级第一,他叫吴云斌,现在在最好的学校上学,高二前一段时间的数学竞赛,全校共三个名额参加复赛,他就是其中一个,而且是"轻轻松松"! 他的秘诀就是课堂。我初中时是坐他后面的,也观察过他,他上课听得十分认真,目不转睛,而且跟着老师讲,可惜那时我们学校未推行"生本",他很想上台讲,可没机会,老师占据了课堂,他只能一人低声地在底下说,若是他能接受生本教育,我坚信他会有一个更大的进步。而且他不是那种死读书的人,课后就是"疯玩",他几乎把我高中才敢玩的,在初中都玩了一遍,但他抓住了课堂他就能考好。在我看来,他并非天才,但是他上课就是敢讲出来,即使是在底下。这和生本教育是一样的,但生本给了我们展示的机会,而且是快乐课堂。

还有我的同桌葛卢峰,我们班的数学大队长,他是一个想到什么就要表达出来的人,也正是有生本课堂才给了他展示的机会,让他的思维发散。因为他参与了生本课堂,所以他的数学成绩从未低过140,这就是生本,这就是让我们讲出来的魅力。

我觉得上台来展示自己,把自己的想法讲了出来。不管对错都有同学的掌声,何乐而不为呢? 90后的我们就应该展示自己,生本课堂就给了我们这个机会,我们就应该把握。

我们班刘英的信心,就来自我的不断鼓励,她是女生胆子很小,刚开始讲话都听不到声音,因为基础不好,我就多次找她谈心聊天,让她试着上台回答问题,让小组的同学也对她多关心。她问我:老师,我已经很努力了,为什么成绩还不好呢?我说还没到时候,我用吴冠中大师的话鼓励她:"什么是大师,就是失败最多的劳动者",成功往往躲在失败之后,放弃之时,就是成功之际,只要持之以恒,一定能成功!她后来给我写心里话:"在生本班的体验,感受很多很多,也学到了很多,和同学相处,讨论题目时,我学会了团结协作。懂得了团队力量的强大,正所谓众人拾柴火焰高,人多划桨开大船,开动梦想的船驶向高考胜利的彼岸。我们也曾失败过,但我们并没有气馁,我们勇敢坚强乐观。面对困难,用理智的头脑去解决。感谢老师的执着,永不停息的付出,静静守候,一定会有花香满园的时刻。通过竞争,多一分磨砺,多一分人生的坚韧和积淀,我选择了远方,也就选择了风雨兼程。老师,我是成绩平平中等生,却不知您曾经的一句不经意的鼓励始终陪伴着我。感谢老师对我们同学的信任与激励,那是我学习生活中一笔宝贵的财富。在学校,老师您就像我们的父母,有时您严格要求我们,那是希望我们成才,有时您心情火辣辣的,那是殷切的期望。希望老师能时时看到同学默默的努力,希望笑容时常绽放在您脸上,对老师,我心中永远藏着无限感激。"刘英考取了南师大,现在也成为大学老师了。

正如李涛在班会课上说过:"不想做将军的士兵不是好士兵!"生本,它是我们梦想成真的捷径。变听为讲,自主学研,学生真正体会到了学习的快乐,发自内心想学。学生蒋俊原来基础很差,通过这种学习方式,每天笑容满面,阳光活泼,生活在幸福中,享受学习,成绩明显进步。他说:"高中学习生活肯定是艰苦的,但我们可以把它变成一件快乐的事情去做,当做对了一道道习题,当讲对了一个个疑难问题,当解题速度超过了别人,同学们掌声一片、对我刮目相看时,我的自信心顿时猛增,那种优越感无法言语,只有体会过才知道"。

有一位学生对我说:师本时我就是害怕老师让我上台,上课就是想着如何尽量不引起老师的注意。害怕老师叫他回答问题,根本无心思听课,这样学习怎么可能学得好呢?我们必须"反恐!"有一本书名叫《第56号教室的奇迹》,讲一个美国的教师,利用经济学天空激励学生,考核分数高、有实力就有权力,鼓励学生上台来讲,把原来学生害怕的教室,变为充满信任温馨的家。他获得总统成就奖,我们要向他学习。

做人的乐趣在于通过奋斗去获得。在哈佛的讲台上,学生讨论问题时非常热烈,值得我们的课堂学习。教授每问一个问题,几乎每个学生都高高地举起自己的手,其实不少学生对于问题的理解并不深刻,有时候甚至有误解,但学生们就是争先恐后地发言,根本不在乎自己是否讲得正确及别人对自己的看法。因此整个教室充满了一种乐观、健康、向上的快乐气氛。

5. 这样的"副班主任",我们欢迎!

2005年和我搭班的班主任宋爱娟老师写的文章:

2005年,在我的记忆中是永恒的,因为这一年我第一次担任高三班主任。于是我踌躇满志、热情高涨,我希望通过自己的努力来实现我教学生涯的一个质的跨越。

要出成绩,光靠勤奋是不够的,它还必须依靠智慧。那时候的高考模式是五总750分,也就是说每门功课都是同等重要的,因此协调各科老师和学科平衡就显得尤为重要。然而,我却遇到了一位让我头痛的数学老师,他就是荆志强老师。

只要是自习课,教室里就有他的身影;他从来不批改作业,有时甚至连课都是学生在上;他还动不动把学生叫出教室,一谈话就是老半天,真正是严重耽误了学生的学习时间。更让人气愤的是,他居然在班上自封为"副班主任",言下之意就是他无休止地占用学生时间是天经地义的。在一次班会课,他把我"叫"出了教室,说班会课他来上。哼,还不就是占用班会课来讲数学题?我义愤填膺,头也不回地进了教室,狠狠地把门关上。他就这样被我拒之门外了,从此就有一堵墙横隔在我们中间,挥之不去。

但是,他似乎还是我行我素。而我们班却在悄然间有了变化:学生的学习劲头空前地高涨,不仅仅是表现在数学一门学科上;自习课,老师不在教室,班级里都是鸦雀无声的;每次模考,我们班总是遥遥领先……最让我兴奋的是,我们班在2006年高考中一举夺魁,令同行刮目!

第三章 魅力在哪里

三年以后,我知道了一个新名词——生本。三年之前,我就知道我的成功都是因为我遇到了一位奇人——荆志强老师。现在的我居然也成为了"生本"实践的尝试者,悄悄地追随在荆志强老师的身后。

很多年过去了,虽然我没有缘再与荆老师搭班教学,但我知道他还是那么喜欢自封"副班主任"。而我想,这样的"副班主任",我们大家都欢迎!

这是2009年和我搭班的班主任洪琴华老师写的文章:

班主任本来就是全国最小的主任,在我们学校,配备副班主任主要是以老带新,让新教师能更快更好地成长为合格的班主任,给学校的教育增加新鲜的血液。而我的副班主任却是一个有着30年教龄、总务处主任、镇江市学科带头人、生本教学领跑者荆志强。

经过高一一年的生本班级管理尝试,我们也积累了一些经验,重新组织的高二(20)经过一学期组建、调整、磨合、提升,形成一个团结、积极、向上的团体。在各次活动中表现突出,上学期的考试成绩也处于领先地位,被评为先进班级。来自全国各地的专家、领导也来到我们学校实地考察、学习,如河北省张家口市宣化一中领导、老师,吉林省白山市抚松县第五中学高三领导、老师参观团,浙江省一级重点中学路桥中学,江苏省扬州市仪征教育代表团……他们走进课堂,与学生近距离接触,看到学生自信大方、自主独立、自由表达交流、快快乐乐的课堂氛围,传授轻轻松松的学习方法,取得实实在在的学习成绩。他们发出感叹:生本的课堂才是真课堂。

高二的下学期,我作为班主任当时因为公公身体不好,要经常探望,牵涉部分精力。荆主任主动和我说他担任副班主任。荆老师作为一个有六千多学生的学校总务主任,工作千头万绪,加上荆主任在全国的名气,外出作报告、讲座活动越来越多。我当时认为他只是随便说说而已。但第二天一早他就到了班上,中午进去一看,后面多了一张课座、一把椅子,荆老师经常来班指导学生。我们采取了一系列生本管理措施。

"我的课堂我做主",把教与学的任务落实到学生的身上,不能依赖老师讲。在班级管理中,也一切依靠学生。荆老师还和我商量召开小组长会议,让组长们反映了一些深层次的问题,例如:学生讲题的最大好处是可以适合大多数学生的理解节奏,但其不足之处是不能满足部分学生的理解深度;能够讲题或是提问的学生,这说明他们经过思考了。但有时得到机会的往往总是学习较好的学生,差的学生在课堂中很难表现自己。时间一长,他们也厌倦了,也就不听了,他们会越来越差;小组讨论是在充分相信学生自觉性的基础上进行的,但有些学生不利用这些时间进行讨论,而是挪做他用;纠错是否真正认真,纠错质量是否高,部分学生还有任务观点。等等,面对这些情况,荆老师对症下药,小组长毕竟也是学生,过度强硬的措施非但不能使同学们奋发向上,反而使他们产生被逼的感觉。小组讨论采取的捆绑制度,小组里的每一个成员都意识到学习并不是一个人的事了。帮助了小组里的其他成员也终将惠及自己,在这种互相帮助的良好风气中,学习氛围浓厚。同样,在这种氛围下,小组里的每一个成员都会意识到自己的落后必将导致小组的落后,以无形的他律代替自律,对于刚学到的知识,每个人都有自己的看法和见解,这些见解往往具有独到之处,但不免也有片面性,小组讨论就可以扬其长、避其短。每位同学说出自己的想法,其他人充分吸收,就有了多种思想,再与自己原先的看法进行对比,对原有的看法进行修改、补充,对所学到的新知识就会有一个比较全面、清晰的了解。同时,组员做不出来的题目拿到小组解决,小组解决不了的可再向别的小组求助,再解决不了就提交给"学科中心小组",如果还解决不了的话,就将此问题定性为"废题"。还要求组长在与组员交流过程中,要心贴心、心连心,让组员自己养成一种小组责任感、小组荣誉感,所谓团结就是力量,组内团结互助是共同学习探讨的基础,组长要树立自己的威信,采取一系列措施,如组内记分,给予表现好的组员以"特权"等方式来激励组员用心、尽心学习。班级学习热情高涨。

根据高二学生的特点,修改班级公约,对严格遵守制度的同学进行有效的奖励,而对经常违反制度的同学进行诫勉谈话,同时进行必要的处罚,只有把奖励和处罚结合起来,合理运用,动态管理,才能有效地发挥制度的力量和作用。

值日班长轮值制,只有教会学生学习,学生才会自主学习;只有教会学生管理,学生才会自主管理。本学期实施"值日班长轮值制",常务班长督查,让每

第三章 魅力在哪里

一个学生都体会当班长的滋味,体会一下当班长管理班级的难处,并在活动中增强自主管理的意识和能力。"值日班长轮值制"使学生在实践中"学会合作、学会负责"。同时,发现班上有一批学生具有管理才能,只要调动了他们的积极性,班级管理就不再是一件苦差事,这样减轻了班干部的负担,调动了学生的积极性。同时,通过"班级日记制",每天进行记载,小黑板公布,与常规考核挂钩,及时表扬、警示,这样,学生能以主人翁的态度对待班级的一切,加强自身约束能力,自主遵守各项纪律,保证班级的唱歌、出操、教室卫生、课堂纪律等及时提醒,从而达到有效的自主管理。

召开任课老师会议,树立大局意识、团队意识。一个班不是某一科、某一老师之班,而是很多同样很重要的人的一个集体,任何一科、一名老师都只是其中之一,所以不要抢占学生的课余时间,留给学生预习、讨论的时间,真正地要让学生先学,只有学生先学了,他才知道自己的疑问,带着疑问走进课堂,让学生有备而来,才能有大的收获。所以学科间一定要注意前置作业的量与质,用最精炼的前置作业做好上课的准备,一定不要各自为战,争抢时间。任课老师协调一致,达成共识。增强荣誉感,集体荣誉感常常是在不断肯定中形成的,班级荣誉感的建立有利于学生增强凝聚力,使学生有积极向上的心态对待学习。定期评选优秀学生:"绿色人才""诚信考生""优秀大队长""优秀小队"等,提出"爱班就像自己的家,爱小队就像爱家人"、小组常规评比等活动来增强集体荣誉感,对小组成员进行物质和精神鼓励,体会到个人和集体息息相关,培养他们的合作意识。

结合学校、班级、学生的特征选择主题召开班会,例如:《珍惜拥有》《是什么触动了我们的心》《爱舍如家》《我们这一家》《Team Work》(团队合作)《理想与目标教育》《诚信考试》《如何迎接期末考试》,具有一定的时效性和指导性,对学生有较强的吸引力。

本学期的主题班会,在学校教师发展中心举行并向全校展示,与会的有学校领导、老师,各班班长、团支书等学生代表。同学们自编自演,以小队为单位,人人参与,个个精彩。与会的人员一致反映受益匪浅。原来班会课也可以生本,可以这样上!班主任没说一句话,只在旁边欣赏鼓掌。政教处朱主任说:"高二(20)班生本课堂精彩之极,生本班会课也风景无限,学生综合能力确实强,太精彩了!"政教处史主任说:"这次班会非常成功!教育意义深远,为全校树立了榜样,其他班要向(20)班学习,形成六中生本德育模色,生本管理新格局。"

在荆老师的精心指导下,我们班的期末考试成绩不仅数学领先,其他学科也在整个年级是最好的。在小高考中,我班拿4A人数最多,总加分也是最多,居年级第一,还超过了一所同类学校的4A总人数。数学竞赛在我们班获奖人数也是最多,全校两个最高分都在我们班,高二下学期的学校考核中(政教处、教务处、总务处),以122分的成绩,居全校第一,评为先进班级。我们注重考试结果,但我们更关注对学生学习兴趣和学习过程的把握。荆老师的理念是:学习的过程,能磨炼出顽强的意志品质,培养出强烈的责任感、自制力、自信心。与学生一起品味和享受成长的快乐;重视学生的成长,而不仅仅是成功;重视学生的人格,而不仅仅是成绩;重视学生的创新,而不仅仅是接受;重视学生的终身,而不仅仅是现在。在追求知识完善的同时追求人格的完善。

作为副班主任,他的管理方法很多,学生称他是"荆"点子,更关键的是他能让学生"亲其师",充分地尊重和爱。他常说:给学生一个赏识的目光,一个欣赏的动作,一句赞赏的话语,给学生一份关怀,一次肯定,一种信任,学生可能会因此而改变一生。是的,当我们把爱心自然而然地献给学生时,学生会不只把我们当作老师、班主任,而是不知不觉把我们当作朋友和伙伴。

6. 珍贵的礼物。

我们班有一位学生来自单亲家庭,和母亲相依为命,性格孤僻,逆反心理极强,不相信任何人。他认为到学校读书是母亲自私,为了让他长大了有能力赡养她,所以送他来读书。我采用多种形式关爱他,上课经常让他优先回答问题,课余常与他一起谈心聊天,他喜欢看书,我送了很多书给他,外出讲学总给他带一份小礼物。他母亲是眼镜厂的工人,生产环境非常艰苦,我带他站在窗外看母亲如何工作。他看到母亲如此辛苦地工作,内心震撼,眼睛湿润。我还让每一位学生都要想办法帮助他,不管是物质还是精神上的都可以,不能太直白,以免伤他的自尊心。刚开始,有些同学有意见,说我对这名同学偏心,后来他们也逐渐理解了我,懂得帮助弱者、帮助别人也是帮自己的道理,大家一起想办法,为他开展了一系列的班级活动:他缺乏自信,班级就开展活动,每人要为其他同学写一句真诚的赞美话;他喜欢看书,班级就召开捐书会;他喜欢唱歌,班级就召开联欢会;他喜欢打篮球,班级就组织篮球赛……让他体会班级大家庭的温暖,让他真正感受到了同学们的真情。以下是他写的心里话:"我发现班里的学风很正,同学也都很纯,班级是一个活跃的大舞台,每个人都能成为台上最耀眼的明星。一次次的上台展示,就有一次次的收获;班级是一个温馨的大家庭,有父母般的老师,兄弟姐妹般的同学,大家虽然很辛苦,但不曾抱怨过什么,脸上总是挂着灿烂的笑容。在生本班中我学到了很多,包括互相帮助、感恩精神等。总之,很多地方令我感动,难以用言语表达。我不是一个好学生,缺点很多,希望老师能够原谅我,我会努力改正的,我也希望我可以走向成熟、稳重。现在我阳光、我快乐、我奋斗!生命诚可贵,自由价更高,若为生本故,两者皆可抛。"

最后分班时他写道:"荆老师:你是很不错的老师,很不错的朋友,很难再遇到像你这样随和且放得开的老师,很希望能和你再聚首。因为你,课堂不再索然无味,同学不再冷若冰霜,一年经历,一世阳光。可惜这一年的匆匆,已成值得铭记的岁月,我不会忘记高一(18)班,因为我曾融入过、喜爱过、理解过。您的教导依旧,我已领悟,却要分手,'说了再见,我不想就这样失去您的微笑',我发现这句歌词似乎和我的心境很契合。天下没有不散的筵席,我想有缘再相聚,这时留恋不放手就太小家子气,珍藏着的需要细水长流,就让我们笑着说分手。真想把时间变成冰不让它再东流,可这些已无法改变,追记无用,我只想谢谢你,谢谢你的谆谆教诲、耐心指导,真的很感谢。最后,请允许我亲切地道一句:老荆,再见。"

最后他不仅变得很阳光,而且成绩也进步很快,期末考到了班级第十五名,他母亲不知怎么样才能表达对我的感激之情,专门一针一钱锈了一个大匾送给我,针针线线寄深情!

7. 生活即教育。

现在青春期社会诱惑很多,有一个学生名叫卢俊峰,成绩一直很好,有一阵精神恍惚,考试成绩到了最后一名。通过与他多次谈心,他终于告诉我,他通过网络认识了一个湖北网友,正在网上热恋,虽然还未见过面,但已经到了不能自制的地步,已经称老公老婆,根本无心思学习。他也真诚地对我说:"荆老师我也知道这样不好,可就是不能不想,我成天都想着这事。"我一方面对他讲,你是一个很有前途的人,谈恋爱很正常,但未谋面就陷进去影响学习,这不正常。我像朋友一样开导他说:"男女有好感正常,只要处理得当,把爱化作学习的动力,也不是什么洪水猛兽。"另一方面我请来了他的家长,与他父亲商量是否让卢俊峰去打工一周,让他体会到生活的艰辛,从心底里认识到要以学业为重,不能愧对父母。他给我打来电话说:"做工时人家问他为什么不上学,他无颜以对,心里感到很恐怖,我怎么会如此不争气,自己太不应该了,暗下决心,痛改前非。"我跟他通了很多次电话,每一次都是耐心地开导他,适身处地站在他的立场上分析。他也从心底里感到我们是为了他好,思想一下子转变了,学业刻苦勤奋。学生说:"上学这么多年还没碰到过这么理解他的老师,谈完了心里很爽,可以全身心学习了。"我爱人说:"对儿子也没有这么耐心,真的服了你。"小队长说:"火星撞地球了,卢俊峰好像变了一个人,无论什么都做得很好!"期末考试成绩又回到了全班第二名。他说:这学期我感受很多,我做了很多错事,感受到老师对我的失望,那时自己真的很后悔,老师都是为我们好。幸好老师再给了我一次机会,我会好好珍惜。再也不会让老师失望了,要在这个班不断磨炼自己,在未来的路上能走得更远。

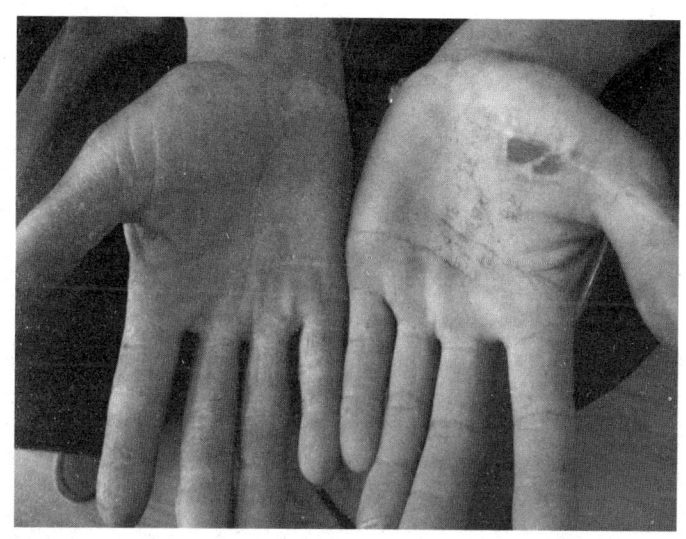

我觉得做思想工作要以诚相待:平等语气,不要与学生对立。我第一天上课就告诉学生,我们是朋友,合作目标一致,我的一切措施都是为了你好。我的做法并不是最好的,希望你帮我想出更好的办法。如果为你好,你不想好,就是你的不好!针对个别特殊学生,谈心教育不把他思想工作做通,绝不罢休。教学工作要实实在在去做,我想只要真诚地对待每一个学生,学生是会感动、努力的。如谈恋爱,你说学生早恋,可没证据,学生认为老师妒忌他年轻。我对学生说:想是正常,不想不正常,但现在想了还是白想。第一,你俩现在就回去再生个小孩,三个人一起饿死。没能力,连饭都吃不上,拿什么养他们;第二,这么早就爱到如此程度,你并不是世上最好的人,今后好人很多,他(她)肯定又会爱上别人,还不是竹篮打水一场空;第三,如果你努力学习,有了好的前程,到时你就会发现,现在认为所谓的"意中人","非他不嫁,非她不娶"的人,到那时感觉他(她)并不如意了,并不好,后悔莫及。与其到时后悔,不如现在奋斗,有了一个好的前途,到时再来选择,也为时不晚。学生觉得我讲得很有道理,也心悦诚服。

还有一位学生名叫徐强,不慎摔伤,我主动背他上楼,虽然是小事,却深深感动了他,他给我写心里话:我由衷地对荆老师说一声:"谢谢"。高中生活快两年了,您对我点点滴滴的关爱让我成长了很多很多。还记得高一刚开学,我摔了脚,上了石膏,当时的我和您还很陌生,可您看到我妈妈很吃力地扶我上楼,您二话没说就一口气把我从一楼背到五楼,直到把我放到我的位子上,我看你累得脸都苍白了,当时真的很感动,荆老师,谢谢您!我知道您为了保护我的脚都没有停顿一下。谢谢您,荆老师,在我心里您是我的老师,更是我的亲人。您说得很对:"知识仅占未来人生的百分之二十,能力和素质却占百分之八十。"在高中这个舞台上,我们可以快乐地成长和学习,只因有您,荆老师。再次感谢您,不仅让我们不知疲倦地吮吸着知识的甘霖,更培养了我们的能力和素质。从你的行动中我由衷地体会到"① 要懂得父母、老师、同学、朋友……一切帮助过自己的人,懂得珍惜他们。② 要为自己的将来坚持不懈地努力拼搏,因为只有不断充实自我,才敢于自信地向他人展示自己的才华。③ 要有强烈的团队合作意识。④ 要有出众的管理能力和组织能力,才能成为一位领袖"。

郭思乐在他的博客中写道:父亲节,这里列了荆志强老师的学生的信。深深感到,荆老师的成就的根源,还来自他的爱心。当班级成为学生自己的家的时候,会有什么情况发生?另外,又怎样使得班级成为学生自己的家?

我的感想是,当班级成为学生自己的家,班级就如同有了一个集体的生命。我们不是要做到无为吗?无为是为了带来大有为——其中包括了我们过去很少见到的集体的有为。每一个孩子不仅对自己有了责任感,也对班级的、小组的进步有了责任感,他们享受互相帮助和互相关爱的温润的气氛,愿意把它变得更加浓郁,这就是荆志强老师的班级成功的原因,他们是怎样使班级成为自己的家的呢?也许经验很多,但其中第一个经验,就是他们抓了课堂教学的改革,学生成为自己学习的主人。学生只有在共同的基本的劳动之中,才能缔造友情,缔造共同的远景,他们精神的家园才可能交融在一起,使班级成为自己的家。经验表明,离开课堂改革,孤立地进行集体主义的教育,是用处不大的。在此,我们又一次看到了教学在整个教育过程中的核心意义。

8. 尊重生命,善待每一位学生。

苏霍姆林斯基说:没有爱就没有教育!我们老师要与学生做真心朋友,不是表面说说,而是要放低自己,与学生平等相待,对学生要用心、用情,外出讲学回校就常买书、带特产给学生。亲其师,信其道,老师最大的智慧,就是走进学生的心灵。教学的效果:70%感情因素,30%取决于能力。不要把学生当成熟悉的陌生人,表面上风平浪静,实际上波涛汹涌。有的老师看见学生就变脸,跟学生讲话口气就是不好,成天板着脸,面无表情。《孙子兵法》曰:"知己知彼,百战不殆。"不了解学生,绝对不能做生本!我采用多种形式对学生人文关怀,了解他们所想所需,烦恼忧愁,身心健康等,采用谈心、写心里话在小纸条上、建QQ群等(也可以在食堂吃饭时跟学生聊聊天)。通用电气公司前总裁"韦尔奇"是全球最杰出的CEO,被誉为"管理大师",小纸条是他管好这航母企业的秘密武器:"我非常赏识你一年来的工作,你准确的表达能力以及学习和付出精神非常出众。"充满人情味,给下属带来很大的激励和感动。

下面是各种学生写给我的心里话:

有一次,一向各方面都很优秀的班长,突然变得沉默寡言,做的前置学习很差,而且小队长提醒他,我也找他谈了几次,效果也不明显。后来我通过多方面了解,才知道他得了"鼻炎",经常头痛,无心思学习,对自己也失去了信心。因为要强,他不愿与人交流,所以自己一直忍受着生理和心理的双重煎熬。找到了原因,我会同班主任及时与他家长联系,去南京治疗后很快恢复,风采依旧。试想,如果老师不了解情况,而是一味责怪他,只会起反作用,效果适得其反。

班长的心里话:

在生本班已经适应了,父母、老师都很相信我,这让我很感动,学习是自己的事,好不好自己很清楚,在这个班,我会不断努力。你们的担心是我自己最大的伤心,我很清楚我学得怎么样,请你们放心,我会努力。老荆,说实话,当我提笔的时候,我有一种想哭的感觉,泪珠在眼眶打转,有一种涩涩的感觉,我知道这是为什么,因为我理解了您、爱戴您,您为我们付出太多的真心。

犹记得与您初次相遇,您脸上的笑容就将我打动,您和蔼可亲,虽有一种陌生,但我喜欢。在今后的学生生活中,我更被你的一种职业精神所感动,你尽心负责,为我们全心全意。尽管你每天休息的时间很少,但在我们面前您总是精神饱满,您就像一位不知疲倦的王者,让我们敬佩。您的生本课堂,生动而精彩,从中我们不仅学习有所提高,能力方面更是有质的飞越,从此,不论面对怎样的场合,我都坦然而自信,谢谢您。我后悔的是,在一开始我曾有过不适与不满,总觉得其中的很多工作都是多余的,总不想认真努力去做,所以也就导致了我一开始成绩下滑。幸好我很快发现了自主学习的重要,我的成绩还是迎头赶上了,在此,我还是要谢谢您。

身为班长的我,在过去的一年中,明显感觉到,班里同学成绩的进步与能力的提升。不知您是否知道,被分到其他班的同学现在都已是各班的班委或课代表,他们的这些进步都离不开您啊。谢谢您!他们现在遇到我,问得最多的是您,关心得最多的还是您,是您的培养与付出,让他们对您念念不忘,谢谢您。

今后两年,我多么幸运,能与您,与生本一起度过,在此我由衷地谢谢您。我支持你,支持生本,希望您能坚持自我,继续努力前行,我们将在您的带领下前进!您是我的老师,但我们更是亲密的朋友,所以"您"的称呼,很适合,您认为呢?搁笔,抬头,还是你,你心里总装着我们,你多伟大!问恩有多重,问情有多深,我从中坚定目标,千言万语道不尽对你的感谢,但我会努力,用好的成绩来报答您,也许不能做到最好,但我会追求更好。"春蚕到死丝方尽,蜡烛成灰泪始干"。这是对你的最好诠释。谢谢你!老荆,节日快乐。你的学生李俊

优秀学生心里话:

老荆,转眼,您我已相伴度过了高一。高二您我有缘能在一起。这种来之不易的缘分我一定会珍惜。在人生最关键的这三年里,有您这样一个全心全意为我们的良师益友,真的是上天眷顾我,您将随我们一起洒下奋斗、拼搏的汗

水,可您却从不嫌累,从不嫌烦,您的心中永远只装得下您的学生。

　　这一年,我真的感到自己成熟了许多,从当初懵懂犯错的调皮小孩逐渐成为一个稳重、成绩好、能力强的全面学生,您真的为我们付出许多,我也真的由衷感谢您。其实,作为一个老师真的不容易,您必须对每个同学都负责。您全心全意地付出,可刚开始有的同学们并没有真正理解您,一次又一次地伤透您的心,可你总是一次次反复讲道理,让他们是从心底认识到生本教育的好和您对我们的期待。荆老师,相信我们共同努力,一起挥洒汗水,持之以恒,全身心投入到学习之中。我们一定能创造奇迹,成功的殿堂一定会向我们敞开。您的朋友:小强

　　对于偏执型学生,要理解他。有一学生父母离异,他与奶奶相依为命,看了很多书,日本小说家渡边淳一的书看了七遍,思想深邃,心智低幼,我行我素,与他沟通非常困难。学习始终没有动力,学习任务总是完不成,"各级干部"也拿他没办法,很难融入小组学习中。我找他,他不想与我谈,他问我:你知道亚里士多德、渡边淳一吗?他觉得不屑与人一谈,他懂得比任何人都多。我就耐心地开导说:亚里士多德是古希腊哲学家,渡边淳一是日本情爱大师,我了解一点,但是不够详细,请你再讲一些我听。让他知道我跟他有共同的兴趣和爱好,我与他谈话时努力产生共鸣。有一次晚上放学,我想找他谈话,他一下课就跑掉了,过后我心平气和问他上次找他谈话,为什么跑掉?他说:是你的错,我奶奶一到时间就等我回家吃晚饭,我不回去,她会急坏的。我说这确实是老师的不对,今后我找你谈话一定选合适的时间。另外我抓住他亮点,我也真诚表扬他,对他说:对奶奶孝顺好,但最好告诉老师一声就更好了。我还主动给他力所能及的帮助,他很感动,渐渐地交流也多起来,各方面也都好起来,我让其他同学多给他一些关爱,上课展示也多给他一些机会,"拍学生的马屁"——好感效应,与学生打成一片,自己人效应,寻找与学生们的共同语言,尽量在对事物的认识上达成一致。面带微笑,站在学生的立场说话,研究学生关心什么,喜欢听什么,让学生上了"贼"船下不来。

　　我们老师千万不能和学生生气,尤其学生做出违背常理的举动时,要问清

原由,不能责怪,否则只会起到反作用。如果你是一个管理者,要使你的下属相信你的话,首先你必须获得他们的好感,否则你的一切尝试都将失败。

  基础较差学生更应生本。我班有一个学生基础很差,高中生的三大通病——谈恋爱、看杂书、上网成瘾,在他身上表现得特别明显,而且他还与社会上的人交往过于频繁,社会活动很多。屡次犯错误,在班主任面前保证过多次,说下次保证不犯,但下一次更严重。班主任对他很失望,再也不相信他了。有一次他又出问题了,班主任让他反思,我正好去教室,他哭着对我说:荆老师我也想好,可为什么就控制不住呢? 我还能好吗? 我说你完全能好,关键看你是不是真下决心。我说我们是朋友,朋友之间要讲信用,我相信你绝对能变好,我就对他说:经常犯错误的原因是自己控制不住自己,并不是你不想好,我们做个约定:你听我话,一定改正不良嗜好,我保证你会好起来,你如果心情不好,我陪你打球,你自己用一个本子记下你一天的优缺点。刚开始他错误多、亮点少,后来不好意思犯错误,犯错误觉得惭愧,因我对他特别好,请他吃饭,送书给他,他也改掉了很多陋习,慢慢变好了,还主动提出坐到讲台旁边,好好学习,但又不好意思与班主任讲,让我去跟班主任讲。我说你自己去找班主任讲,她一定会同意的。实际上我也跟班主任事先沟通好了。从此他跟班主任融洽,对我也特别好,为我倒茶,开投影仪。现在的学生你冤枉他,他会跟你拼命,你对他好,他为你做什么都愿意,只要真心对待他,学生迟早会被感动的。

  9. 生本教育不是放任自流。

  人有学习的本性,我们要充分相信儿童。但《圣经》上说:罪性也是人的本性,人性有善恶,反学习是人的基因,况且任何人都有惰性,所以生本教育绝对不是放任自流,必须形成一套完整的评价激励体系进行管理和监督。生本教育只不过由原来的老师管变为学生自己管自己。

  任何人、做任何工作,认真做好都有奖励,做得不到位也都有处罚! 只要有要求就有评价,评价是引领,久而久之,效果自然会好起来。要使每个学生学习目标的达成、成功欲望的满足、小队集体荣誉的实现、课堂分组展示的竞争、精彩的点评,成为课堂学生学习的内驱力。充分利用组与组之间的竞争,最大限度地调动每位学生的积极性。现在社会各种诱惑太大,通过管理我们要创造好的环境,让善的表现多一些,恶的就会少了。

有一段时间我做了一个试验,学生状态很好,我也放得很开,但监督力度不够,一个月后测验,我教的班学生各科成绩都不理想,数学也与平行班相差8分。于是我们召开了班级中心组会议,加强考核和监督,执法必严,369考核到位。我也自命名为"副班主任",一有空就往教室跑。有的老师刚开始不理解,以为我是占用时间,只抓数学,可我是"攻心",主要是做学生思想工作,让学生从心里想学。不久的全市高二期末统考,我任教的班不仅数学成绩反超了8分,而且各科成绩全都名列前茅。

10."失望的"公开课。

有的老师认为上公开课一定要精心准备,或"预演",认为生本的学生表现得那么好是假的。事实上,你只要天天生本,学生表现真的可以有这么好。我对校长说:每次听我上课,不是被我感动,而是被我的学生感动,学生表现得太好了,因为他们天天都有展示的机会,生本课不用试讲,也不可能试讲,因为都是现场生成,学生随时都会提出各种问题,需要师生临场处理,而且学生在讲,学生是主角,老师没有什么可担心的。

2010年10月15日全国生本班在丹阳召开,学员们住在南京,原定我是9点半上课,可由于大雾,高速公路封路,7辆大巴车,有2辆迷路,本来一个多小时车程,走了3个多小时,到时已过上课时间。迟来的老师说:远道而来就是冲着来听荆老师的课,听不到荆老师的课很遗憾,向会务组提出能否请荆老师下午再上一节课。我说没问题,完全可以。我是总务主任,中午要招待,下午为大家作报告,3点多开始上课,由班主任通知学生,没有与学生做任何接触,下午的课和上午一样精彩。听课的广东省中山市华侨中学群言老师写文章:十月金秋,天空已略带一丝寒意。我有幸去南京参加了全国生本教育研讨班,在丹阳市六中高二(20)班听了一节荆志强老师的数学课。内容是立体几何,整堂课下来,荆志强老师都显得很轻松,他自己没有讲一道题,没有讲一个概念,也没有做一次总结,这一切都由学生自己完成。学生自主讲解例题,学生自主概括做题方法,学生自己出题拓展延伸。自始至终,荆老师都是用欣赏的眼光和鼓励的掌声"串联"一堂课。课堂上学生的表现让我们一行六百人的听课老师叹为观止,这样和谐、民主、平等、学生全员自主参与的课堂令我们赞不绝口。这样的课堂完全颠覆了传统的教学模式,学生代替了教师,课堂成为了学生的表演舞台,学生真正成为学习的主人。前来听课的老师有的刚开始半信半疑,荆老师的课会不会有表演的成分呢?会不会是提前已经做足了"准备"呢?课后学校还特地安排荆老师为我们做了一场"我们是如何践行生本教育的?"专题报告。同时又临时做出一个决定:让荆志强老师在同一个班为上午因为受大雾影响交通而没有按时听到课的老师再上一节观摩课。这样的安排似乎打消了很多人的疑虑:如果荆老师上午的课真带有表演成分的话,那下午和我们在一起作报告的荆老师已经无法事先"彩排"了吧?大家带着忐忑的心情再次聆听了荆老师的一堂课,结果大家很"失望":学生依然是课堂的主角,一个学生上台讲解后,马上会有另一个学生快步上前进行补充或质疑,然后第三个,第四个又跑了上去,四五个学生一起站在黑板前,手拿教鞭,你指我点……所有的老师都对这样的课堂赞叹不已。

有的公开课却是这样上的:听课时老师要求学生,会的举左手,不会的举右手,有些问题举右手的人很多,明知学生不会,但老师就是不敢解决问题。有一次到一个学校听语文公开课《认识水果》,已经试上了很多遍,老师拿来很多水果,苹果、香蕉、梨子……让学生回答,学生一个接一个回答:苹果、梨子就是没有同学回答香蕉,我们想学生为什么不认识香蕉这种常见的水果呢?老师最后指着香蕉问,这是什么?终于有一位学生举手回答:报告老师,说香蕉的同学没来!……这种"预设公开课"师生就是在表演,毫无价值!

我上公开课是家常课:无任何预设,每节课都是这样做!无需做假,也不能做假,全部是现场生成。真做不累,我是天天生本,每天快乐,享受生活。有的老师平时不做,公开课才做,又没有成绩,假做会很累!

11. 作为家长对孩子也要生本。

我们有的老师在学校里,当学生迷茫时可以耐心细致地对学生做思想工作,而且能做到循循善诱,不厌其烦,可对自己的孩子为什么没有耐心呢?有的时候对自己说一定要有耐心,绝对不能对孩子发火,可最后还是对孩子大发雷霆,搞得不欢而散,这时为什么呢?正如医生不会给自己人看病一样。因为在潜意识里,我们认为自己的孩子就是最优秀的,什么都应该会?这么简单的问题怎么可能不会呢?所以我们就变得急躁起来。

那我们应该怎么做呢?第一,调整好心态,我们的孩子也是平凡的人,不一定就是最聪明的孩子,在学习中遇到问题是很正常的事,只要掌握通法通则,拿到基本分就够了,考试时做到基本题不失分,中档题少失分,难题目拿几分,把你会做的题做对了也就好了。他能做好基本题,进入了状态,也许就会超出我们的预想。再说我们做老师的都知道,真正的难题也不是我们讲出来的,而是他能力所致时自然可解出。第二,指导方法,在学习中也要运用生本教学的思想,孩子能做的事情让他自己做,如果是自己所教的学科也千万不要为了节省时间说:你快去看别的功课,我来帮你查错误,查出后还要讲给他听,怎么错了。这表面上是在帮他,实际上是害了他。正确的做法是让他自己查后改正,最后看一下他检查的情况。还有的老师父母为子女查参考资料,那就更大错特错了。如果不是自己所教的学科,就更要让他自己独立解决,不要乱指挥。第三,一定要多鼓励,少责备,尽量发现其闪光点加以表扬。我觉得我们最重要的还是要培养他优秀的品质和良好的学习习惯。

儿子的故事:我儿子到现在不敢吃鱼,罪魁祸首就是我,将小时候的儿子当成手心里的宝,吃鱼时怕他被卡,我挑最好的鱼肉,放在自己嘴里先"搅拌",确认没有鱼刺再喂给他吃,一直这样做,觉得自己很伟大。有一次带他到朋友家吃饭,他已经长到比桌子还高了,我又这样做了,他在旁边跳起来,号啕大哭。我问他为什么,他说爸爸你不要这样了,一点味道也没有!在学习上也是这样,做错了,由我帮他检查,怕他自己检查浪费时间,实际上是害了他,反而没能考到一流学校。我儿子毕业后到了一个大公司做销售经理,对方招待吃饭后,还请洗澡,要他消费"小姐"。他是"童男子",吓得不敢上来,在浴池中泡了3个小时,说皮都要泡烂了!他想如果在这里工作,今后这样的应酬很多,要想改变现状,只能下决心再提升自己。于是辞了工作,租了一间房子,成天小区门也不出,发愤苦读,晚上只睡4个小时,由于看书时间过长,炸了3个台灯灯泡,烧坏一台电脑。三个月后,JMT考了700多分,据说可申请美国前20位的大学。他说:高中是被逼着学,现在是自己要学,所以成功!现在我生本做得比较成熟了,对我外甥采用只指导方法,题目错了自己查,反而成就了他,2011年被南大强化班提前录取。所以我们对自己的孩子也要生本,生本学生的活力和创新力是其他学生无可比拟的。

当前的教育总是把孩子当成对手(敌人),总想办法难住他,非把他整死,太残忍了。澳大利亚一个幼儿老师出题:$3+2=$?只有中国刚转来的一位小孩子会回答;又连续出了几个数字更大的题,也只有他会。老师马上请来家长,质问:你们是怎么虐待这个孩子的?

中国学生只会考试和做题。有一个校长对自己的女儿做了一个试验:一次周末放假二天,吃过晚饭,孩子刚准备做作业,校长对女儿说:这二天给你彻底放假,你不用做作业了。女儿刚开始不放心,说星期一老师会找我,爸爸说我已经跟你老师讲好了。女儿欢呼太好了,我可以做自己喜欢的事了,上网、打游戏、听MP4,开心极了。到第二天下午他父亲突然发现女儿心神不定、心烦意乱,好像很不开心的样子,赶紧问她为什么,女儿说:浑身发冷,头晕眼花,感觉好恐怖。怎么办呢?马上让她做作业,所有症状消失,一切恢复正常。还有这样一个事例,我们一群清华、北大优秀留学生到了美国,斯坦福大学一位教授问他们,为什么中国老拿不到诺贝尔奖?学生回答:因为诺贝尔奖没有考试。实际上中国学生学的知识超过国外学生一个学段,但能力并没有提升。这值得我们深思。

第二节 课堂观察：让数据说话

随着众多媒体的报道，随着我在全国作报告的场次的增加，随着江苏省"五严规定"的出台，人们的目光越来越聚焦到了我的课堂，教育界人士纷纷想通过"生本"的课堂带给学生更多的自主，突现学生的主体作用。教学不仅仅是一门艺术，也是一门科学，我校一贯重视教科研，省内外有些学校进行课堂观察，我校也在省教科院组织的基地活动中，对我的"生本"课堂进行观察，下面请允许说一下何为课堂观察：

课堂观察是课堂研究广为使用的一种研究方法。课堂观察就是指研究者或观察者带着明确的目的，凭借自身感官（如眼、耳等）以及有关辅助工具（观察表、录音录像设备等），直接或间接（主要是直接）从课堂情境中收集资料，并依据资料作相应研究的一种教育科学研究方法。日本教育家坂元昂认为，新老教师在技能上的最大差别就在于：对学生反馈信息能作出正确的诊断和及时评价。这一切的立足点是课堂观察，通过有效的观察，教师才能把握住学生的学习情绪和反应，了解教学效果，获得反馈信息，及时调整自己的教学策略。

课堂观察是一种行为系统。它由明确观察目的、选择观察对象、确定观察行为、记录观察情况、处理观察数据、呈现观察结果等一系列不同阶段的不同行为构成。

课堂观察是一种研究方法。它将研究问题具体化为观察点，将课堂中连续性事件拆解为一个个时间单元，将课堂中复杂性情境拆解为一个个空间单元，透过观察点对一个个单元进行定格、扫描、搜集、描述与记录相关的详细信息，再对观察结果进行反思、分析、推论，以此改善教师的教学，促进学生的学习。

课堂观察是一种工作流程。它包括课前会议、课中观察与课后会议三个阶段。从课前会议的讨论与确定，课堂中的观察与记录，到课后会议的分析与反馈,构成了确定问题——收集信息——解决问题的工作流程。基于课堂观察,教师认识、理解、把握课堂教学事件,澄清教学实践的焦点问题,并在数据分析的基础之上反思教学行为,寻求新的教学改进策略与方式。

课堂观察是一种团队合作。它由既彼此分工又相互合作的团队进行。在课堂观察的整个过程中,每一个阶段都是教师之间多向互动的过程。教师借助于课堂观察共同体,探究、应对具体的课程、教学、学习、管理上的问题,开展自我反思和专业对话,在改进课堂教学的同时,促使该合作体的每一位成员都得到应有的发展。(摘自崔允漷的《课堂观察》)

2011年12月省教科院组织的有江宁高级中学、江堰二中、江阴高级中学和丹阳六中的基地活动,由六中承办。我校组织了24位老师分成四小组对我的课堂进行观察。课堂观察对我校老师也是一个全新的概念,在省教科院领导、丹阳教科所董红宝主任的指导下,并到实验小学去学习、观摩,老师们也纷纷查资料,克服了重重困难,观察员们还通过连续的实际观察来熟悉自己的业务。由于不只是观察一节课,而是连续的观察,老师们纷纷感叹:你的课堂才是孩子们的课堂。最后确定了"学生积极学习投入的状况"的主题,设计了量表,再通过一次次的实际课堂观察不断地修正量表,这一张张凝聚着六中老师智慧的量表终于制成了。下面是本次活动的记录:

第一小组制作的量表及观察的数据:

教师对学生积极学习投入的引领行为观察量表

执教者：荆志强　　课题：抛物线的几何性质　　观察员：尹林华　周剑云　洪琴华　马秀华　庞丽娟　量表设计制作：第一小组

序号	教师提问内容	教师提问		问题侧重点				教师的启发引导						教师理答						
		问题指向						引导方式						理答方式						
		清晰	模糊	基础点	关键点	疑难点	易错点	教师解释说明	指定学生回答	换其他学生回答	由同伴补充完善	鼓励学生主动回答	鼓励学生质疑	重复答案	不理睬	打断	批评	代答	追问	激励评价
总次数		12	1	7	2	2	3	3	3	3	3	12	5							13
比例		92%	8%	54%	15%	15%	23%	23%	23%	23%	15%	92%	38%							100%
1	P 的几何意义是什么？	✓		✓								✓								✓
2	什么是标准方程？	✓		✓				✓				✓								✓
3	什么叫通经？	✓		✓					✓			✓								✓
4	有什么补充和疑问？		✓			✓				✓		✓	✓							✓
5	标准方程妙解？	✓		✓				✓	✓			✓								✓

续表

6	标准注意什么？	√							√
7	求轨迹的方法是什么？	√	√						√
8	换元注意什么？	√		√					√
9	设定技巧？	√		√		√			√
10	由基本要求求抛物线方程	√			√		√		√
11	距离的最值如何求？	√	√	√			√		√
12	给定基本方程求标准方程	√		√	√		√		√
13	求轨迹方程需要注意什么？	√					√		√
14									
15									
16									

第一小组作了"教师对学生积极学习投入的引领行为"的观察报告：

尊敬的各位领导、各位专家、各位同仁们：

大家好！

生本的核心理念是："一切为了学生，高度尊重学生，全面依靠学生。"但是学生年龄特征、知识水平认知程度不同，决定了课堂生成的资源复杂多变。如果仅仅是尊重学生的独立思考和自主发现，而对学生参差不齐的课堂生成视而不见，那就会失去教师的主导作用，从而失去教师"教"的真正意义，学生也失去自我反思，实现教学思维提升的机会。叶澜教授说得好："没有聚焦的发散是没有价值的，聚焦的目的是为了发展"，关键时刻需要教师的适度引领。

因此，我们把这堂课观察视角定为："教师对学生积极学习投入的引领行为，这个视角分为三个观察点：教师的提问，教师的启发引导和教师的理解。观察员是：尹林华主任、周剑云老师、洪琴华老师、马秀华老师、高雄英老师、庞丽君老师。

下面就本节课我们小组的观察结果向大家作个汇报：

本节课荆主任只设置了13个大问题，其中问题指向清晰的有12个，占92%；模糊的有1个问题，占8%，可见问题指向明确表达清楚。

问题侧重点基础问题7个占54%，关键点占15%，疑难点2个占15%，易错点3个占23%。本节课是新授课，教师的问题还是紧扣基础和教材，同时兼顾疑难点、易错点，使重点难点突出，引导学生思考，启迪学生思考，让学生争先恐后去展示。

引领方式：教师解释说明3题占23%，换其他学生回答3题占23%，鼓励学生质疑5题占38%，同伴补充3题占23%。可见教师没有过多掌握话语权，而是发挥了学生主体作用，体现了生本理念中的全面依靠学生。

教师理答方式中，激励评价13题100%，重复答案，不理睬，代答追问，批评打断，0题，占0%。如课堂中我们经常可见教师高度评价的语言"好""非常好""我们的学生是最伟大的""鼓掌"等激励评价体现了生本理念中的高度尊重学生。

教师激情投入,或高度赞美,或深沉提醒,或幽默批评,或微笑点评,或真诚感谢,或严肃指出,学生在数学乐园是自由驰骋,不断碰撞出智慧的火花。

这些激励性的语言推动了教学进程进一步发展,激发起学生内心的自信,让学生体会了成功的喜悦。

针对观察数据,本小组建议:在数学的例题形成解题规律和方法,教师是否用自己更加明确的简洁的语言概括,或亲自板书至黑板,以加深学生印象?另外,荆主任说了4遍"女士优先",说者无意,听者有意,能否适当照顾男生感受?

总之,本节课的所有问题是让学生自主发现,知识让学生自主生成,规律让学生自主归纳,最后通过旧知衍生出新知。以上是我们小组的观察,仅仅是一孔之见,从本节课中,学生争先恐后的展示,踊跃的发言,自信的表情,清晰而流畅的表达非一日之功,这与荆主任平时的科学有效引领是密不可分的。

以上是本小组的汇报,谢谢!

第二小组制作的量表及观察的数据:

第二小组的6位老师随机观察了12位学生"学生个体积极学习投入的深度"的观察情况。

学生个体积极学习投入的深度观察量表1

执教者	荆志强		时间		2010-12-11						
课题		抛物线的几何性质				地点		报告厅1			
量表设计		汤建伟、邹国友、赵守拙、徐赞微、殷晓将、苏哲				观察员					
观察对象1	观察项	观察内容	记录情况								小计
	1. 表情	a. 专注	4	8	12	16	20	24	28	32	36	40	
		b. 随意	4	8	12	16	20	24	28	32	36	40	
		c. 无所谓	4	8	12	16	20	24	28	32	36	40	
	2. 记录	a. 认真	4	8	12	16	20	24	28	32	36	40	
		b. 应付	4	8	12	16	20	24	28	32	36	40	
	3. 小组讨论	a. 辩论和质疑										
		b. 一般参与										
		c. 不参与										
	4. 回答	a. 指定回答										
		b. 主动回答										
		c. 小组讨论后回答										
		d. 抢答										
		e. 补充回答										
	5. 质疑	a. 低效质疑										
		b. 有效质疑										
	6. 展示	a. 点名展示										
		b. 主动展示										

续表

观察对象2	观察项	观察内容	记录情况										小计
	1. 表情	a. 专注	4	8	12	16	20	24	28	32	36	40	
		b. 随意	4	8	12	16	20	24	28	32	36	40	
		c. 无所谓	4	8	12	16	20	24	28	32	36	40	
	2. 记录	a. 认真	4	8	12	16	20	24	28	32	36	40	
		b. 应付	4	8	12	16	20	24	28	32	36	40	
	3. 小组讨论	a. 辩论和质疑											
		b. 一般参与											
		c. 不参与											
	4. 回答	a. 指定回答											
		b. 主动回答											
		c. 小组讨论后回答											
		d. 抢答											
		e. 补充回答											
	5. 质疑	a. 低效质疑											
		b. 有效质疑											
	6. 展示	a. 点名展示											
		b. 主动展示											

说明：观察项1和2为每隔4分钟观察一次,观察项3、4、5和6为全程观察。

苏哲老师观察1号王春艳　2号孙正杰

汤建伟老师观察3号何曾宝　4号贡凯凯

邹国友老师观察5号沙丽文　6号蒋俊斌

殷晓将老师观察7号赵燕　8号王涛

徐赞微老师观察9号许小雅　10号任理玉

赵守拙老师观察11号步丹滢　12号方彬

讲台（表2）

								⑩
							⑨	
							⑪	⑫
		①		⑤	⑥			
②						⑧		
		③		⑦				
			④					

打"○"为被观察的学生

学生个体积极学习投入的深度观察量表汇总表3

执教者	荆志强								时间		2010－12－11		
课题	抛物线的几何性质								地点		报告厅1		
量表设计	汤建伟、邹国友、赵守拙、徐赞微、殷晓将、苏哲								观察员				

观察项	观察内容	百分比	总计	记录情况											
				1	2	3	4	5	6	7	8	9	10	11	12
1. 表情	a. 专注	87.5%	105	9	9	10	7	6	5	10	10	10	9	10	10
	b. 随意	12.5%	15	1	1		3	4	5				1		
	c. 无所谓														
2. 记录	a. 认真	90.6%	48	2	4	5	4	2	2	6	6	7	6	2	2
	b. 应付	9.4%	5				1	1	1				1		
3. 小组讨论	a. 辩论和质疑	89.5%	34	3	2	3	4	1	1	2	2	6	5	2	3
	b. 一般参与	7.9%	3					2					1		
	c. 不参与	2.6%	1							1					

续表

观察项	观察内容	百分比	总计	记录情况											
				1	2	3	4	5	6	7	8	9	10	11	12
4. 回答	a. 指定回答	2.3%	1												
	b. 主动回答	97.7%	43	4	6	6	4	6	3		8	6			
	c. 小组讨论后回答														
	d. 抢答	33.3%	3	1				1			1				
	e. 补充回答	66.7%	6							2				3	1
5. 质疑	a. 低效质疑														
	b. 有效质疑	100%	4			1				2					1
6. 展示	a. 点名展示														
	b. 主动展示	100%	7						1	1	2	1	1	1	

说明：观察项1和2为每隔4分钟观察一次，观察项3、4、5和6为全程观察。

第二小组代表作"学生个体积极学习投入的深度"观察报告：

1. 我们小组观察老师为：邹国友 赵守拙 徐赞微 殷晓将 苏哲 汤建伟

2. 我们小组的观察角度为"学生个体积极学习投入的深度"。

3. 课前会后我们小组根据观察角度，结合课堂本身要具备的共性特征以及观察统计的可操作性进行了研讨并达成了共识。生本课堂是以全面依靠学生为课堂组织策略的，依靠学习小组是主要的学习活动形式，小组成员个体在课堂上的表现是我们的观察内容，它涉及到学生的表情、行为、思想等由外而内的各个方面。不同学情的学生个体在课堂上的投入深度到底有什么量的差异性，其外在表现与学习效果的关联程度，这些内容都需要我们用通过观察记录下的数据来作科学客观的分析。为此，我们小组制作了观察量表（见表1）。

根据学情，我们6个人分别在6个观察点同时观察12位学生，其中学优生4人，中等生6人，学困生2人。（见表2）

4. 数据汇报（见汇总表3）

5. 建议:在全面依靠学生的同时不忘关注每位学生,特别是学困生。

第三小组作了"学生积极学习投入的面"的观察。

学生积极学习投入的面量表1

执教者	荆志强			时间		2010-12-11	
课题	抛物线的几何性质			地点		报告厅(1)	
量表设计	李小宝 杨鸣雷			观察员		李小宝 杨鸣雷	
观察内容	学生的积极参与状况						
序号	学生活动类型	人次	合计	百分比	人数	合计	百分比
1	上台讲解	1+1+1+1+1+1+1+1+1+1+1+1+1+1+1+1+1+1+1	19	30.15%	1+1+1+1+1+1+1+1+1+1+1+1+1+1+1+1+1+1+1	19	0.302
2	黑板板演	1+1+1+1+1+1+1+1+1+1	10	15.87%	1+1+1+1+1+1+1+1+1+1	10	15.87%
3	有效提问	1+1+1+1+1+1+1+1+1	9	14.29%	1+1+1+1+1+1+1+1+1	9	14.29%
4	无效提问						
5	注意力不集中	1	1	1.6%	1	1	1.6%
6	分析	荆老师的课堂旨在培养学生的自学能力,教就是为了达到不教。素质教育的核心就是全面发展能力,自学能力是重要组成部分,有了自学能力就有了打开所有疑问的金钥匙。 培养学生的自我意识,学生勇于上台讲解,以兴趣带动自信,突破心理障碍、性格弱点,培养学生的竞争意识,随时准备抓住课堂时机展示思维过程。						

学生积极学习投入的面量表2

执教者		荆志强			时间	2010-12-11
课题		抛物线的几何性质			地点	报告厅(1)
量表设计		钱卫东 王伟东			观察员	钱卫东 王伟东
观察内容	学生讨论状况					
讨论形式	环节	一	二	三	四	总计
自发讨论	次数	1			1+1+1+1	5
	时间	3′36″			45″+45″	5′06″
	比例	8%			3.3%	11.3%
小组讨论	次数	1				1
	时间	4′37″				4′37″
	比例	10%				10%
生生互动	次数	1+1+1+1+1+1+1	1+1		1+1+1+1	14
	时间	10″+5″+24″	1′30″+30″		1′01″+14″+30″	6′09″
	比例	5.3%	4.4%		3.7%	13.4%
师生互动	次数	1+1+1+1+1+1	1+1+1+1+1+1+1+1+1+1+1+1+1+1		1+1+1+1+1+1+1+1+1+1+1+1+1+1+1+1+1+1+1+1+1+1+1+1+1	45
	时间	1′+30″+30″+1′50″+10′	2′20″+1′5″+3′+2′10″+44″		2′+50″+50″+1′20″+50″+30″+15″+33″+1′30″+1′45″+15″	24′08″
	比例	8.9%	21.1%		23.3%	53.3%
分析	课堂师生、生生互动就问题、人员及点上的讨论,互动次数59次,讨论互动在课堂比例76.7%,学生投入数高,课堂参与比例高。					

学生积极学习投入的面量表3

执教者	荆志强		时间	2010—12—11
课题	抛物线的几何性质		地点	报告厅(1)
量表设计	贡留凤　王强		观察员	贡留凤　王强
观察内容	学生应答方式			

学生回答类型		无回答	集体齐答	讨论后汇报	自由答	个别回答
教学环节1	频次	1	1+1+1+1+1+ 1+1+1+1+1+ 1+1+1+1+1	1+1+1	1+1+1+1+1	1+1+1
	要点记录	问类比思想时无应答;举手一次,鼓掌两次;(调查错误)				
学生回答类型		无回答	集体齐答	讨论后汇报	自由答	个别回答
教学环节2	频次	1	1+1+1+1+1+1 +1+1+1+1+ 1+1+1+1+1 +1+1+1+1+1 1+1+1+1+1 +1+1	1+1+1+1+1+1 +1+1+1+1+ 1+1+1	1+1+1+1+1 +1+1+1+1+1 +1+1+1+1+1 +1+1+1+1+1	1+1+1+1 +1+1+1 +1+1+1 +1+1+1 +1+1
	要点记录	鼓掌三次,举手一次(调查错误)				
学生回答类型		无回答	集体齐答	讨论后汇报	自由答	个别回答
教学环节3	频次					
	要点记录	鼓掌五次				

续表

学生回答类型		无回答	集体齐答	讨论后汇报	自由答	个别回答
教学环节4	频次	1+1	1+1+1+1+1+ 1+1+1+1+1+1+ 1+1+1+1+1+1+ 1+1+1+1+1+1	1+1+1+1+1+ 1+1	1+1+1+1+1+ 1+1+1+1+1+1	1+1+1+ 1+1+1+ 1+1
	要点记录			鼓掌二次		
统计	总频次	2	63	24	48	21
	百分比	3.17%	100%	38.1%	76.19%	33.33%
分析	1. 出现争先恐后强者展示机会,说明学生积极参与,上课非常投入! 2. 为调查错误举手2次! 3. 鼓掌应答共计12次! 4. 建议:最好不延时,要考虑下一节课学生的准备!					

学生积极学习投入的面量表4

执教者	荆志强		时间	2010-12-11	
课题	抛物线的几何性质		地点	报告厅(1)	
量表设计	杨鸣雷 李小宝 王伟东 钱卫东 贡留凤 王 强		观察员	杨鸣雷 李小宝 王伟东 钱卫东 贡留凤 王 强	
观察内容	学生的积极学习投入的面汇总表				
学生积极参与状况		上台讲解	黑板板演	有效提问	无效提问	注意力不集中
	人次	19	10	9	0	1
	合计	19	10	9	0	1
	百分比	30.15%	15.87%	14.29%		1.6%
	人数					
	合计					
	百分比					

续表

学生讨论状况		自发讨论	小组讨论	生生互动	师生互动	合计
学生讨论状况	次数	5	1	14	45	65
	时间	5′06″	4′37″	6′09″	24′08″	40′
	比例	11.3%	10%	13.4%	53.3%	
学生应答方式		无回答	集体齐答	讨论后汇报	自由答	个别回答
	总频次	2	63	24	48	21
	百分比	3.17%	100%	38.1%	76.19%	33.3%

第三小组作"学生积极学习投入的面"的观察报告：

我们小组由杨鸣雷主任、李小宝主任、王伟东主任、钱伟东主任、贡留凤老师和我王强6位成员组成。我们小组是以学生积极学习投入的面为视角来对荆老师的课堂进行观察的。经课前会议讨论，我们认为数学课堂是理性思维集中展示的课堂，学生积极学习投入的程度，在某种程度上就是学生思维活跃的程度。

因此，从暴露思维过程的角度，我们制定了学生积极参与状况量表1，让学生走上台来，做课堂真正的主角，将对学生全面发展发挥积极作用。

从教师释疑到学生质疑无疑是思维的进一步提升。

从思维碰撞的角度，我们制定了学生讨论状况量表2。

讨论是思维碰撞出火花的基石，是提高积极性和主动性的有效手段之一。

从思维成果展示的角度，我们制定了应答方式量表3

学生在课堂上参与的方式有很多，而回答问题是其中重要的方式之一。学生回答问题的过程，是主体发挥主观能动性，对知识进行内化后向外界输出来的主体信息，这是十分重要的。

本着用数据分析，用事实来证明的原则，我们对相关数据作客观、公正的分析。

第一组数据（如表1）：

我们认为荆老师的课堂培养了学生的自主学习能力。教就是为了达到不教,素质教育的核心就是全面发展能力,自学能力是其重要组成部分。有了自学能力就有了一把打开所有疑问的金钥匙。

培养了自我意识,学生勇于上台讲解,以兴趣带动自信,突破心里障碍、性格弱点,正确认识自我。树立自我意识,不仅促进了学习,而且完美了人格。

培养了竞争意识,随时准备抓住课堂时机展示思维过程。

第二组数据(如表2):

合理的讨论不仅加深了教材内容的理解,而且能够培养学生合作研讨意识,更能体现学生学习的主体地位。

自由讨论,互相启发,让学生的心灵在宽松、民主、自然氛围中得到发展,发挥了个性。

师生讨论为学生的思维铺路搭桥,让学生敢于想象、勇于探索,保持一种追求创新的状态。

生生讨论,锻炼团结协作的精神,能提高学习效率,促进了学习的发展。

第三组数据(如表3):

从回答方式来看,教师注重提问方式的多样化,精心设计了课堂教学中的提问,促使学生积极主动地开展探索活动。课堂提问较好地发挥了它在发展学生思维方面应有的价值,使所有学生都在课堂上经历了积极的思维过程,经历真正的有意义的学习过程。

总之,荆老师的课堂,学生积极学习投入的面是广的,既有一定思维量的保证,也有思维质的提升。是以点带面,以面促点,点面结合,体现了高度尊重学生,全面依靠学生的理念,是生命激扬的课堂。

如果说要有什么建议的话,我们认为在以下几个方面还值得我们思考:

1. 留给学生足够的思考时间,鼓励学生有所创造,培养发散思维。

2. 学贵有疑,小疑则小进,大疑则大进,实现学生从回答问题向提出问题的转变,让学生全方位、多层次地设问、提问,激发思维,培养创新意识。

3. 关注个体差异、思维差异、思想差异,适时慰藉。

第四小组作了有关"课堂教学的结构、进程及效果"的观察,以下是设计的量表及相关的数据。

课堂教学的结构、进程及效果的观察量表1(汇总)

执教者	荆志强		课题		抛物线的几何性质			
时间	2010-12-11		地点		报告厅(1)			
汇总表设计	朱玉海 臧琦		汇总人:		臧琦			
统计内容			课前课后效果对比					
	课前		课后					
题目序号	错题人数	答案正确,心存疑虑(人数)	A(人数)	B(人数)	C(人数)	D(人数)	E(人数)	
基础题选1(1)	8	1	8	1				
基础题选1(2)	9	4	13	2			4	
基础题选2(1)	3		3					
基础题选2(2)	2		2					
基础题选2(3)	7		7				7	
基础题选3	6		6					
研究题选1(1)	1	3	4					
研究题选1(2)	0	4	4					
研究题选2	4		3	1				
研究题选3(1)	5		5				3	
研究题选3(2)	40	7	43	4			34	
研究题选4(1)	9		7	2				
研究题选4(2)	8	1	7	2				
研究题选4(3)	28	12	36	4			35	

续表

题目序号	错题人数	答案正确,心存疑虑(人数)	A(人数)	B(人数)	C(人数)	D(人数)	E(人数)
学生自选题1			56	7			
学生自选题2							
学生自选题3							
学生自选题4							
学生自选题5							
学生自选题6							

注：A 完全理解；B 还需反思；C 模糊；D 根本不懂；E 值得珍藏。请在相关栏目上打勾

课堂中学生展示的有效性（表2）

执教者	荆志强	时间	2010.12.11
课题	抛物线的几何性质	地点	报告厅（1）
量表设计	贡三花 常春国	观察员：贡三花 常春国	
观察内容	课堂中学生展示的有效性		
知识点	参与人数	3	
	表达是否清晰	3	
	板书是否规范	是	
错误分享	是否典型	11	
	是否对同学有启发	9	

续表

问题探究	参与人数	17
	表达是否清晰	15
	方法是否体现通性通法	5
	方法是否有创新意识	6
	是否体现数学思想	3
	是否分析思维起点	6
	师生质疑次数	是
	精彩之处	知识点讲完后,学生能积极主动用类比思想解决抛物线有关问题
自选题	参与人数	3
	选题意图	点点距　点线距(典型)
	自己是否能深刻理解	是

课堂教学的结构、进程及效果的观察量表3

执教者	荆志强	时间	2010.12.11
课题	抛物线的几何性质	地点	报告厅(1)
量表设计	吕波　汪正文	观察员	吕波　汪正文
观察内容	小组讨论的有效性		

全班共 __10__ 组（观察其中的2个小组）

内　容	第一小组	第二小组
小组人数	7	6
参与讨论人数	7	6
讨论时间	7分31秒	7分31秒
组长协调情况	A. 得力√　B. 一般　C. 无协调	A. 得力√　B. 一般　C. 无协调
目标是否明确	A. 是　B. 否	A. 是　B. 否

续表

内　容	第一小组	第二小组
讨论题数	基础1(2) 2(2) 3 研究24 共5题	基础1(1)(2)(3) 3 2(2) 自选题1 共6题
解决问题的题数	4	6
解决问题的人数	5	6
学困生的表现	A. 积极√　B. 很少发言　C. 沉默	A. 积极√　B. 很少发言　C. 沉默
讨论氛围	A. 激烈√　B. 一般　C. 沉闷	A. 激烈√　B. 一般　C. 沉闷

第四小组作了"课堂教学的结构、进程及效果"的观察报告：

尊敬的各位领导、各位专家、各位同仁：

大家上午好!

我们第四小组的观察纬度是：课堂教学的结构、进程及效果，观察员有：臧琦、贡三花、常春国、吕波、汪正文，感谢他们把大量的数据在很短的时间内统计好。

我们设计了3张表：

第一张量表：课前课后效果对比

我们是这样考虑的：课堂是否有效，关键是看学生改变了多少，学生课后的状态减去学生课前的状态，这个差值，这是改变的量，就是效果。

我们试图通过对学生的问卷调查来衡量改变的大小，我们从学生中采集了一些原始数据，并作为汇总。（通报数据表1）

对E选项"值得珍藏"，我们是这样理解的：教师的选题对学生触动较大，有较高的思维价值，数学需要反思、感悟，与生本教育强度的纠错相结合，也是效果的体现。

因此，我们得出一个结论，本节课学生改变较大。

第二张量表：小组讨论的有效性

小组讨论，同伴互助是生本教育不可或缺的一个环节。

全班共10个小组，我们观察了其中的2个小组。

(数据通报表2)

透过数据,我们觉得:在小组长有力的协调之下,小组讨论目标明确,学生学会了交流、合作,为上台展示作了一定的铺垫,特别是学困生,表现积极,中队长监督、指导并打分,是两个像模像样的小老师。

一个建议:教师也能有选择地参与某个小组的讨论。

第三张量表:学生上台展示的有效性(表3)

上台展示是生本教学的核心环节,最能体现学生学习的积极性、主动性和创造性,能解清就一定能理解,教师把大量的时间让学生讲,这是我们观察的意图。

通过观察,我们有如下想法:

1. 学生有话语权,表达清晰、流畅。师生、生生质疑,细微之处见高低,学生并没有按题目的自然顺序一一讲下来,而是有侧重点,把有价值的题目讲到位。

2. 错误分享有特点,学生勇于把自己犯错的经历呈现出来,为其他同学提个醒,十分有意义。

3. 学生展示交流的过程,极大地拓宽了解题思路,找到了思维的起点,重视了思解形成过程,有效地避免了"把要思考的问题滑向记忆"。

由此,我想到数学课讲题的三种境界:讲解法,讲思路,讲思路的探究过程。

4. 学生展示,使课堂变得生动活泼,师生之间、生生之间平等对话、激烈争论、相互启迪,由此我想到这样一段话:"平庸的教师是陈述,一般的教师是讲解,优秀的教师是示范,伟大的教师是启迪。"

一点建议:能否在课堂上现场生成、变形一些问题,如:最后一个题目,引到酒杯问题、椭圆中问题,让学生去思考、去争论!从而把对关键问题的讨论推向高潮,回味无穷!

汇报完毕,谢谢!

汇总四个小组课堂观察的数据,我们不难发现生本课堂的"独特"之处和荆老师的个人魅力。

从"教师对学生积极学习投入的引领行为"来看,荆老师对学生的激励评价达到100%,而且不惜用"太棒了""你真的了不起""你太伟大了"之类的语言来赞美学生。

从"学生积极学习投入的面"来看,学生上台讲解有19人次,黑板板演达10人次,有效提问达9人次,学生和老师讨论共计65人次,学生应答次数有135人次,这些数据充分显示生本课堂中学生的主体地位,课堂中全面依靠学生。

从"学生个体积极学生投入的深度"来看,学生的专注度达87.5%,认真度达90.6%。小组讨论中辩论和质疑率达89.5%,主动回答、抢答和补充回答共计52人次。这些数据也体现了学生能积极参与、积极思考,学生的潜力得到了较充分的发挥。

从"课堂教学的结构进程及效果"来看课前课后效果对比分析可知,荆老师这节课效果是理想的。学生小组讨论时间为7分31秒,学生参与度100%,讨论时目标明确,讨论激烈,组长协调能力强,课堂中学生的展示有34人次,表达清晰达90%,错误分享典型的有11人次,对同学有启发的是9人次,同时学生还自己选题并进行讨论。这些数据告诉我们,学生在课堂上的主动性能力得到了体现,本节课学生较好地展现了自己。

第三节 学生评价:让生命感受

2009年是一个值得回味的一年,司马文浩等学生不仅仅考取了大学,更让人感到惊喜的是这些学生的组织能力、表达能力、自我管理能力等都得到了很大的提高,成为学生中的佼佼者,我也相信这些学生将来会有更好的发展,我们今天的教育不就是为了学生明天的发展吗?

我的生本教育之路还在践行,9月份我接手了高一(18)班的新生,他们来自多个乡镇不同的学校,这些学生对我的教学会有怎样的反映呢?下面听一听

第三章　魅力在哪里

二周之后我的学生的感受吧：

王晨玉：开始时，我不敢上台讲题目，担心自己讲错，有一种害怕的心理。后来，你叫我要冲，回家之后，我和妈妈聊了，妈妈说："如果你的错误永远不摆在你的面前，你永远隐藏，将会错一辈子。"现在，上台虽然还有一点害怕，但我会勇敢克服，不再害怕，勇敢展现自己的错误。以后，我一定会多冲的，会快乐学数学的。

周宁：独特，习惯了九年的师本教育，暂时有点不适应生本教育，但能够经历这种独特的教育方式，深感荣幸，更多的是新鲜。我相信自己，更相信老师，我总有一天会感觉到学习给我带来的无限喜悦与惊喜！纸上得来终觉浅，觉知此事要躬行，只有自己亲身经历、尝试，才能真正领悟其内涵。

陈瑜婷：和你相处了两个多星期，觉得你是个非常幽默的人，很能调动课堂气氛，以至于在你的带领下我们集中注意力。我觉得数学是很有趣的，我也习惯了上台讲题，谢谢你。对"生本教育"的感受，说实话，我真的非常赞成这种教育方式，虽然刚开始我适应得有点"辛苦"，但我始终认为这条路的前方有甘甜的果实等着我去品尝。

邹心怡：通过一段时间的接触，我发现现在最喜欢听的就是数学课了，这样的上课方式比较有"言论自由"，很有激情，所以现在对数学课的兴趣已经超过了对初中最感兴趣的化学课，这样的课堂是完全属于我们的课堂。生本课堂就像一场没有硝烟的战场，任何一秒的胆怯，任何一秒的犹豫我们就会与机会失之交臂，被同学捷足先登，在这样充满竞争力的社会没有人会等你，从某种意义上生本让我们提前领略了这一点。机会不会垂青没有准备的人，同样不会垂青胆小懦弱的人，只有勇于冲上台去展示自己，才是真正地体会生本。诚然，犯错让人尴尬，但至少我勇于走出第一步，让别人看到了我的错，错了却能成长，错亦无悔。另外，同一团队可以相互上台补充，这样还能加强团队合作精神，团体作战，您说呢？

沙丽文：刚开始，对于荆老师的生本教育感觉有点害怕，从小学到初中，都是老师在上面讲得津津乐道，我们却像看戏一样的，并非彻悟。而对于老师的生本教育,让我们在错误中找到真理,使得我们完全领悟。如果自己做对了,却有像自己在做老师的那种快乐,那是以前从来没有过的体验。学习中又带着一点点的刺激,这种把学生换成老师的教学方法真的不错,可是,我没有太大的勇气去展示自己,毕竟还没有完全适应,但我会努力投入其中,快快乐乐上课,轻轻松松进步的!

汤娇:初中时我并不太喜欢数学。高一两个多星期来我渐渐对数学产生了好感,也很喜欢上数学课。但还是有一点不太适应,同学和老师之间渐渐了解后,我想同学们的胆子会更大,上台次数也会增多。

葛卢峰:对于生本教育,刚开始还比较陌生,但经过一两次尝试也就不怕了。因为对我来说很正常,我是一个学生,学生有错才能改,即便是老师也会有错。以前上课,虽不说是完全生本,但毕竟老师讲,学生不一定会听,只有学生自己讲,才会真正明白,自己也会有一个发展的空间。

陈宇浩:敬爱的荆老师,在与你相处的这两个多星期里,我看到了生本教育所带来的乐趣,但由于我自身有些胆怯,每次欲言又止,让我感到非常懊悔。所以,在今后的日子里,我会努力让自己胆大起来,并用心去享受生本教育所带给我们的乐趣。

看到我的学生的评价,更坚定了我的"生本"之路,短短的两周多时间,我的课堂给了学生一个全新的、新鲜的、激情的、感兴趣的课堂,你有点心动想试一试生本教学没有?

让我们看看两个月后这些学生又会有什么样的体会?

王晨玉:时光流逝,转眼已和你相处两个多月了,在这两个多月的生本课堂中学习,我体会到了学数学的乐趣,每一道数学题好像一道关卡,我用自己的脑力劳动闯过它时,心中十分自豪,有一种打了胜仗的快感!其实以前,我只要一到讲台上就紧张,不敢讲(第一怕讲错,第二还是怕讲错)。记得在华南时的挑战大会上,我被叫到台上向一班下挑战书,那时我紧张得发抖,读挑战书也没底气。但经过这两个月的练习,我找到了以前没有的自信,上讲台讲题目也不再害怕讲错,现在每次看见红叉,心中也不会心灰意冷,只是想"错了有什么了

第三章 魅力在哪里

不起,我纠错,不信就搞不定你。"以后,我一定会更加努力,认真负责地检查小队长的纠错,体会生本教育的快乐,在快乐中学习。

周园园:跟着上荆老师您的课已经差不多有两个月了,在这期间对我们来说既充满苦也有乐。上您的课感觉很有劲,在玩的同时,也能体验学习的快乐,特别是自己在没有老师教的情况下把题目解答出来,那种胜利的喜悦感是无法形容的。现在我感觉似乎比开学时学习得更轻松了,也更带劲了。我会和同学们互相学习,这次考试让我们看见了胜利的曙光,相信以后我们班的生本教育会做得更好。

徐珺婕:做您的学生快两个月了,两个月里我们从叫您"荆老师"改为"老荆",我们从胆怯不敢上台到主动拿起教棒,我们渐渐适应了生本教育,从生本中体验着乐趣,在生本中肯定了自己。也许第一次的随堂练习成绩不理想,但是本次练习我们班有了很大的进步,这难道不是生本教育的"潜移默化"吗?当我们得到较高的分数时,我们会因此感到喜悦;我并不是十分期待您所说的奖励,我们得到了知识和乐趣,还要什么奖励呢?希望大家能有更大的进步。

杨煜:两个多月以来,我们大家艰难地进行着生本的初级阶段,也是师本到生本的过渡期。渐渐地,由被动到主动,我们爱上了您的活力课堂,成为了课堂的主人。到现在,生本的神奇魔力已经被广泛认识到了,而我们班在您的领导下,也成为了生本"模范班级"。真的很庆幸遇到您,您解放了我们的课堂,使我们开开心心也能把学习搞上去。

马韬:作为您的学生,我真想由衷地对您说一声"谢谢"!虽然您上课只有两个月的时间,但我真正感受到了作为教育的至高境界"生本教育"给我所带来的快乐,您全身心地投入到教学中,试卷讲评、纠错、考试后的辅导等一系列措施都凝聚着您的巨大心血。

李俊:我认为我们班现在的生本已有很大起色,其主要原因是同学们学习态度在您的教导下已有很大转变,学习热情也比较高涨,您的言行使我们在潜移默化中有了很大进步。

谭莎莎：现已开学将近两个月了,这段时间我的改变很多,以前总是在乎分数、对错,但此时的我知道：最重要的不是分数、对错,而是你对分数、对错的态度。

林荔：以前我面对错误多的试卷,心情总是低落,而现在却有点希望自己错,也许只有这样,我才能及时知道自己存在的问题、不足,也明白了纠错的重要,再来,便是学习的心情好了。

对学生而言,学到知识固然重要,但情感、态度、价值观的改变对人的一生可能更重要。在我的生本课堂中同学们学到的不仅仅是数学知识,还有许多许多……

下面再让我们听听我现在教的高二(20)班学生的心声：

刘伟康：我认为我们班现在的学习氛围很好,同学们都可以很自觉、很投入地去生本,整个教室充满了活跃的气氛,同学们都把高二(20)班当成了自己的家,在这里没有什么拘束,把自己想说的真真切切地说出来,不遮遮掩掩,有了困难同学们互帮互助,有秩序地进行着,这种感觉真的很好！

贺天立：荆老师,您的心态很好,宽容的态度值得我们大家学习,我们在生本的课堂中玩得很快乐,着实享受到生本带来的益处,尤其是同学间的情谊,我相信这些都是我们这辈子相当宝贵的财富。

王晨玉：时间过得很快,转眼和你已经相处了一年多了,这期间,我觉得往往是苦中存在甜,汗水中充满微笑。更多的是能力的提高,在快乐中拓宽知识面,在快乐中学习更多的知识。虽然现在我的考试成绩还有待提高,我的功夫还不到家。我相信只要一步一步脚踏实地地努力学习,做好每一件事,功夫不会辜负有心人的。

王春燕：作为中心组的一员,我还要更加努力深入小组,让他们充分合作,发挥小队合作的作用。解答同学的疑难问题,我首先要自己真的弄懂,这一点我还要向葛卢峰和王晨玉学习,在主持方面以后要融入其中,这样自己也能得到锻炼。作为大队长我还有许多地方要改进,以后会慢慢进步,不让大家失望。对我所管理的两个小组我还要更努力,不能因为一时的进步就沾沾自喜,还要

第三章 魅力在哪里

带领他们更上一层楼。我觉得小队的合作很重要,一个小队有6个人,可以两两互助,这样可以在讲之前先弄懂一些难题,节约更多的时间,也提高了效率,我觉得只要是自己真心去做,一定会不断进步!

李双双:班级管理得很好,大家在这个班级里受益匪浅。中心组、大队长、小队长,他们一个个地为组员着想,不厌其烦地解决组员有疑惑的地方,最后两名的小队有一定的压力。这压力也就成了无形的动力,不停地推着我们向前,也不断在告诫我们,一旦松懈就会退步。所以,在这样的生本课堂,大家总是积极向上。

徐志强:从高一到现在,我接受生本教学已经快两年了,岁月见证着我们一点点地长大,一点点地由青涩变为成熟。如今,我们的体系越来越完善,同学们学习的劲头也很足,大家会为了自己的将来,为了小队的荣誉,为了班级的荣誉而不断奋斗。我们都乐在其中,全班也形成了积极向上、和睦融洽的氛围。

2008年9月份我新接了高三(11)班这些学生原本都没有接触过"生本",我也有些担心:高三了,学生能行吗?我们看看这些学生又有什么的感受与体会:

薛江辉:九月的菊花,为我们送来了崭新的高三学年,但今年的秋菊格外妖艳,因为她也为我们送来了一位与众不同的数学老师——荆志强老师。荆老师的数学教学与众不同,他上课不是机械地讲题、做题,更不是从上课讲到下课,而是把学生作为老师,把老师作为学生,让学生上台自己来讲题,老师则在关键之处加以点拨……

司马文浩:在以前的数学课上,我们只是充当听众,即使上课发言也只能一两次,而现在你给我们创造了一个能够展现自己,能够让自己完全暴露在同学们眼光中的舞台。在这个舞台上,我能让自己变得更闪亮,同时也能发现自身的问题,我会听到同学们由衷的掌声,这对我产生了一种鼓励和动力。而当我错误的时候,同学们也能毫不留情地站起来指点我的错误所在,可以说在我们的课堂上,我们容不得半点错误。这才是真正的课堂,这才是真正的教与学。我们的活力也只有在数学课上才能展现得淋漓尽致。

董高翔：作为学生的我，以前都是坐在下面听着老师滔滔不绝的话语，觉得老师是多么伟大，多么神圣，但经过上荆老师的课后，我也体会到了这种感觉，当我上台讲题目，把同学们都讲懂了，我就有一种无以用言语表达的成就感，因为这样的上课既能给学生留下发展的空间，还能加深学生对题目的理解，做到难以遗忘，"生本教育"真正达到了素质教育的目的，能让学生充分施展自己的才能。

董亚飞：上荆老师的课，把我各方面都调动起来了，从小学到高中，我从来没有遇到过这样的好老师，荆老师独特的上课方式深深地吸引了我，让我感觉到上数学课是一种极大的乐趣。荆老师上课的独特在于他上课和其他老师不同，不是以老师为中心，而是以学生为中心。上一堂课就如同一场精彩的演出，是同学主持，学生来当老师，而荆老师就坐在教室后面点评一下，同学们涌跃地举手发言，冲上讲台讲出自己的看法和方法，有的同学质疑上一位同学所提的问题。我相信，在荆老师的带领下，我们会走上成功的舞台。

韦浩：上了这么多年的数学课，只有在荆老师的课堂上，我们才会有更多的自主权，尽情地展现自我，去挑战自我，去增强自我的交际能力、胆识。在课堂上，老师把"权力"让给我们，由我们自己主持，自己讲题目，每个人在课堂上都有展示自己的机会，而且如有问题，全班会进行激烈的辨论，这让我们对难题有更深刻的思考，我们也可以得到全面发展。总之，我觉得上荆老师的课没有一种压抑感，上数学课是一种享受。

房书梁：上荆老师的课，我就有一种很放得开的感觉，在您的课上，我们可以自由施展自己的才华，您给了我们一个展示自己的舞台，课上更是热闹非凡，这是我们第一次上到这么热闹的课。您的教法、方法独特而新颖，而且对学生各方面能力提高很大。您让我们每个学生都充满了自信，您教学中给我们的记忆方法与口诀使我们印象很深，我们很容易记住，有的甚至很搞笑，这让我们知道，在学习中可以寻找到快乐，原来我们可以真的自主学习，我们的能力真的提高了很多，您这种教学方法我是第一次感知到，很独特，很有效，蛮好的方法。

第三章 魅力在哪里

夏璐：现在上课可以说师生互动的，主要由以前的老师讲，学生听、记、想，变成了如今的学生上台主持，学生拿教鞭讲，学生讨论，老师坐在旁边听，在适当时老师会点拨一下。

这样将课堂的气氛调到了高处，个个都是充满着激情，教室里洋溢着求学的希望气息和欢快和谐的气息。老师称我们是朋友，您把我们看作是真诚的朋友，您相信我们，爱我们，处处为我们着想。

老师布置的作业量不多，但每天都帮助我们认真纠错，精心为我们准备每天的课堂，以笑面对我们，帮我们解决难题时也很细心，讲得令我们每个人听得懂、听得明白，学校给我们带来了最优秀的老师，最有效、最生动的课堂。

李小云：我觉得上数学课不仅是一个学习的过程，更是一个锻炼的过程，在老师与学生的互动中，我学到了很多，老师让我们自己讲，使我们充分发挥自己的才能，在讲的过程中也在不断地发现自己存在的问题，同学们也及时帮助我纠正了错误，而且做题的一些奇讲妙解也让做题变得更加有趣味，老师适时帮助我们点评一下，给我们总结归纳，让我们学得更加有劲。

通过这段时间的学习，我发现我的数学成绩在不断提高，我对自己越来越有自信。令我惊奇的是，我的别的科目也在数学的带动下有了明显的进步，我从心里为自己的进步而感到高兴。

我觉得最有用的就是老师让我们纠错，我们从开头的被动纠错到现在的主动纠错，跨了一大步，因为纠错使我们对错题有更深的理解。

毛皓：以前从来没有想过数学课可以这样上，在课堂上还有这么多的欢声笑语。在数学课上，我们自主学习，课堂完全由学生自己掌控，人人都积极冲上去一展自己的风采，在课堂上我们认真讨论，有时还争得面红耳赤。老师给我们一个从来没有过的环境。

自从荆老师来到了我们班，我们班有了许许多多变化，上课认真听的人多了，认真参与课堂的人多了，积极发言的人多了，尤其是让我们自主学习，自己讲课，让我们明白了学习数学的乐趣，学习数学的轻松。我们的数学课不再像从前那样苍白无力，而是变得十分有活力、有朝气。而且上课主动发言也使我们的个人能力得到提高,以便于我们适应将来那激烈的社会竞争,所以说,荆老师是真正的终身教育,让我们可以受益终身。

徐鑫:能成为你的学生,深感荣幸。自从你推行"生本"教育以来,更使我们的课堂推向开放化,学生上课,不仅使我们的潜力得到发挥,而且自己遇到不懂的问题也可以和同学们一起讨论,这种学习方式增强了我对数学的浓厚兴趣。高三虽然有很大学习压力,但唯独在数学课上可以得到轻松,我现在渴望,如果我们的其他学科都这样的话,那么,我们就不再会觉得高三学习是一种压力,而是一种像是在玩"智力"的游戏。

许园艳:这是一种自主的课堂,学生拿起了教鞭在三尺讲台上向台下的同学们展示自己的劳动成果,时而伴着掌声,时而伴着笑语,其乐融融,让每一个人都有一种忘我的感觉,上台同学会因台下同学的鼓励而信心百倍,偶尔有质疑的,那课堂的气氛就更加火热了,学生急切地展示自己的看法,上数学课真是一种享受。这种课堂不仅促进了我们的表达能力,更加增进我们同学之间的交流,让我们的关系更加融洽,我们感觉老师像我们的朋友,因为他常笑着说"讲得好"来鼓励我们,不像以前那种拿着讲义死板板的课堂。只有好的态度,我们的数学才能学好,所以这种课让我感受到了数学的美,数学的吸引力之大。

王东亚:少了分胆怯,多了分展现自我的勇气,能够有机会看到同学们的不同解题思路,甚至有些巧妙的运用,让人拍手叫绝。数学课我们可以自己上,不用担心因做错题而尴尬,对于自己的疑惑可以大胆发出质疑,数学课可以有说有笑,气氛很浓,刺激着我们想学习的每一根神经。

尹玉强:自从荆老师接手我们班后,我对数学有了一种从未有过的轻松感,感到数学太好玩了,太巧妙了,太美丽了!因此对数学的兴趣更加浓厚,成绩也在呈上升趋势。在课上,荆老师总是叫学生主持,叫学生自己当老师,自己则坐在教室后面,我们成了课堂的主人,每个同学都能融入到这个课堂上。课上,我们主动上台讲题,然后学生提出疑问,我们自己开动大脑,积极开展讨论,这样每个同学都在思考。在这样的课上,我有一种无穷的快乐,丝毫不觉得累,感到学习不是一种压力,而是人生一件快事。

第三章 魅力在哪里

史腾飞：上课调动了我们的积极性，在不知不觉中掌握知识，也学习到新的方法和解题思路，不断提高学习成绩，同时也培养了自己的能力。感觉很新奇、很有趣，不断循环的复习巩固，使我们不再遗忘知识点，使得师生之间、学生之间互动，学习效率大大提高。激发了我们的学习热情，使我感受到学习是甜的。

岳晓东：这种方法让师生互动起来，上课更活跃了，气氛更好。学生讲解，也可以提高自己的组织能力，为以后走上社会打下了基础。在这种氛围中学习，会感到很轻松，一点也不觉得乏味，因为课堂是属于我们的，而不再是老师讲、学生听了。同学们上去讲题，错的题都和自己的差不多，能让我们更好地、更透彻地纠正错误。同时，也能够更全面、更深刻地理解内容。这种学习方法，让我们更好地参与课堂。师生成了朋友，老师轻松，我们也快乐，老师与学生之间就会有更好的友谊，和老师之间就能用心交流，就不怎么畏惧了，能够坦然对待。这种学习方法不仅有利于提高成绩，而且也提高了组织能力。

赵菲：老师上课总是尽可能让我们去发挥，荆老师的课堂气氛十分活泼，使我摆脱了"嗑睡虫"的干扰，上课我可以聚精会神地听讲，积极投入。同学们热烈讨论，老师对我们进行引导，使我们在讨论中学到了许多东西。老师为了让我们能记住许多注意问题，经常想许多能熟记的俗语。荆老师使我的数学有了提高，真的要好好谢谢您。

司马文浩博客中留言：

荆老师：看了你的博客，可见生本已呈燎原之势！真希望还能够回到高三回到属于我们共同的课堂中，真的很怀念以前的点点滴滴，怀念那激情飞扬的课堂，怀念那忙忙碌碌但又斗志昂扬的学习生涯。如果有机会的话真想回去再感受一下那气氛活跃的课堂，再去聆听一下您的教诲。上了大学我才真正感受到我们的课堂乃真课堂，我们的争辩才是真正的探讨。不追求虚无的表面，只求最好的方法。真希望现在你所教的学生能够懂得他们那种课堂真的来之不易，希望他们能够好好地珍惜，有机会我一定会再听你上节课的，到那时您荆老师可别拒绝啊。

生本教学中的组员之间、小队长、大队长等"管理者"在教学中起到极其关键的作用,老师布置的各项任务能不能不折不扣地完成,需要这些"管理者"带好头并带好其他队员,最后让我们听听生本教学中的学生的一些深切的感受吧。

1. 队员谈生本教育下的小组合作。

焦如鸣曾经是班级基础较差的学生,而且刚进班时认为社会很黑暗,人人都很自私。通过生本教育一学期,成绩大幅提高,性格变得很阳光,下面是他写的对生本小队合作的想法。

就我个人而言,生本教育大致可归纳为四个环节:

(1) 课前预习,独立思考;

(2) 小组合作、交流讨论;

(3) 课堂展示,充分释疑;

(4) 订正、验收。

其中,小组交流讨论合作又是最重要的,因为它最能体现出生本教育与旧式填鸭式教学的区别,可以培养学生与他人合作交流的能力,使学生更符合社会的需求,有益于学生的终身发展,可谓集万般宠爱于一身。

首先:充分小组讨论有助于学生对知识的全面理解。

对于刚学到的知识,每个人都有自己的看法和见解,这些见解往往具有独到之处,但不免也有片面性,小组讨论就可以扬其长、避其短。每位同学说出自己的想法,其他人充分吸收,就有了多种思想,再与自己原先的看法进行对比,对原有的看法进行修改、补充,对所学到的新知识就会有一个比较全面、清晰的了解,不仅如此,在掌握知识的过程中还体会到了思维与交流探究的乐趣,激发了学生的热情和激情,这也就达成了小组讨论最根本的目的了。

其次:小组合作有助于学生人格健全和全面发展。

旧式教育都是老师一个人的事,学生是被动接受者,同学与同学之间缺乏交流,这就形成了一个恶性竞争的不良趋势,学生的性格也被培养成自私自利,而小组讨论可以避免这一点,小组讨论采取的是捆绑制度,小组里的每一个成员都意识到学习并不是一个人的事了。帮助了小组里的其他成员也终将惠及自己,这种互相帮助的良好风气,学习氛围浓厚。同样,在这种氛围下,小组里的每一个成员都会意识到自己的落后必将导致小组的落后,以无形的他律代替自律,又会在班级内形成一种良性竞争的氛围,对于学生的人格健全和全面发展有着很大帮助。

再者:小组合作有助于学生的终身发展。

当今社会需要多维度的全面型人才,这就更要注重学生的能力培养,这种能力包括独立思考的能力、与他人合作的能力和学习交流的能力。小组合作便可以很好地提供这样一种有效的平台,这就更多地创造了给学生锻炼的机会,有助于学生的能力提高,能力一旦提高,学生适应社会的能力也变强了,对学生的终身发展很有裨益。

最后,我想说,事物都存在两面性,小组合作这一生本教育的重要环节在拥有了这么多的优点的同时,肯定也存在着一些缺陷,但这些缺陷的前提都是操作不当。

(1) 小组合作将小部分人紧密地联系到一起,小组与小组之间容易引起矛盾和纷争。解决这个问题最好的方法就是再将小组划分成大组,小组和小组之间也会形成一定的互惠关系,而且我认为这种关系不能固定,要定期更换,这样各小组之间的交流量和每个小组的交流面也就增加了,等于把班级变成了一个由"小组组成的小组",更有利于班级的整体发展和同学之间的和谐相处。

(2) 小组讨论是在充分相信学生自觉性的基础上进行的,若有些学生不利用这些时间进行讨论,而是挪做他用,这就违背了这一环节的根本目的和宗旨。要解决这一问题,首先要做通学生的思想工作,其次,要让他看到小组合作带来的好处和体会合作带来的快乐,让他真正体会到这项措施的优越性,这个问题也是完全可以解决的。

我想在生本教育的实践中小组合作是一个突破口,如果处理好,能将它的优势充分发挥,绝对会收到意想不到的收获。

2. 小队长徐珺婕的心得。

在生本教育日益趋向教学主流方式的今天,学生更多的是想要发自内心地自主学习,而自主学习归根到底离不开我们的班级小组化。实践过程中我们日益体会到了6人小组的优越性。

纪律方面,我们毕竟还是学生,难免有自控能力差的时候,在发现组内成员有不认真学习、不认真做作业的现象时,队长能及时制止,维持组纪律。虽然良好的环境需要共同创造,但是队长是起核心作用的,要时刻以身作则。

在与组员交流过程中,要常常心贴心、心连心,让组员自己养成一种小组责任感、小组荣誉感,所谓团结就是力量,组内团结互助是共同学习探讨的基础,在必要的时候,队长要树立自己的威信,采取一系列措施,如组内记分,给予表现好的特权等激励组员用心、尽心学习。

作为高中生,我们都已经做到了预习不拖拉,组员的配合减轻了小队长的负担。但批改过程,队长又不免要多留心,队长要发现错误、分析错误、总结错误。当然与组员共同讨论那些较普遍的错误是最关键的,我们要抓住下课、饭后等课余时间,充分地讨论考卷上出现的问题,尽量解决问题,实在无法解决时再去向上一级寻求帮助。经过这样讨论、研究等,错题的印象才会更深,才能有效地避免下一次犯同样的错误。在考卷全班讨论结束后,队长要对正确率不高的同学严格地检查过关。

说起错误,不免又想到了纠错,队长要时常提醒队员回顾错题,多些检查错题本的次数,了解队员是否真正认真纠错,纠错质量是否高,因为我们是只求质量,不求数量的。

归根到底,小队毕竟是一个队,是一个集体,队长领导下,队员同心协心,才能共同创造一个好集体,共同进步。我还是想发自内心地喊一回"6人协作,心心相连,谁也不能阻止我们前进的步伐!"

3. 大队长王晨玉的体会。

生本教育中,不管课堂内外,老师都把选择权留给了我们"管理层",这显得尤为重要。所以要求我们管理者在管理中要能够树立自己的威信。

生本教育要学生管学生,这其中最大的难题便是"执行力"三字,那么身为管理者就要以身作则,本身做得不够好,那么管理起来是不会让其他同学信服的。身为管理者,无形之中会被别人当作榜样,这种身负重任的感觉就是种鞭策,让自己做得越来越好。本身做得好了还不够,一个班里同学大家私交都是不错的。有时候面对朋友也不能手软,要公私分明。

管理上要懂得放权。生本是面向全班生本,而不是只针对管理者。毕竟个人的力量是很有限的,只有充分调动小组长、组员的积极性,让他们自愿参与到讲解、讨论、上台等步骤中来,才可以使每一个人都得到锻炼。某些勤勤恳恳的管理人事事亲力亲为,这非但自己忙得不可开交,还使麾下的智慧团都变成了懒汉,可谓得不偿失。

管理上要刚柔并济,管理者毕竟也是学生,过度强硬的措施非但不能使同学们奋发向上,反而使他们产生被逼的感觉。同样,太过软弱和温和的管理也会使组员散漫、放松,这样也不利于生本管理。只有刚柔并济,才能管好手中的团队。

能成为一个合格的管理者,不仅对成绩有极大的提高,能力上更是一种飞跃。在这个充满竞争的世界里,有人曾说:毕业就等于失业。为了不让这种悲剧发生,让自己在竞争中能竞争到高薪职业,只有对自己充满信心,丰富知识且不断提高自己的管理能力。在高中的学习中,我很荣幸能够接触到荆老师所主张的生本教育;在这近一年的学习中,我收获很多,发现自己正在这种轻松快乐的学习氛围中不断成长。

还记得第一次上台时那种胆怯、不自信的情景。但如今的我已经不再胆怯,可以在讲台上毫无顾忌地讲出自己的想法,即使自己有时会有错误,或有时方法比较繁,也会大胆地提出疑问。

在生本教育的课堂上,大家积极地讨论,积极发言,提出自己的看法,这种课堂打破了原来我对高中的构想。在这活跃的课堂上,问题得到充分讨论,方法十分多样化,并且能够找到最简捷的方法去做。而师本教育上老师讲了一个公式,学生就按照公式去套题目,我觉得这会限制学生的思维,阻碍学生创新能力的发展。况且在师本课堂上,我觉得老师在讲台滔滔不绝地讲题目,下面的学生听得进的才会听,听不懂或不想听只会在那发呆、打瞌睡。在生本课堂上,我觉得每个人都可以积极地投入其中,积极地思考,根本就不会出现发呆或打瞌睡的现象。而且现在的高考题都是很活的新题,在这种趋势下,我觉得学生自己探究完成试卷是很有必要的。

4. 海豹突击队长写的学法指导。

徐志强同学在全市高三期末统考中取得全校第一名,全市第二名的优异成绩数学190分(满分200分),总分达417分(超本二模拟线100分)。他对于学好数学提怎样一些方法与建议?

离高考仅剩100多天了,对于我们每一个同学来说,时间都是宝贵的。所以在此我就怎样学好数学提一些方法与建议:

我认为数学的学习主要分为三大块:

(1) 知识疏理:通过学校的复习讲义查找自己知识上的漏洞,可能是由于公式记错或原先的一些理解不当造成失分,也可能是其他原因,反正要找到出错的根源。

在找到漏洞后,我们可以把相应知识点写到自己知识梳理本上,同时要在下面附上一些相应的例题,如:随圆"$\frac{x^2}{k+8}+\frac{y^2}{9}=1$ 的 $e=\frac{1}{2}$,求 k"做错了,应该是对随圆中的 a 是"谁,它跟谁走",这一概念没有理解清楚,所以没有分类讨论导致出错,这样以后在温习时就能将知识点运用到一些题目中,即融会贯通了。

(2) 纠错方法:是必不可缺的环节,我认为一些小题目可以用白纸盖住原题直接在考卷上做,如果做对了,再反思一下原先为什么做错就可以过了,如果做错了,那就要上纠错本(可先将题目抄下,过两日再做),但一定要回到"知识梳理本寻找这一块知识点是否已经出过错,如果总是在一个地方跌跟头,那自己就要多留心了,最好打上着重号(像我经常在填空"6—7"题上做错,自己就会更加谨慎),如果是新的漏洞,那就要上知识梳理本。当然,进入二轮复习,我们除了做题,更重要的是学会思考,将同类型的题目集中起来,寻找差异,反思方法,揭开数学题内在的思想,如化归思想,这种思想可以在很多题目中应用,我们要去"比较"去"领悟",寻找到做同类题目最快捷的方法,这样在高考中就可以腾出时间来应对一些新题、难题。

（3）反思提高：第三步也很重要的，为了防止有些同学纠错纠到最后答案都记住了，但有时成绩却并不理想，我们应该去寻找一些同类型但略有变化的题目来做，这样可以"温故而知新"。

总之，以上三个环节要同步进行，才能达到最佳效果。

高中数学就是通过一些数学思想将固定的知识点迁移运用到创新题型中，在这之间，我们必不可少要多练、多思考、多总结。

第四节　博客闪光：让思想互动

我的教学事迹经国内多家媒体报道后，吸引了全国各地教育者的目光。网络是跨越时空共享知识、平等交流的平台。网友们通过博客关注我的生本课堂，传递他们想做生本的愿望和决心。他们向我，或者通过自己的博客表达了亲近生本教育的喜悦心情。当然，我的网友除了各地教育一线的老师外，学生和家长，甚至还有一些慕名而来的其他领域的工作者都成了我忠实的拥护者。

2008年我在新浪建立了自己的博客，开始的目的就是希望自己在这条教育的改革之路上不再孤单，因为我在博客上发布的博文会得到持相同观点者的支持，也可能有持相反观点者的反驳。这些支持或者反驳的言论，会使我们在思想上产生碰撞的火花，进而在思维上有更好的提升。同时，我也可以参与其他博客的评论，去认识更多志同道合的朋友，也可以学习和借鉴他们的做法。

博客建立一段时间之后，我才发现，这个交流平台的意义很大，通过在博客上与朋友们进行交流，发现很多同仁对生本教育还是很迷茫，不够坚持，与我周围的很多同事以前的看法相似；通过讲述我自己的实际做法，有些教师朋友开始尝试，初步体验了可以这样幸福地做教师；通过对生本教育的介绍，很多家长朋友们对这一理念逐步了解，并且反思了自己的教育理念，非常认可；通过以前的学生对生本教育的评价，做现在学生的思想工作；通过大家对我的肯定和赞许，激励我不断向前，去克服实践过程中的各种困难。在这里我真心地谢谢大家的鼓励,有了你们的认可,我会继续做下去,我也衷心希望朋友们也能克服一切困难,让我们一起在生本路上走得更好。

有了博客,我可以很方便地扩大自己的交流范围,从某种意义上说,这不仅仅是一个班级,也不仅仅是一所学校,而是所有想要得到生本教育的每一名师生。

部分学生、家长和教师在博客中的留言片段节选:

我们的数学老师是我们的朋友,close friend！如果说我们是考场上的战士,他就是我们同一战壕的最优秀的指导员、指挥官。

在他的课堂上,我们是主角,他能发现我们每个人的闪光点,让我们由此对数学的兴趣愈加浓厚,我坚信在老师的带领下,我们一定会成功,坚定不移,坚持到底。生本改变我许多,我第一次感到老师如朋友的感觉,我能深切地感受到老师对我的关心。生本给这个班带来了活力,下课是同学探讨问题的时间,上课则是同学们上台展示的时间。我感觉到我们的能力在逐渐加强,我也越来越理解生本这个理念。生本已在我心中留下深深印象,我觉得它会改变我的一生。荆老师,我想对您说:您给我的人生带来不一般的际遇,我深深地感激您。

一名家长的留言:在广州,作为家长听了荆志强老师的讲座,也可以说是讲演,因为会场氛围非常好,在座的都被他的讲演吸引了,在我看来,荆老师的教育方式是通过自己的不断摸索而形成的个人风格,是一种大胆的尝试,可是恰恰取得了很大的成就。由此我们可以肯定,只要在生本教育的道路上能正确行走,教育的面貌会有一个不同凡响的转变！

荆老师的成功就能给我们启示,他的方法当然需要我们借鉴,可是荆老师给我最大的启示是,他是一个富有激情、幽默的人,他善于组织学生、调动学生；他并不墨守成规,而是不怕失败、敢于尝试！并且方法多样,方法灵活！这些其实就要求当代教师必须要有高素质！

有这样好老师,相信我们国家的教育会越办越好,希望我的孩子上学时能遇到这样的好老师！

网友"真正的大爱":感念敬佩荆老师的大爱。这才是真正的大爱！生本

第三章 魅力在哪里

课堂能够激扬生命,能够让学生个体充满活力,体现了尊重差异、尊重规律、尊重生命,也能真正体现教学,乃至教育的价值。"把草变成树,把蛹化成蝶,把虫变成龙"。

网友王庆芳:在全国都在奉行生本教育的潮流下,很多人包括我,对生本教育的理解是懵懵懂懂,把生本教育考虑得太复杂。读了江苏丹阳六中荆志强老师的文章后,我发现生本教育其实很简单,我们现在施行教学学习方法其实很接近与荆老师提到的生本教育。当然接近并不等于等同。……通过对荆老师的文章解读,我知道办法总比困难多,只要我们坚持不懈,努力尝试去做,我们一定会做出成效。可能我的认识很浅薄,但是在以后的学习中我会努力挖掘生本教育的本质,我会努力做好生本教育!

网友朱鸣:荆老师是我们的榜样!荆老师:您的文章太精彩了。在我们的企业管理中,您教学中的哲理也是可以应用的。一个数学老师能做到这样,没有一定的沉淀是绝对做不到的。学生在学校学习是个成长过程,能快乐地成长比什么都重要,愿所有的教育工作者和家长朋友都能清醒地认识到这一点,做学生的好朋友。您的博文是您这么多年教育工作心血的结晶,发人深省。中国教育界太需要您这样的老师了,您的教学方法给年轻的学子带来一辈子的财富!

网友皮皮:做一个教书匠容易,这个是职业,是谋生的手段,做一个教育家难,这个需要思想,需要创新精神,需要一颗爱生的心,希望有更多的人看到。

网友生命如水:荆老师的生本教育,把握了一个"实"字,抓紧了一个"动"字,在互动中让学生激动,让学生感动;体现了一个"活"字,教师不以本为本,以纲为纲,而是以生为本,在拓展中教,在生活中教。学生不机械照搬,在举一反三中学习,在互助合作中学习。没有绩效的工作是一种负效益的工作,是一种浪费。同样,没有绩效的教育也不是成功的教育。向教育要绩效,荆志强老师找到了绩效革命的真经。

荆老师,我是山东淄川实验中学的一名数学老师,进行生本试验两个多月了,产生了许多迷茫和困惑,在网上搜生本数学课,搜到了你的十几分钟的讲课视频,虽然只有短短的十几分钟,却被你的强烈的人格魅力和幽默的语言以及教学的睿智所吸引,听君一段课,胜读十年书。于是在百度中输入你的名字,搜到了你的博客,没想到荆老师的博客资源这么强大,一口气连续三个小时,怀着激动的心情读完,我心潮澎湃,决心践行荆老师的理念和做法,相信荆老师的教学方法对我们广大的数学老师或是理科老师会产生极大的帮助,衷心向你说声谢谢!"北有魏书生,南有荆先生。"形容得太生动贴切了,祝愿荆老师的博客越办越好,教育事业蒸蒸日上。"听君一段课,胜读十年书"幸好有了荆老师的指导,不胜感激。

......

第四章　问题在哪里

第一节　答别人问

一、自信问题

看到原来毫无生机的学生，在生本课堂里重获了青春的活力，很多老师都跃跃欲试。但同时不少老师心里都有个疑问：我能进行生本吗？我的学生能进行生本吗？

1. 我能进行生本吗？

可能有的老师会想：我是个青年教师，教学经验不太丰富，进行生本我能行吗？有的老师会想我性格内向，进行生本我能成功吗？

曾经有老师听完课后对我说，"荆老师你的生本课堂太好了，你能做到这么好，是因为你太优秀了。可惜，我们做不到。"

其实，我一点都不优秀。前面我说过大学学的是淡水养殖，教书是个外行。大学毕业后分配到距离县城五六十里的农村一所中学，承包了学校的校办工厂。因为学校主课教师紧缺，校长才让我改行教数学。1998年，我才函授取得了数学本科文凭,同年调入丹阳六中,开始了高中数学的教学并承担着繁杂的总务后勤工作。我教数学是半路出家,教学功底并不强。我是最低的标杆,我能做好生本,我相信每一位致力于生本教学的老师都能做好,而且肯定会比我做得更好。

能否进行生本教育,与老师的教龄无关,不管你是个经验丰富的教坛老手,还是初出茅庐的教坛新秀,你都可以在生本教学中一展身手;与老师的个性无关,不管你是个性开朗、能言善辩,还是性格内向、拙于言辞,你都可以搞好生本教学。

我们学校一位刚分来的女数学教师,性格内向,讲话声音很小,跟学生交流又少,学生考试成绩不理想。在开展生本实践后,她放下老师的架子,和学生打成一片,如今她的生本教学已经做得非常好,而且每次考试成绩总是在平行班前列。

我们学校的一位英语老教师,本来是个"学究型"的老师,他的课堂不大受学生的欢迎。而在进行生本教学后,他开展了很多活动,学生表现得好,奖励他们看英文原版电影,甚至可以不做课外作业。如今,学生非常喜欢他,而他已经到外校上示范课,并送课到其他学校。他说:"以前,学生上我的课很难受,我自己也怕进教室,进行生本教学后,我跟学生在一起非常开心,天天想上课。"

搞好生本并不是某个人的专利,生本教育是可以复制的,不管是青年教师还是教学风格业已形成的老教师,都可以把生本教学搞得有声有色。

广州市第四中学的周伟锋老师在任教高三时,曾外出学习4个月。外出期间,请两位华南师大的实习生代课。对于这样的做法,当时校长、其他老师、学生、家长都充满了疑虑。没想到,高考成绩一出来,这届学生的成绩不但没有下降,还有了一定的提高。前两届学生的高考成绩都在660分左右,这一届却高达673.6分,比省、市重点学校的平均分高出了23分之多。[①] 连实习生都能做好生本,还有哪位教师做不了的?不管是什么样的生源、什么样的师资都可以进行生本。

---

① 周伟锋:《以生为本的中学数学课堂教学改革》,载《人民教育》2009年15—16期。

世界上的事不是因为艰难而不做,而是因为不做而艰难!加拿大12岁的成功企业家凯斯,使他的企业跻身全国50强,他说了这样的话:"无论大人还是小孩,面对所遇到的问题,最重要的是要克服恐惧。"我们的老师在进行生本实践时千万不能有畏惧心理,要相信自己,要真实践,才能有真收效。

生本教育实验是摸着石头过河的过程,难免会遇到种种疑惑和困难,给我们造成一种挫败感,以致让我们在心里画上一个大大的问号,到底还要不要继续"生本"呢?广州天河区华阳小学从1999年开始实施生本教育,如今已取得了辉煌的成就,然而在这十多年的风雨历程中,他们也经历了一些困难和挫折。该校的王校长说:"当初我们也经历了重重困难,有过彷徨与困惑,但我们坚信方向是对的,所以我们选择了坚持,才有了今天的成功。"华阳小学的成功案例告诉我们,困难和挫折是前行道路中不可避免的,唯有坚持才有曙光。

不管在生本实践的过程中会遇到什么困难,老师们请相信自己,只要我们坚定地去实践,我们一定会走向成功。

2. 我的学生能进行生本吗?

老师们的心里可能有这样的担忧:我的学生基础不好,十几年来一直习惯了被动听课,现在要进行生本教学,他们能行吗?

其实各个年级,各个学段,无论学生基础好差都可以进行生本。生本的能力,无论是教师还是学生,都是在生本的探索中逐渐培养起来的。如果我们等学生有能力了再去生本,恐怕到大学都不能生本。实质上幼儿就可以生本,学生解放得越早越好,生本实施得越早越好。

蒙台梭利认为:"儿童具有学习的本能,教育就是充分发掘并展示这一潜能。"

学生的潜力是无穷无尽的,很多问题学生都能够自主解决,或者是通过讨论后共同解决。这就要求老师要学会放手,要相信学生,相信学生有自主解决问题的能力,相信他们能把一切事情都做好。

作为生本教育实验基地之一的深圳市南山实验学校,一年级新生4个班采用了实验教材。在生本理念指导下,学生的学习效果是惊人的。仅以识字为例,学生在第二个学期就识字近2 000个。在校园网留言板上留言最多的是一年级的学生。一年级的孩子入学才三个月,就在一种自主程度很高的学习中变得十分兴奋,他们很快就能阅读、朗诵诗文、讲述故事,甚至演课堂剧。他们在游戏中很快学会了过去难学的数学。孩子入学七八个月,就开始出现了自主的阅读写作热。他们或用纸笔,或用电脑,写出了一篇又一篇日记、文章,其文思敏锐和吸收信息的效率,大大超出了原来的预期,其语文能力与传统教学下的三四年级相当。数学学科也是这样,老师们用整体感悟的学习取代了过去琐碎的学习,学生以极大的兴趣投入学习。在分组讨论、活动和游戏中学得比在原来的教学方式下更主动、更出色。老师们惊叹,这些孩子许多时候甚至有类似五六年级礼尚往来的那种反应能力。

　　一年级的学生就有如此强的学习能力、反应能力,让我们真切地感受到了学生身上蕴藏的无限能量。我们还有理由不相信学生吗？一个教师,没有三头六臂,更不是千手观音,而班上有四五十个学生,如果想办法把他们很好地组织起来,把他们的热情焕发出来,把他们的潜力挖掘出来,哪怕这个班级的学生基础很一般,这个班级也会成为藏龙卧虎之班,这个班的学生也会成为龙飞凤舞之生。

　　2008年我面向丹阳市教师开课,前来观摩的老师发现,我班上的学生抢着上台,神情大方,讲得头头是道。听课的教师在交流着感受,都以为这个班学生素质非常高,而且肯定经过很长时间的训练。其实不然,这个班是刚组建的一个普通化学、地理选科组合班,我接班才一个多月。

　　学生的潜能库一旦被打开,其潜能就会像滔滔江水一样涌出,生命的神奇也将不断展现,让人叹为观止。广东教科所李主任说得好,"没做过生本的老师听生本课会以为学生的表现这么好,达到如此程度是在做假,做了生本后你就会发现这一切都是真的,学生的潜能真的是无穷的。"

　　我向我的学生袁柳燕介绍了生本教学经验后,她大胆地在艺术班进行了实验。经过高二一年的实践,她的艺术班不仅学习成绩不比兄弟班级差,而且在学校的运动会等各项比赛中均能取得很好的成绩,在同事眼里艺术班不再是艺术班,变成了强化班。到了高三,班主任兼语文老师的她,觉得工作特别轻松,因为学生已经真正成为了学习的主人,他们中有竞争有合作,在校的任何时间里他们都能够自律。结果在今年高考中,她的艺术班取得了辉煌的成绩,农村三流中学基础最薄弱的学生组成的班级竟考了 42 个本科生,整个学校文化生本科达线总数也就 40 多个。

在农村三流中学,在基础很差的艺术班都能搞好生本,还有什么样的学生是不能进行生本的?正如广州市第四中学的周伟峰校长所说:"你只要认同学生是可以自己发展的,你只要认同这一点,什么样的生源、什么样的师资都可以放开手脚去搞。"广州生本名校骏景小学教务处陈天兰主任说:"教育需要给力,也需要借力。孩子的潜能无限,我们要善于挖掘。"放着潜能无限的学生我们不去开发,放着这么好的教学资源我们不去利用,那不是抱着"金饭碗"要饭吗?

有一种爱叫做放手,在生本教学中老师们要学会放手,要相信学生能行,相信学生潜能无限,让学生亲自感受、体验、分析、总结。聪明的教师引导学生走路,笨拙的教师牵着学生走路,无能的教师代替学生走路。真心希望我们的教师都能成为聪明的教师。

我认为生本教育,只要你真正去做,不管什么学段,什么学科都好做! 高中好做,高三更好做,有的老师教毕业班,盼学生快毕业,而我越到高三我越舍不得学生毕业。

3. 一门学科可以先进行生本吗?

不少老师都问道:班级的其他任课老师都不进行生本,我的一门学科可以先进行生本吗?

如果各门学科齐头并进一起进行生本实践,这会减少生本探索过程中不少的困难,会少走一些弯路。但是这并不意味着一门学科就不可以搞生本,我们照样可以生本。当然,在实施过程中可能会遇到更多的困难,可能会有同行的不理解,甚至可能会有与任课老师之间的矛盾冲突,但是这些都是可以解决的,办法总比困难多。

2005 年时我任教高三,那时在我校,生本理念还不为大众所知,我是生本道路上的独行者。当时的我也是从来不批改作业,连课都是学生在上。我经常把学生叫出教室谈心,一谈话就是老半天,并自封为"副班主任",一下课就往教室跑。当时的班主任和搭班的任课老师很不理解我的这种行为,认为我抢占了其他科目的时间,严重耽误了学生的学习时间,对我颇有微词。

然而不久之后,他们就发现我任教的班级慢慢发生了变化:学生上课积极踊跃,学习劲头空前地高涨,而且这不仅仅表现在数学一门学科上。自习课时,老师不在教室,班级里都是鸦雀无声的。每次模考,我们班总是遥遥领先,并在2006年高考中一举夺魁,令同行刮目!任课老师对我的误解早已冰释,对我的微词也早已烟消云散。

虽然其他科目并没有生本,但是通过数学课上的生本实践,学生的学习兴趣被激发出来,自主学习意识增强了,自主学习的能力提高了,其他科目也自然跟着受益。这真正验证了郭思乐教授的那句话"一科把人带上来,各个学科站起来"。因此,老师们应打消疑虑,完全可以让一门学科先生本起来。

著名生物学家赫胥黎有这样一句名言:"人生伟业的建立,不在能知,乃在能行。"在我们现实生活中,之所以很多人不能成功,关键在于缺乏执行力。既然我们认准了生本是有利于学生发展的,是自己认可的理想教育,那么就开始大胆地实践吧。尽管实践生本教育的过程会有失败、有挫折、有痛苦,但只要我们相信自己、相信学生、坚定地去实践,我们一定会走向成功。

二、如何调动

不少老师都会担心:学生十几年来一直是被动地参与课堂,现在要他们生本,学生能调动得起来吗?生本课堂里究竟该如何调动学生呢?

生本课程倡导的自主学习、合作学习、探究性学习都是以学生的积极参与为前提,没有学生的积极参与,就不可能有自主、探究、合作学习。生本课堂里究竟该如何调动学生呢?我认为要注意以下几个方面:

1. 关爱学生,构建和谐的师生关系。

教学是师生的共同活动,其中包含着情感的交流。学生往往会将对教师的尊敬和喜爱转化为对该教师所教学科的喜爱。师生关系越和谐,学生就越喜欢老师的课,学习该课程的积极性就越高,上课参与的热情就越高。反之,就会产生逆反心理,学习的积极性就无从谈起。

教师应该心中有爱,关心每个学生,公正、平等地对待每个学生,不因为学生的成绩优劣、性别、出身等的不同而产生亲疏和偏向。作为老师,要真诚地关爱学生,这表现在教师对学生的信任与尊重,相信学生有发展的潜能。教师应该用全面的、发展的眼光看待每一位学生,用欣赏的眼光去寻找他们的闪光点,用平等、仁爱之心给予每个学生同样的关怀、信任和理解。尤其是对后进生来说,他们更需要教师的爱和尊重,如果让他们感觉到教师的信任,这无疑是一种巨大的鞭策和鼓励。对于成绩表现暂时较差的学生,我一视同仁,甚至更为耐心、细心,经常课后个别给予辅导,帮助学生树立上进的信心。我想如果教师在课堂上不求全责备,对每个学生都抱着热情、信任的态度,并在教学过程中使学生感受到这种关爱,那么学生的学习主动性就会得到激发,从而产生巨大的学习动力。

真诚的关爱,还表现在能够走进学生的心灵,理解学生的内心世界,赞赏地接受学生的思想和情感,善于察觉学生在学习过程中的兴趣、需要、困难及情绪的变化,并及时给予指导和帮助。虽然我平时工作很忙,但只要我有时间就在班级与学生谈心交流。平时通过在小纸条上写心里话交流、建QQ群聊天等多种形式与学生沟通交流,及时了解他们所想所需、烦恼忧愁、身心健康等,让每个学生觉得自己在教师心中有一席之地。如果学生们经常感到老师对自己的爱、关心和尊重,便会激发出健康的情感,变得生机勃勃,学习的积极性便被调动起来了。

2. 激励学生,营造平等、宽松的氛围。

苏霍姆林斯基说过:"人的内心深处都有一种根深蒂固的需要,那就是渴望被人赏识。"学生最希望得到的就是老师的承认和鼓励,有时哪怕是老师一个赞赏的微笑、一个鼓励的眼神也会让学生激动一个星期。因此,教师要善于发现每个同学的闪光点,善于发现学生学习过程中的积极表现和点滴进步,及时赞赏,让学生在成功中增强自信,享受成功的快乐,激发起学习的兴趣。"哎哟,她用到了XX法了,不得了!""他这个水平高嘞!表示一下?""这么好的做法我为什么没想到呢?"课堂上经常响起我表扬学生的声音。当学生思考错误或者是讲解不正确时,我也绝不责怪,而是与其他同学一道帮他找出错误的原因,对他说,"错得好,只有及时发现错误,才能改正错误,防止再犯"。如果学生在学习中得到了正面肯定,那么他的内在价值就得到了外界的承认,他会感到一种自我实现的快慰,自尊心和自信心也随之增强,那么学习的积极性、主动性也会随之提高。

因此,课堂上要多激励赏识,少批评指责。而要想真正让学生调动起来,积极主动地发表自己的见解,还要给学生营造一个平等、宽松的学习氛围。

教师要转换角色,要让台给学生,从"知识的神坛"上走下来,放下身架,把学生看作与自己平等的人,把学生看作自己的学习伙伴,与学生平等地交流和探讨,允许学生提出自己独特的见解,暂缓批评,激励善待学生,创设一种"心理自由和安全"课堂教学环境。只有在这种状态下,学生才能放心大胆地思考,回答问题的准确率才高,才容易产生灵感。即使问题回答错了,也不用担心老师的责骂、同学的讥讽。

如果老师一脸严肃,甚至一脸"凶相"地进入课堂,课堂气氛必然会变得沉闷、压抑、紧张。学生怕惹着你,哪有心思听课,就更不敢发言了。如果一个人去参加追悼会的话,他会难过好几天,而参加一次婚礼,我们会高兴好几天。沉闷、压抑的课堂与殡仪馆多么类似啊,我们为什么残忍地让学生一天参加8次追悼会呢?叶澜教授指出:活跃、和谐、民主、平等、欢乐的课堂氛围是学生的潜能、创造性、积极健康的人生态度生长发展的"阳光、空气和水"。让学生在一个轻松愉快的环境中学习,学生才会有话愿说,说得透彻,有独特的见解,课堂才会活跃起来,学生的心智和心灵才能自由自在地放飞。

学生周志扬说:"在生本活跃的课堂上,大家你一言我一语都在激烈地讨论着,此时,会有哪一位同学甘愿坐在座位上默默无言呢?在自由、活跃的课堂氛中,每位同学都情不自禁地参与进来,思维一刻不停地转动着,根本不会出现开小差、发呆的情况。"

3. 创造展示机会,满足学生成就感。

机器没有动力不能开动,学生学习没有动力读不好书。而动力源于"人生四大需要——生存需要、交往需要、安全需要、自我实现的需要"。在传统教学中,老师是整个课堂的传播者和表演者,学生只能被动地接受所学知识,所以学生常常会感到枯燥、乏味,甚至厌学。而生本课堂让学生由被动参与转变为主动参与课堂,满足了学生"交往需要"和"自我实现需要",学生就有了主动学习的动力。

在我的数学课上,学生总是争先恐后地上台讲解。往往是一个学生上台讲解后,马上会有另一个学生快步上前进行补充或质疑,然后第三个、第四个学生又跑了上去。四五个学生一起站在黑板前,出现手拿教鞭你指我点的情形。学生讲到精彩之处,教室里便会爆发出雷鸣般的掌声。对学生来说,题目讲得好是极大的享受,再加上同学们的掌声感觉很满足,学生们很享受这种上台展示的感觉。

无论什么样的学生都有展示自己的内在欲望,学生们为了在课堂上充分表现自己、展示自己,在课下必须做好准备工作。学生们整天忙忙碌碌,在查找资料中享受一种忙碌的快乐,在课堂的展示中享受一种成就的乐趣。他们在课下所做的一切,都是为了在课堂上实现自己的成就感。郭教授说:"鞋子合脚,脚就会被忘记。"同样道理,当教育适合学生时,学生就忘记了自己在学习,忘记了自己在课堂上,不再把学习当做一件枯燥的事情,而是把学习当做一种乐趣。

学生是学习活动的主体,教师应该把学习的主动权交给学生,为学生搭建交流的平台,多给学生展示自我的机会,让学生在自主探究、合作交流中体会学习的成就感。

4. 运用学科魅力,激发学生兴趣。

爱因斯坦说过:"兴趣是最好的老师。"乌申斯基说过:"没有丝毫兴趣的强制学习,将会扼杀学生探索真理的欲望,兴趣是学习的主要动力。"数学是一门比较抽象的学科,如何激发学生学习的兴趣,是数学教师在教学过程中比较头疼的问题。我认为在数学课堂教学中老师要力求形式新颖,寓教于乐,创设一定的情境,增强学生学习数学的兴趣。教师要善于把数学知识具体化、形象化、趣味化,让学生想听课,自觉主动地参与到课堂中。

郭思乐教授说,刚推行生本教育时,通过激励性评价引导学生形成习惯是必要的,不过这些评价日后要慢慢减少。大家要靠内容、问题本身激发学生学习的兴趣、动力。我上课时注重运用学科魅力,激发学生兴趣。我擅于把数学语言转化为通俗易懂的生活语言,把生硬的数学公式赋予时代的流行色。函数被我叫做"男人女人故事",数列递推问题被我叫做"退一步海阔天空法",恒成立问题被我叫做"走极端",线面平行判定定理被我叫做"里应外合",线面平行线线平行被我叫做"顺其自然",异面直线问题被我叫做"取点推线,相交则灵",几十个诱导公式被我总结成一句口诀:"符号看象限,横不变竖变",数学归纳法被我叫做"骨牌效应",讲不等式请来伟人毛泽东、江泽民、邓小平帮忙。用代名词代替枯燥的数学公式,学生易记易背,过耳不忘。用幽默激活了课堂,在我的课堂里掌声多,笑声更多。

5. 实行小组捆绑,荣辱与共。

生本课堂注重学习小组的相互交流、合作探讨,学习小组是生本教学中重要的一环,可以说没有小组就没有生本。小组上连班级,下接个体,学生的个体学习,可以通过小组的活动得到表现,得到肯定或修正。因此我们在调动学生时,一定要借助学习小组的力量。

在我的课堂上,小组讨论采取的是捆绑制度,小队成员的平均成绩就是每个学生的平时成绩。应该会的基础题(这个问题实际上由统计小队提供的错得较多的问题或者是体现重要的方法或必须掌握的数学思想的题目),上课抽签决定某小队的某位同学回答,讲对了他会像英雄一样凯旋,讲错了整个小队扣分。当学生讲错了他会觉得相当歉意,好像自己是千古罪人,其他队员也会抱怨他你刚才讨论的时候为什么不问呢?一人不会小队整体扣分,通过强化团体意识,促使他们每个人把每个问题都思考讨论透彻,这样也保证了学生人人参与课堂,专心投入课堂。

小组捆绑制度使小队里的每一个成员都意识到学习并不是一个人的事,而是关系到了小队的集体荣誉。同一队的人,互相帮助,共同努力,学生们意识到帮助了小队里的其他成员也终将惠及自己,自己的落后必将导致小队的落后,组员们觉得自己学不好对不起其他队员,以无形的他律代替自律。所以学生们每天都在想着把事情做好,争取多加分为队里作贡献。

实行小组捆绑,组内成员荣辱与共,极大地调动了学生的学习积极性,他们用极度的热情、高度的责任全力以赴、自发地投入学习,为学习小组争得荣誉。

三、进度问题

很多老师问我:实行生本教学会不会影响教学进度?

进度问题是很多老师担心的一个问题,也越来越成为一线教师的压力。特别是实行课改以后,江苏省又实施"五严"规定,取消了双休日补课,学科课时少了,老师们总是担心搞生本教学会影响教学进度。

在一次生本交流会上,一位小学一年级语文教师向我倾诉了她的困惑。听了生本培训班的讲座之后,她立刻热情高涨,一开学就开始了生本教学实践。一个星期下来,她只教完了一篇课文。当学生在讲台上结结巴巴地发言时,她心里无比地着急,她在旁边焦急地看着墙上挂钟的指针伴随着她的心跳声咔喳咔喳地走过,感觉比割了她的肉还要疼。她看看教学的进度实在是推不动了,就把台上的学生请下去,然后自己滔滔不绝地讲完,又回到老路上来。下课了,她长长地舒了一口气,终于把进度完成了,总算给自己一个完整的交待。事实上,学习绝对不是看老师讲多少,要看学生得多少,讲完只是我们老师的"自我安慰"。"学习金字塔理论"就充分说明了这点。

在进行生本教学时,不少老师都过有类似的经历。在实施生本教学的初期阶段,因为部分学生缺乏兴趣,自学能力不强,不懂得如何进行生本模式下的学习,所以,可能会影响课堂教学的进度,会多花些时间,这是正常的。但是,只要经过一段时间的培训、指导,随着"生本教学"的深入推进,学生的自主意识会不断增强,自学能力会不断提高,想学、能学、会学,教学进度会逐渐加快,教学效率会逐渐提高。其实只要把学习能力培养起来了,能力有多高,进度就有多快。我们需要把目光放长远些,实施生本教学进度不是慢,而是有效地快。先慢后快,越来越快。

1. 为何老受教学进度的制约?

在实施生本教学的初期阶段,教师受教学进度的制约,总是放不开,其实仍是受师本思想的影响,心中总有个计划,总计划着一个模块应该用几个课时上完,每个课时各时段要让学生进行哪些学习活动,完成哪些学习任务。当教学进度慢、课堂内容不能按时完成时,老师们总觉得不讲不放心,讲完才踏实,很多老师就抛开生本模式,又回到了师本的老路上,实行满堂灌,讲得自己心烦,可学生还是不会,这其实都是师本的影响太深。

课堂讨论是进行生本教育的主要形式。如果教师在教学中受进度的牵制,粗暴截断学生兴趣盎然的讨论,就是对学生的成长资源的掠夺,就无法激扬生命反而是抑制生命。教师教学中如果依旧把"进度"二字悬在眼前,很容易就忽视了后进生原有的学习基础和能力。教师一味地赶进度,就不能给后进生充分的时间学习,他们就完成不了学习任务,就会使得后进生在学习中处于滞后的状态,学习就会成为他们每天的负担。渐渐地与其他同学之间的距离越拉越大,使他们对学习越来越没有信心,对学习的热情一天天地削减,他们自然而然地就走向差生的行列了。这就违背了生本教育的一切为了学生、高度尊重学生的原则,这样的生本课堂不过徒有虚名罢了。

2. 教学进度=教学效果?(如果学生都不会,还要进度干什么?)

教师把预设的内容讲完了,把设定的进度完成了,是不是教学效果就好呢?教师为了赶进度,实行大包干,又回到满堂灌的老路上,一节课确实能讲很多内容,但不少学生听得似懂非懂,有的学生甚至连题目还没理解就已讲完一大半。学生回答老师的问题多数是顺着老师的意思连蒙带猜。这种快进度,其实只是教师自己讲得快,而学生掌握知识的效果未必好。每次考试后,经常能听到教师这样批评学生:这道题不是讲过了吗?怎么还记不得?那道题不是与我们上回讲的某个例题类似吗?你们怎么还不会做?讲完了=听懂了?讲完了=学

第四章 问题在哪里

懂了？讲完了＝学会了？殊不知，每道题、每个知识点都是匆匆而过，学生走马观花，印象不深，一讲就懂，一做就错，又何谈举一反三、触类旁通？我们的老师要克服教多学少的情结，不要再盲目地认为教了就会了，忽视了"教"和"会了"之间有一个永恒的中介，那就是学。生本教育理念坚持"以学生为本"，提倡"以学定教"，如果学生都不会，要这样的进度有何意义？

用一种思路做十道题，不如一道题找出十种思路。揪住一个知识点"无限"放大，四处出击，形成上挂下联、左顾右盼。在我的课堂上，等学生的各种做法讲完后，我一般先是肯定他们思考的价值，再引导学生比较几种做法的优劣，学生相互质疑，一问一答，我也作为其中一员参与质疑、讨论，直到把题目彻底弄懂、弄通。在这个过程中，我会和学生边讨论、边反思、边补充、边总结，弄懂哪一种是通法通解，哪种做法比较巧妙，此类题目如何寻找突破口，为什么要这样做。这类题型可以从哪几种思路上去考虑，提醒学生意识到此题可能会在哪个位置上出错，层层提高，不断升华。看似一道题目浪费了很多时间，延缓了进度，实质上学生通过这一道题目的讲解学到的是很多题的知识，得到了方法指导和思维提升，培养了学生的学习能力，比做很多道题目取得的效果都要好。如果刀磨快了，砍柴的速度不就更快了吗？

在我的数学课上，对重点题型或错得较多的题目，我完全可以让做对的同学上去解说，这样教学进度快些。而我不这样做，我会先让做错的学生在多媒体上展示自己的做法，暴露典型性的错误，然后让学生开展讨论，探究错误的原因，进而共同寻找解题思路。出现了问题，学生眼睛是雪亮的，肯定能找出错误的原因。通过这样自觉主动的学习，学生肯定能把问题彻底学懂、学通，并且会铭记在心，其他同学也引以为戒，防止再犯同样错误。那种"一讲就懂，一做就错"的现象再也不会出现。

这样的处理看似浪费时间，拖延教学进度，但学生的印象极为深刻，有效防止了错误再犯，学生对这种做法也是情有独钟。如学生张丽丽在给我的心里话里写道：

"两个月的学习已过去了，对于数学的生本教育已不再害怕，上课总有一股想往上冲的欲望,即使自己错了,还是想上台展示自己,通过上台将自己的错误展示出来,不仅能解决自己的难题,还能得到新的解题方法,把不懂的通过上台讲解弄懂,心中就会有一种满足感,这样的学习还会觉得苦吗?"

况且教学进度慢,不一定代表教学效果就不好。我们衡量一节课的好坏不是看老师讲了多少,而是看学生接受掌握了多少。一个搞生本实验的物理老师说,生本班的进度比另外两个班级慢两张试卷,但考试的成绩却明显高于另外两个班。后来他用成绩差的班做生本班,同样发现教学进度慢了,但成绩却明显提高了。这就告诉我们老师讲得快、老师讲得多不等于学生学得快、会得多。学习是学生自己的事,学生才是学习的主人。我常跟学生讲,真正决定高考成败的关键是身为"运动员"的学生,而不是担当"教练员"的教师,毕竟第一个看到高考卷子的是学生,高考是学生在考,问题还要靠他们自己去解决。如果学生都不会,你要进度干什么?

3. 教学进度不是慢,而是有效地快。

刘良华教授说:知识本身不重要,只要获得了学习能力,什么知识都能获得。学生的学习能力提高了,好多问题都可以学生自己讨论解决,老师讲的就少了,只用讲在关键处。我的数学课堂,对简单题、错误率少的题,迅速解决(5个人以下不讲);对重点题型或学生错得多的题目,教师引导和组织学生进行课堂讨论。现在一张试卷我基本没什么可讲。

以高三复习课为例,第一轮复习"先学研究"讲义的编制,做到:基点自求化,即知识点学生自己疏理;重点问题化,即形成问题串,由浅入深;难点分层化,即自由选择。学生通过先学已经解决了70%的问题,小组讨论又可解决20%的问题,真正要课堂讨论的只占到10%,而且知识点的复习"采用PK式教学法",上课时相互捕捉漏洞,有趣、省时、高效。讲题时讲在关键处,师生共同完成。

如果到后面二轮复习,讨论模拟试卷,前面共14小题一般有10题学生可以自行解决,大题共6题,前面4题完全都可由学生自行解决,课堂讨论的小题一般有4题,大题共2题,针对我们的学生有时最后一小题、最后两大题的最后两小题大部分同学恐怕连题目也读不懂,也可放弃,那是留给清华、北大的学生做的。课堂真正要集中讨论的就是3个填空题,两个大题的前面两小问,时间足够,进度怎么可能慢。

有的老师担心最难的最后一题最后一小问不讲不会,事实上我认为讲了也是白讲,即使有极少数学生做出来,也不是老师讲出来的,而是靠他自己悟出来的。所以我们一定要解放思想。我觉得生本课新授课、复习课都好上,而且越到后面越好上,学生能力强,需讨论的问题少,用的时间也越来越少,越往后学习应该是越轻松,进度越快。

所以说实施生本教学进度不是慢,而是有效地快。学生学习能力强、学习效率高,老师可以少讲很多试卷,教学进度是先慢后快,越来越快。

4. 教师的"教"要灵活,以学生的进度为进度。

生本教育理念认为"一节课的内容不一定要限于当节课完成","今天的功课不一定要今天做"。郭思乐教授说:我们的教育教学以学生的起点为起点,以学生的进度为进度,以学生的状态为状态,以学生的发展为发展。生本教育不讲"进度",只要"目标",人人学会才是目标。

教师在生本教学时,尤其是在实施生本教学的初期,应该重学生能力的培养而轻教学进度。生本课堂关注学生弱势群体,从最后一名学生做起,人人成功才谓成功,大家好才是真的好。教师要着眼于培养每一位学生,尤其是后进生的学习兴趣,在课堂上应该给后进生充分的时间完成学习任务,让他们感到"轻松"以激发其兴趣;应该给后进生更多的鼓励,让他们感受到成功的快乐,引发其学习的内驱力。经过一段时间的培训,只要能力培养起来了,能力有多高进度就有多快。

生本教育提倡"以学定教",这要求教师在教学过程中根据学生学习的实际情况,适时调整自己的计划、进度,学生不容易理解的内容,可以把教学内容放慢点,多安排些时间给学生,真正做到"以学生为本",保持每位学生学习的积极性与主动性。如果我们在教学中总是被制定的计划、进度所牵制,不因学生的实际情况随机应变,那么我们无形之中又走回了师本的老路,又在牵着学生走,最终导致的结果是学生厌学,教学效果差。

四、成绩问题

生本课堂上学生积极踊跃,但是老师们总担心,热闹课堂的背后,教学效果怎么样?实施生本教学成绩好不好?

1. 成绩没有我们想象的重要。

生本教育的理论说得固然很好,学生课堂上的反应也很活跃,但成绩问题始终是家长最关心的,也是老师最担心的一个问题。可成绩真的有那么重要么?只要我们真正关注了孩子一生的发展,这些就显得不太重要了。

"考考考老师的法宝,分分分学生的命根",在很多老师和家长眼里,成绩是衡量一个学生好差的主要标准,甚至成了评价学生的唯一标准。我不以为然。每年高考成绩揭晓后,高考状元成为整个社会关注的"宠儿"。与古代"寒窗苦读十年,一朝金榜题名"的科举状元相比,高考状元的荣耀与光辉毫不逊色。然而集万千宠爱于一身的高考状元,在今后人生道路的发展中并没有我们想象的那么出色。2009年出炉的一份调查报告称,"大部分高考状元职业发展的实际情况与社会期望相差甚远,他们当中大多数没能成为各行业的'顶尖人才'。"高考状元的例子告诉我们,分数的领先并不一定带来人生的成功,成绩高并不一定就是人才。

反观世界上一些著名的成功人士的成绩:发明家爱迪生读小学时,他的成绩经常在班级倒数第一;而大科学家牛顿小时候曾因成绩不好被勒令退学;现代物理学巨匠爱因斯坦小时候学习成绩也是很差;我国著名的数学家华罗庚上学时很淘气,多门功课不及格;微软公司创始人比尔·盖茨在哈佛大学求学时经常旷课去编程、玩牌,学习成绩很不稳定。虽然这些人在校时的成绩很不理想,但这并没有阻碍他们成功的脚步,可见,成绩远远没有我们想象的那么重要。

教育的目的是促进学生的发展与成长,衡量教学成败的重要标准是学生的发展情况,而不仅仅是唯一的考试成绩。高考成功是高中教学的首要目标,但绝不是唯一的目标。学生来学校,不仅仅是为了获得知识,更重要的是综合能力得到培养,学生得到发展。作为教师,我们既要对学生的成绩负责,更要对学生的终生发展负责。我们不应把成绩看做衡量人才的唯一尺子,应该超越中考、高考,为学生的终身发展负责。

2. 学生在终端考试中成为"必胜客"。

作为一线教师担心学生的成绩也是正常的,可以理解的。刚接触生本时,我们的老师总害怕学生基础不扎实,害怕考试考不好。其实成绩问题绝对不用担心,生本教育学生成长在前、成绩在后,素质高,能力强,何愁考?广州市元河区教研员的一段话令人揣摩和回味:"搞生本教育根本目的不是让学生成绩好,而是让学生素质高,考试成绩好是生本教育的附属品!"生本教育下的学生负担轻,效率高,学生高度自主,积极探索,成绩好是学生自由成长、快乐学习的必然结果。

生本教育不仅使学生生动活泼地成长,培养了学生的全面素质,而且使学生在中考、高考等终端考试中成为"必胜客"。不管是跟班还是后接班,我所带班级的数学成绩,一直比平行班高出十几分,在终端考试中也取得了理想的成绩。我们仅是一个代表,全国多所生本实验学校,生本实践涵盖了从小学、初中到高中各个学段、各门学科,几乎所有的生本实验学校都在终端考试中取得了比原来好很多的成绩。

一些教师迈不开生本的步子可能是考试惹的祸,而事实证明,生本教学是经得起"考"验的教学方法,生本教育是一种既符合素质教育理念,又能取得理想成绩的创新教学模式。

实施生本教学有一个过程,不能急于求成,终端考得好才是真的好。教学质量往往有它的滞后性,可能刚进行生本教学的一段时间里教学效果不理想,我们的老师和学校要有静待花开的耐心。就像烧饭不能老打开锅看一样,我们要学蒸馒头,要有等的耐心。同时学校应努力营造宽松的评价教师机制,对生本教学的评价,应注重过程性评价与终结性评价相结合,给生本教学一个宽容与等待的过程,否则教师带着镣铐跳舞难有成效。

3. 成绩与能力相得益彰。

人力资源理论认为:在人的一生中,从小到大学到的知识所起作用不到

5%,能力和素养才是终身受用的。能力可以让学生终身受益,这远比教会他们知识更重要。生本教学,极大地调动了学生的主动性和创造性,培养出的学生,不仅成绩优,而且口才好、能力强。与非生本的学生相比,我任教的生本班的学生在演讲比赛、歌咏比赛、羽毛球比赛、文艺晚会等各类活动中不仅表现出强烈的集体意识,而且表现出较强的组织、合作、创新能力。学生的家长在家长意见调查表中也反映,自家孩子在自信心方面和自学、表达、思维、合作等能力方面都得到了一定的提升。

班长李俊在新疆班举行的辩论赛中的精彩发言赢得了掌声阵阵和粉丝无数,高一分班后,我任教的生本班的学生分到别的班级当班干部的非常多。中考、高考成绩仅是生本教育的副产品,学生获取的不仅仅是知识、成绩,更是成长、成才。学生在生本教学过程中,也感受到了自身能力的提升。学生扬志写道:

> 慢慢地接触并融入生本教学,我开始发现这也真的是一种对学生发展非常有利的教学模式。首先它锻炼了学生的能力,包括口头表达能力、应变能力、合作能力和领导能力,上课时自己上讲台讲题,需要我们在理解题目的基础上把自己的知识清楚完整地表达出来,面对讲解过程中同学或老师突然的发问,需要我们及时开动脑筋,迅速作出反应,而小组与小组之间的竞争,小组内部的分工合作,需要每一位同学参与管理和合作。这些我们原来并不具备或比较弱势的能力,在生本教学的模式下都得到了充分的发展和锻炼。

4. 学生变"怕考"为"敢考"。

"师本"课堂,学生成天被动听课,接受"满堂灌",不会主动学习,缺乏解决问题的能力,做了几千道题对付不了20几道考试题,学得很辛苦,却不能取得理想的成绩,考试是学生很害怕、很厌烦的事情,有些学生一听到考试就紧张,甚至发抖、内分秘失调、发烧……

而实行生本教学以后,学生主动对学到的知识进行归纳、总结,体悟其中蕴含的数学思想,对试题进行分析、研究,从中得到了巨大的乐趣。成绩提高了便有了成就感,体会到了学习的幸福。学生不再畏惧考试,反而便有了开始期待

考试的到来,期待自己的学习得到证明和肯定,并对考试充满信心。下面是高二分班一个月后,学生杨煜写给我的心里话:

> 到现在,生本已和我们的学习紧密相连了,各门学科都不同程度地生本教学,更多自主思考的空间,给了我们考场上更大的发挥空间,考试成了检验自我的工具,不禁令人期待,期待自己的成绩能够被肯定。
>
> 老荆说过,高考是学生在考,不是老师,只有靠自己思考,老师不能再教。的确生本是一个长期的过程,当中有些小磕绊很正常,但终极目标是高考,有了能力,还怕不能在考场上游刃有余?

生本教学是学生成长在前、成绩在后。素质好,何愁考?成绩好是自由成长、快乐学习的必然结果。因此,对生本教学,我们应当充满信心,老师们,赶紧迈开生本的大步向前进吧!

五、评价问题

1. 生本教育无差生。

我经常听到有的老师说最令他们头痛的就是班上的几个差生,他们很奇怪"荆老师你怎么总是不遗余力地表扬学生,难道你的班上没有差生?"

苏霍姆林斯基认为"相当一部分'差生'是教育造成的"。王金战老师说过,当一个学生反复遭遇失败的打击,他就变成了差生,没有一个学生生下来就注定是差生。让一个差生变好,就是反其道而行之,让他反复享受到成功的喜悦,这个学生就会慢慢地变好了。对学生评价的好坏,是导致学生差异的开始。天生没有差生,只有有差异的学生。大自然不会因为花不如树实用、草不如树高大就冷落了花草。作为教育者,应该拥有宽广的胸怀,去爱自己的每一个学生,尊重学生的差异,要尽可能多地去寻找学生的闪光点,而不是只看到学生的缺点和不足。

郭思乐教授曾说:"生本教育实验班里只有慢生,没有差生。"我非常认同这句话。孩子们的生命正在不断地发展当中,每个孩子都有自己的发展潜力,都有进步的机会,教师怎能给他们扣上"差生"的帽子,扼杀他们的潜能呢?在生本教育下,学生学习积极主动,参与课堂的热情很高,学习状态都特别好。可能学生的认知水平有差异,学习的能力有高低,但是每个人都在学习,每个人都在成长,无差生可言。

睡觉大王刘正阳从读书起一直上课睡觉,家长对他也不抱希望,可是来到生本班几天后我发现他不睡了,就问他为什么,他说"看到别的同学都上台讲,我也想上台讲"。我就趁机鼓励他:"你现在能战胜睡魔想上台发言已经是很大的进步了,如果你能坚持下来,学习上肯定会有很大的起色。"从此这位同学逐步对学习有了兴趣,上课投入专注,积极发言,学习成绩也不断上升。最后高考数学考了126分,距离本二线差一分,最终上了一个很好的大专,家长很满足。睡的时间实在太长了,如果早一点接触生本教育,他一定能考取一个更好的学校。郭教授告诉我说:"道理就是人人都想做老板。"

生本教育能激发出学生的内在求知欲,能让他们从心底升腾出一种奋进的力量,让那些曾经落后甚至被奚落的学生,华丽转身为优秀的学生,睡觉大王刘正阳的转变生动地说明了生本教育无差生。

作为教育者,我们要以发展的眼光去评价学生,无论学生的现状何等不理想,离教育目标有多远,教师都应该不抛弃不放弃,应该通过评价加以肯定,鼓励学生不断进步,不断发展。当学生在老师的肯定声中建立了自信,体验到了成功的快乐,享受到了学习的乐趣,就会由"乐学"到"会学",最后到"善学",哪里还会有差生存在呢?

2. 评价的尺子,成功的梯子。

美国哈佛大学发展心理学教授加德纳的"多元智能理论"认为,每个人至少存在8种智能,但由于遗传与环境因素的差异,每个人在各种智能的发展程度上有所不同。既然每个人在各种智能的发展程度上有所不同,那么怎能用一把"尺子"去衡量所有的学生?难怪有人说,很多所谓"差生"是由于我们的评价标准单一而"制造"出来的。多元智能理论为我们评价学生提供了多元视角,多一把评价的尺子,就多一个成功的学生,在教育教学中,我们需要关注每一位学生,让每一位学生都能体会到成功的快乐;我们要用欣赏的眼光去看待每一位学生,要尽力去寻找他们的闪光点。

每位学生都希望得到老师和同学的赞赏,特别是学习成绩较差的同学,对激励的渴望更甚。我在班级里设置了多种奖项如最佳合作小队、进步最大小队、最佳小队长、工作负责奖、展示风采奖、最具潜力奖等。获奖面尽量大,基本学期末每个人都有奖状,连成绩最差人也有奖——最具潜力奖,他读书以来从未得过奖状,过年贴在家里光荣,家长、亲戚朋友们看了都高兴,其实自己心里清楚这个奖下次再也不拿了。学生在这样浓郁的激励性评价氛围中,个性张扬,活力迸发,他们感受到的是成功的喜悦。

在我的课堂上,只要学生做得好、讲得对,我就真诚地给予表扬和鼓励。学生成就感得到极大的满足,学习的兴趣更浓。良性循环,肯定会做得更好。当学生思考错误或者是讲解不正确时,我也绝不责怪,而是与其他同学一道帮他找出错误的原因,对他说:"错得好,只有及时发现错误,才能改正错误,防止再犯。""人非圣贤,孰能无过?"学习心理学认为"学习也是学生不断尝试错误的过程"。教学过程本身就是不断发现问题、解决问题的过程,我们关注的是学生从发现问题到解决问题过程中的收获与生成,所以我们应该允许学生在学习过程中出错,鼓励他们大胆说出自己的想法,哪怕学生犯错了也可以表扬。

学生刘煜原来学习不主动,做作业拖拖拉拉,但他上台展示非常积极,我找他谈话:"你上课表现非常积极,值得大家学习,如果做作业也能像上课时那样积极的话,你就更优秀、更完美了。"听到我对他上课的积极表现加以赞赏,他惭愧地低下了头,渐渐改掉了拖拉的毛病,学习劲头也足了,学习突飞猛进,由老磨变成了劳模,小队长唐雨感慨道"火星撞地球了"。如果老师只盯着学生的缺点看,那么学生自然把自己定位为差生,他们只能自暴自弃,越来越差。如果我们多寻找学生的闪光点,给学生多些鼓励,多些成长的机会,那么,我们将会有欣喜的发现。

在教育教学中,我们习惯于"用一把尺子量不同的孩子",所以总会有"不够长"的孩子,为什么我们不能多一把尺子来衡量学生?多一把尺子,就多一种成功;多一种标准,就多一批人才。如果我们利用好评价的尺子,就为学生搭好了成功的梯子。

附:生本课堂教学评价表　评价人:_____

教师姓名		课题		班级		日期	
评价项目	评　价　要　点					权重	等级
目标与内容	1. 教学目标体现教学内容的育人功能,突出过程性目标,关注学生的全面发展。5分 2. 教学目标符合学生实际,充分发挥目标的导向、激励、调控等功能。5分 3. 以教材为基本线索,合理开发课程资源,设计具有可行性、科学性、挑战性的前置性作业。10分					20	
过程与方法	1. (1) 课堂教学程序安排恰当,环节过渡自然,发挥课堂教学结构的整体功能。5分 　　(2) 注重知识的内在联系,内容呈现方式有利于学生自主学习。10分 2. (1) 教师以合作者、引导者、组织者的角色投入教学活动,突出对学生学习方法的指导。5分 　　(2) 科学安排课堂练习,练习内容既有现实性、挑战性,又可接受性。5分 　　(3) 练习的形式和要求具有开放性。5分 　　(4) 教学方式灵活、恰当,注重小组合作。5分 　　(5) 关注每个学生的发展,尊重学生对问题的不同理解。5分 3. (1) 学生交流时充满自信,学习兴趣浓厚,积极主动地投入到交流活动中去。10分 　　(2) 学生能选用合理的、多样化的学习方式学习,并把独立思考与合作交流有机结合。10分 4. 师生之间,学生之间,小组之间能积极评价学习过程,激发学生的主体意识,使学生获得成功体验。5分					65	

续表

评价项目	评价要点	权重	等级
教学效果	1. 全面落实预定教学目标,学生切实经历知识的形成过程,并形成相应的技能和能力,获得积极的情感体验。5分 2. 学生思维活跃,学得轻松愉快,全体学生得到良好发展。5分	10	
课堂特色	课堂在某些方面有突出的特色(如教师灵活的教学机智、学生敏锐的思维、恰如其分的评价等)。	5	
综合评价结果		100	

六、发展问题

有些老师担心实行生本会不会基础差的学生更差？会不会阻碍基础好的学生的进一步发展？

1. 基础差的学生发展。

实行生本会不会使基础差的学生更差？学生抢着上台展示,怎么保证基础差的学生的上台机会？

在生本活跃的课堂上,学生们总是争先恐后地上台讲解。往往是一个学生上台讲解后,马上会有另一个学生快步上前进行补充或质疑,然后第三个、第四个学生又跑了上去。看着同学们争先恐后地上台讲解,会有哪一位同学甘愿坐在座位上默默无言呢？连基础差的学生也不甘落后,也想上台表现一番。

原来性格内向、成绩最差的张一鸣,到了生本班以后上课也变得积极起来,每天都想上台讲题。可见无论什么样的学生都有展示自己的内在欲望。学生们为了在课堂上充分表现自己、展示自己,就会在课下做大量的准备工作,把题目真正弄懂,而不是只满足于做对。对基础差、学习上暂时落后的学生而言,为了在课堂上展示自己的风采,他们需要投入更多的精力到学习中去,他们的求知欲会更浓,不再是师本教学下的老师逼着学,而是转变为自己要学。生本教学使基础差的学生也想学、乐学,也想方设法地提高自己的成绩。

在生本课堂里,学生的展示欲望促使他们想学,我还利用小组捆绑考核,监督他们不得不学,消除暂差生懒惰的情绪。应该会的基础题,上课抽签决定某小队的某位同学回答,讲错了整个小队扣分。当学生讲错了,其他队员会抱怨他刚才讨论的时候为什么不问,他自己也会觉得相当歉意,觉得对不起其他队员。他会更加努力地投入到学习中去,在以后的讨论中也会更积极。一个人不会做小队就整体扣分,促使学生注重小队合作,促使每个人把每个问题都思考讨论透彻,这样也保证了学生人人参与课堂,暂差生也能专心投入课堂。

王红伟曾是我班成绩较差的学生,可是期末考试数学竟考了154分。调皮捣蛋的蒋小斌同学从年级800名进步到年级第17名。在农村三流中学的艺术班实行生本后,学生们不再打架斗殴,而是专心于学习,他们有竞争有合作,在校的任何时间里他们都能够自律。一个班45人,竟考了42个本科生。事实证明,实行生本教育后基础差的学生不是变差了,而是变好了。学生许小宁说:"这是我上学以来第一次感受到课还可以这样上,我的数学一直不好。自从遇上了荆老师,我的数学有了明显的进步,我们班的数学整体水平也得到了提高,我非常感谢老师。"

有的老师问我"学生们抢着上台展示,可是机会是有限的,怎么保证基础差的学生也有上台的机会?"我实行"弱势群体"照顾,让基础差、学习上暂时落后的学生先上台展示,让他们享受优先发言权,保护他们学习的积极性。我上课时先讲挑战题,后查整体题,最后讲自选题。整体题难度较低,是学生通过课前自主学习和小组讨论就能解决的问题。整体题的讲解主要由基础一般的学生和暂差生完成,这在一定程度上又保证了暂差生的上台机会。

可能有的老师会说,如果有些学生基础差,胆子也特别小,就是不肯上台怎么办?除了在主观上利用内在的展示欲激发他们上台,还要在客观上实行一些措施来督促学生上台。两周内要求小队成员必须每人都上台展示,否则扣小队考核分。

2. 基础好的学生发展。

基础好的学生已经会了,实行生本会不会阻碍他们的进一步发展?

什么叫会？是不是题目会做就叫会？题目会做并不一定代表把问题彻底弄懂了。我们不能满足于把题目做对了就行，还要让学生明白这个题目体现了哪种数学思想，还可以从哪几种思路解题，自己的解题方法是不是最好的。要让学生做到一题多解，寻找到最佳方法，把知识点真正地贯通起来，要通过做一道题彻底弄懂这一类型的题。而不是这题会做了，换个类似题型就不会，一遇到题目就觉得很茫然，不知道如何下手。要让学生从表面的会变为真正地弄懂、弄透，要让学生的解题能力得到提升。

在生本课堂里基础好的学生依然有施展才华和发展的空间。俗话说，自己说一遍胜过别人教十遍，小队讨论时，通过教会那些不懂的同学，基础好的学生解题思路更加清晰，对问题的认识更加深刻。以前可能只是知其然，通过当"小老师"还知其所以然，再遇到类似的问题他们就能轻松解决。而且那些小队讨论后仍不能解决的问题作为挑战题在课堂出现，这些疑难问题主要是由优等生解决。能解决那些富有挑战性的难题使得优等生非常有成就感，获得了心理上的巨大满足。在错题回查的时候，我要求学生根据先学研究讲义或小练习上的题当场出题，对于那些学有余力的优秀生而言，这也是个非常有挑战和吸引力的工作。要想出好题，就得真正弄懂题目，这对学生来讲又是一次锻炼和提升，而且往往是学生出的题目比老师出的还好，听到老师赞美他题出得好，学生觉得特别的自豪，体验到了成功的快乐，享受到了学习的乐趣，在赞赏声中变得更加自信，在学习上也会投入更大的热情。

在生本课堂里优等生得到了更大的发展，这不仅仅体现在学习能力的提升上，还体现在综合能力的培养上。学生来学校，不仅仅是为了获得知识，更重要的是综合能力得到培养，学生得到发展。在生本课堂里，不仅学生的解题能力得到提升，学习成绩取得进步，学生的组织、合作、创新等能力也得到了培养。高一分班后，我任教的生本班的学生分到别的班级当班干部的特别多。学生司马文浩还在大学里担任了学生会主席，他给我发来短信说"生本教育锻炼了我的胆识，培养了我的组织能力和创新能力，在大学校园里我如鱼得水，学生会的工作开展得很好，我的工作能力得到了老师和同学们的一致认可，这都得益于荆老师的生本教学,荆老师我深深的感谢您!"

学生李栋感慨道:"我们的课堂是真正体现'生本教育'的课堂,充分调动学生自主学习能力和组织能力,不仅使学生在学习成绩上,更在全方位综合素质上得到提升,这是一个学生自我展现的课堂,有热烈的讨论,细致的讲解,独到的点评,能够及时进行疑惑的答辩,并且在质疑过程中得到自我提升。"

实行生本教育只会让基础好的学生得到更加全面的发展,变得更加优秀。

第二节 做生本要注意几个问题

在生本实践的道路上,我虽然取得了一些成绩,但并不能算是成功。我只是一个"幸运儿",其实有许多老师也在实践,只是他们失败了。细究起来,他们的失败就在于"四假":假相信,假实践,假提高,假受益。我也只是一个普普通通的教师,在实践生本的道路上也有过失败和困惑,但是失败促使我更加奋进,困惑促使我继续反思。一路走来,我总结了自己在生本的过程中所遇到的几个关键问题,在此提醒大家,以免走入生本的"误区"。

一、前置设置不妥

错误案例:我在一所中学调研中就曾看到过一张内容丰富的前置性作业单,8K纸的正反面印满了习题,不要说做题目,就是看也得看好长时间,学生一见就会生厌,哪来前置学习的兴致?

这就是典型的忽视前置性学习指导。他的前置性作业内容太繁杂。前置性学习表现方式大多以做题为主,因而这位教师将前置性学习当成作业纸,安排了大量的习题,且题型多样、内容繁杂。当然,忽视前置性学习指导还有其他的一些表现,如:

一是在前置性学习上设置了统一的学习目标和要求,学习内容也完全相同;二是过于占用学生的课余时间。课前让学生完成很多相关的前置性作业;

三是将前置性学习等同于传统的预习,没有进行科学设计,学习目标不明确,重点不突出,以机械做题为主;四是对前置性学习过程的评价欠缺。

我的分析:

什么是前置性学习?

前置性学习,又称为前置性小研究或前置性作业,是生本教育理念的一个重要表现形式。它指的是教师向学生讲授新课内容之前,让学生先根据自己的知识水平和生活经验所进行的尝试性学习。

它在传统的预习的基础上,拓展了内容,更具科学性和趣味性。学生通过先做后学,对新知识有了初步感受和浅层理解,从而更有目的性地进行课堂的学习,提升课堂教学的有效性。它属于备学的一部分。

1. 总体要求:内容是多元的,形式是多样的,操作是简便的,评价是及时的。

2. 注意四个细节:

(1)任务要细化 (2)要求要明确 (3)给学生较充足的时间 (4)收缴、评价要及时。

3. 紧扣五个要点:

紧贴话题或学习课文的内容;形式,方式多样化;可操作性强;要求要明确详尽;符合学生的学习水平和能力。

4. 体现一个根本——有效性:

什么样的前置性作业是有效的?

(1)能够为课堂学习打下一定的基础,培养学生自主学习能力和良好的学习习惯;

(2)能够让学生初步了解学习内容,便于从整体上把握新知识,使课堂教学起到事半功倍的效果;

(3)能够让学生学习更多的课外知识内容,拓展视野,增长知识;

(4)能够给予学生更多自主学习的空间,课外的充分研究可以让课堂内容更丰富,课内的学习更具深入,课内的交流更具宽泛。

（5）能够把课堂还给学生，学生更有成就感，更加乐学。

我的做法：

设计前置学习：（独立思考——自学）

老师提前布置学习内容，学生根据教材选好参考资料，先学研究，自己先自学。一定要让学生先独立思考，刚开始老师要指导学生如何先学。书是最好的老师，先把书看懂，再尽力想办法解决自学中遇到的问题。自学能力的培养对生本教育开展至关重要，要让学生有对话的资本。正如生本所讲的：作业倒置，练在讲之前。

注意：先学研究要便于学生好学：做到简单、根本、开放、精练、浅入；

基点自求化：知识点学生疏理；

重点问题化：形成问题串，由浅入深；

难点分层化：自由选择，不要逼良为娼！

前置预习提纲附例：

两角和与差的正弦（1）

课型：高一新授

一、教学目标：1. 会证明两角和与差正弦公式。

2. 能用公式进行简单的三角函数的化简、求值

二、教学难点：数学思想、方法的体现

三、教学方法：生本教学法

（一）基础题：（求值）

1. $\sin 105°$

2. $\sin 13° \cos 17° + \cos 13° \sin 17°$

3. $\cos 75° \sin 15° - \sin 75° \cos 15°$

4. $\sin 200° \cos 140° - \cos 160° \sin 40°$

（二）例题：

例1：已知：$\alpha \in \left(\dfrac{\pi}{2}, \pi\right)$

$\cos\beta = -\dfrac{3}{5}$ $\beta \in \left(\pi, \dfrac{3}{2}\pi\right)$

求：$\sin(\alpha + \beta)$

例2：已知：$\cos(\alpha + \beta) = \dfrac{5}{13}, \cos\beta = \dfrac{4}{5}$

α、β 为锐角

求：$\sin\alpha$

例3：求函数 $y = \dfrac{1}{2}\sin x + \dfrac{\sqrt{3}}{2}\cos x$ 的最大值。

（三）巩固练习：

1. 求值：(1) $\sin 75° - \sin 15°$

(2) $\cos 165°$

2. 化简：(1) $\cos 24°\cos 69° + \sin 24°\sin 111°$

(2) $\sin^2 22.5° - \cos^2 22.5°$

3. 已知：$\sin\alpha = \dfrac{2}{3}, \cos\beta = -\dfrac{3}{4}$

且 $\alpha\beta$ 都是第二象限角

求：$\sin(\alpha - \beta)$ 及 $\cos(\alpha + \beta)$ 的值

4. 求：函数 $y = \dfrac{\sqrt{3}}{2}\cos x - \dfrac{1}{2}\sin x$ 最小值和最大值。

5. 已知：$\cos\left(\dfrac{\pi}{4} - a\right) = \dfrac{3}{5}$，

$\sin\left(\dfrac{3}{4}\pi + \beta\right) = \dfrac{5}{13}$，

$\dfrac{\pi}{4} < a < \dfrac{3}{4}\pi, a < \beta < \dfrac{\pi}{4}$

求：$\cos(a + \beta)$

6. 设：$\sin(a + \beta) = \dfrac{1}{2}$、$\cos(a - \beta) = \dfrac{1}{10}$

求：$\dfrac{\tan\alpha}{\tan\beta}$ 的值

7. 已知：α,β 为锐角，且 $\sin\alpha = \dfrac{\sqrt{5}}{5}$

$\sin\beta = \dfrac{\sqrt{10}}{10}$

求：$\alpha + \beta$

8. 若：A 为 $\triangle ABC$ 的最小内角

求：$\sin A + \cos A$ 的取值范围。

思考：已知：$3\sin\alpha = \sin(\alpha + 2\beta)$

求证：$\tan(\alpha + \beta) = 2\tan\beta$

二、讨论不够透彻

错误案例：

我在一所中学听一位老师上生本课，他让学生讨论交流时，只是给了不到5分钟的时间，就匆匆地结束了，学生实际上并没有能很好地进行讨论和交流。在后面的上课中就暴露出这个问题。讨论未到火候，是一种"假讨论"，讨论成了一种形式。课后与他交流时他认为课堂才40分钟，讨论的时间不能太长。

我的分析：

广大教师们越来越注重组织学生的合作学习。小组合作学习作为合作学习的一种方式，可以为学生参与课堂学习、在讨论活动中表达思想和观点，以及听取同伴的想法提供机会。不但能够培养学生合作精神，还可以提高学生探究的能力，因此受到广大中小学数学教师的喜爱。然而，在教学实践中，并不是所有的小组合作学习都能够顺利开展的，现实中小组合作学习存在诸多问题，如有些学生讨论时态度不积极；有些小组把讨论变成了闲聊；有的班来来去去都是那几个人在发言。如果说小组合作学习的实施存在困难就否定这一做法，显然和我们上述教育目标相违背。

有的教师把课堂教学的平等、开放变成了学生的无序、混乱。课堂教学需

第四章 问题在哪里

要热闹的气氛,需要每个学生主动参与,但是活跃的课堂气氛并不等同于放任自流。在听课中,我们发现了这样的问题:学生积极性很高,发言踊跃,但是由于老师对生本教学的错误理解,导致老师认为只要课堂热闹,学生参与了,大家你一言、我一语地发表自己的意见,就是生本课堂了。老师不去有序地组织,课堂成了餐厅了。光图热闹,实际上没有多少效果。

上面所介绍的那个教师的观点就是对讨论活动目的的一种片面理解。其实,假讨论还有其他表现形式,如:正当学生积极性正浓、劲头正足的时候,教师中断了学生的合作讨论;看到学生苦思冥想,百思不得其解,心急的老师忍不住公布结果。或者让几个成绩好的学生来代替。这样的讨论不但不能形成学生自主学习的良好习惯,相反严重挫伤学生学习的积极性。小组要能充分讨论的关键是先要分好组。分组首先要注意的是人数的控制,一般以6—7人为主,这样小组合作比较方便。其次要注意组员的互补,注意小组成员各自的优势科目,不能使个别小组偏文或偏理;注意小组成员的成绩差别,使之能形成组内互助;注意小组成员间的个性差异,不能将性格内向的学生集中在一起,以免无法展开讨论及相互学习;还要注意各小组间的成员搭配,以免在全班编排座位时将易吵闹的学生编在一起,影响班级正常的秩序。最后要注意的是选择和培养一个好组长。

我的做法:构建并用好小组,小组长的带动作用很大,小组的运作过程中组长的选择与培养是非常重要的——组长是小组学习的组织者,是小组成员完成各项任务的领导者和监督者,是班级整体情况的直接反馈者,所以,对组长的培养至关重要。对组长的工作,要及时鼓励表扬,在一个真正实行了量化管理的班级里,组长的工作量是绝不小于班干部的。他们是班干部的好助手,也是班干部的后备军,要保护他们的工作热情,培养他们的工作能力。可见,小组的创建是很复杂的过程,应非常用心,一旦定组,就要保持组员相对较长的稳定,以方便学生互相熟悉,互相帮助,共同成长。讨论:要由小队长安排组织实施,小队长必须充分控制每一个人的讨论内容、节奏、效力。

小队成员先一对一交流,设计AABBCC对应组合,对有共性的疑难问题做好记录。小队中必须充分交流,调动每个人的积极性,保证小组的每一个成员积极参与。小队讨论一定要透彻,标准是小队中有一人会的问题,全小队其余的同学也必须会,小队中有人会的问题不能再到全班展示,否则扣分。在讨论中让学生学会合作、学会交流,学会尊重别人、倾听别人。

三、不能持之以恒

错误案例:

很多教师在搞生本研究时的一个突出的问题是不能持之以恒。开始时兴趣很浓,积极性很高,实行了一段时间后遇到了一些问题,就不能坚持,久而久之,也就放弃了,不能坚持到底。如我校一位外语老师初次实践生本兴趣很高,可是当一份讲义讲了三节课后,觉得无法接受,就放弃了。还有一位数学老师在实践生本教学的开始阶段,热情高,很积极,课堂也比以前有了很大的起色,学生也活跃起来了,但是数学成绩在接下来考试中有了退步,于是,信念动摇了,放弃了。也有老师由于在开始的阶段多占了一些时间,引起了其他老师的不满,自己又未能取得一些成绩,从而放弃了。

我的分析:

生本教育的理念是先进的,要真正落实生本教育的理念,不是一天两天能做好的,需要我们大家坚持不懈的努力。做什么事情都要讲究科学,在课堂改革的道路上不可能是一帆风顺的,一种教学模式不可能是一朝一夕就能形成的。教学改革的困难是有的,关键是我们应该正视困难、科学发展,急于求成无异于揠苗助长。生本课堂讲究的是一系列细节过程,这更需要一种持之以恒、坚持到底的精神和观念。确实,刚开始可能要花一点精力,学生也有一段适应期。经过多年的摸索,我发现无论什么样的学生内心都有展示自己本领的内在欲望(这是人的天性),就看我们老师如何引导和培养了,办法总比困难多,只要我们坚持不懈,努力尝试去做,我们一定会做出成效。

我的做法:

对教师而言,要用心用情做生本,对生本教育要有信念,不能为生本而生本,也不能随大流,一时兴起而搞生本。没有坚强的信念,是难以在生本实践的道路上走得好走得顺的。

四、自治执法不严

错误案例:

有的老师在搞生本教育的过程中,做了很多的准备,研究得也很深,学生也发动得很好,分组也到位,可是最后效果不太好。如有一位王老师,就是如此,我与他交流后,发现他在具体过程中没有能落实到位,学生在生本的课堂里和课后犯错以及有问题不能及时和有效地改正,学生自治管理不到位,组长没有选好,加分和扣分这些具体措施成了一纸空文。

我的分析:

生本教育在课堂中虽然实行分组讨论和学生自主管理,但不是无序的、随意的、放任自流的,他实际上有一整套管理制度,评价激励机制。任何人、做任何工作,认真做好都有奖励,做得不到位也都有处罚!而这处罚的落实关键就在组长和班级的"纪委书记"身上。选对了人,监督就有效,选错了人,监督就成了空文。就会出现过严或过松的情况。班级自治所需的法没有得到严格的执行,执法是不严格的。真正的生本课堂是一个"民主""宽松"的课堂,是一个遵守"游戏规则"的课堂。

我的做法:

形成制度,加强监督,考评到位,养成习惯。前面书中已经详细叙述,这里不再重复。

第五章 一起做生本

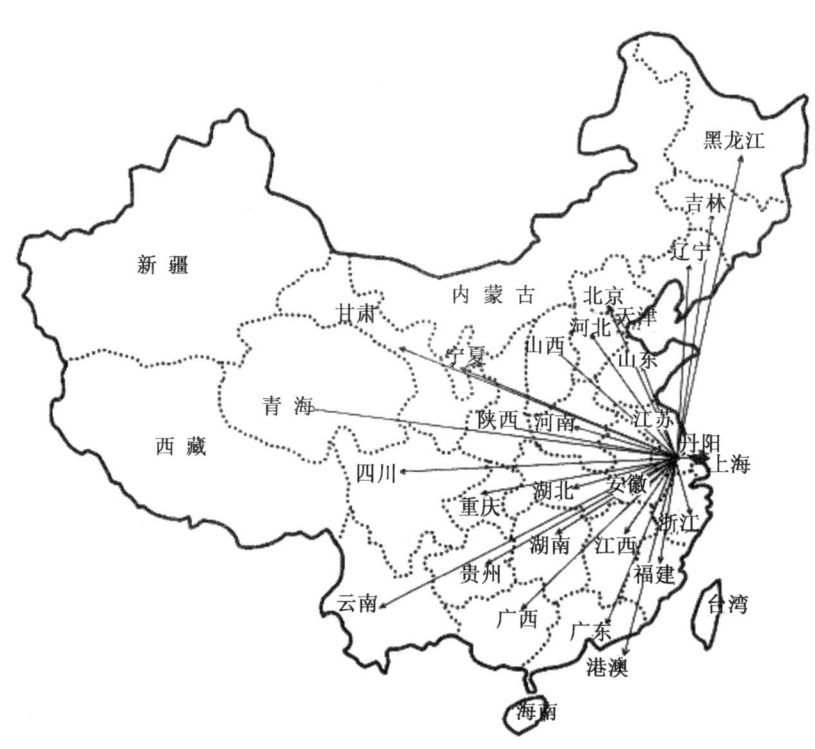

荆志强外出讲座省区示意图

第五章 一起做生本

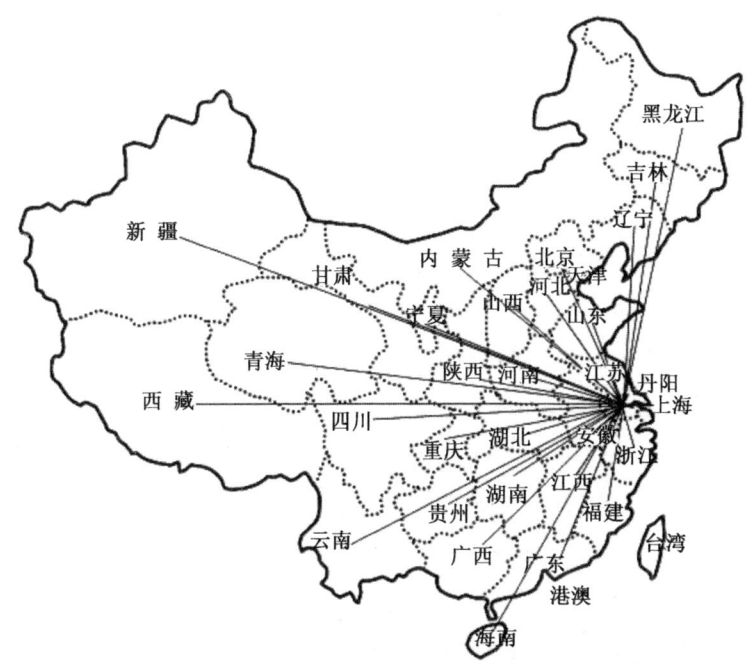

来丹阳六中学习和交流省区示意图

第一节 生本教育之花盛开

"一枝独秀不是春,百花齐放春满园",生本教育由我的个人行为发展到学校行为,六中校园已经掀起了生本热,现已成立了生本工作室,越来越多的老师加入了生本行动小组,每周召开生本研讨会,以他们的先行热情带动越来越多的老师一起做生本。学校发展很快,郭教授说:江苏丹阳六中是一所有96个班级6 000余人的大校,他们由朱万喜校长领衔,成立生本教育工作室,对生本教育做到四真:真相信,真实践,真提高,真收效。以名师荆志强的生本实践为榜样,带领全校各级各科全面开展生本教育,成功地进行生本教育研究、实验和推广,师生精神面貌发生了巨大变化,成果显著。中、高考成绩大幅度提升,引起

171

了全国各地的关注,成为实行生本教育教学改革力度最大、成效最显著的知名学校。我校"生本教育"获省教学成果奖,高考本科达线率连续多年大幅递增,从一个普通高中一跃成为镇江地区乃至全省名校。一个只有短短十多年历史的新校,跻身于江苏省四星级高中(最高级)行列,成为全省最年轻的四星级高中之一。

我的教学经验受到各级领导和专家的高度赞誉,已经成为当地一大教育特色品牌。

丹阳教培研中心王先进副校长说:"荆老师的教学方法确实好,值得推广。如做到位,肯定能大面积提高教学质量。"教育的过度功利化使得教育越来越远离了它的本原,而当下生本教育所以被如此推崇,首先是它的基本理念顺应了教育和教学的核心理念,即教育是为了学生的发展,而且这个发展必须是全面的可持续的,而不仅仅是考试成绩。与此相应的,教学方面应该充分发挥学生的主体作用,以学定教。

荆志强老师凭借他自身崇高的人格魅力和极强的组织能力,凭借他先进的教学理念和不断创新的精神,形成了生本教育的一套具体的可操作的教学模式,并且把它推向了极致。该模式的运行,使得学生的潜能得到了充分的发挥与发展,学生的自信心强了,学会表述和倾听,学会了合作与批评;学生主动地思考了,能自主地发现问题、提出问题和解决问题了;学生的理解是深刻的,学生的纠错是到位的,学生的提炼不一定是最好的,但那是真正属于他们自己的。荆志强老师的数学课堂,洋溢着浓浓的思维和感情之场,是生命的课堂,相对于传统的教学而言,在解放了学生的同时也解放了教师。

我们学习生本,首先要领悟其核心理念,然后在实践中不断学习与改进现有的模式,用系统论的方法思考各种可能的相关因素,找到适合本校学生和教师自身特征的方法或模式,并寻求学生全面发展与学业成绩提升这一理念和现实之间的平衡点和结合点,从而让生本教育更加完善、更具生命力。

镇江市教育局陈国俊副局长给予高度评价:"仰慕已久,一见钟情、值得推广、惠泽地方。当前要求'规范、减负、增效'如何做? 生本就是解决这一问题的最好路径方法。为全市推进素质教育、实现减负增效树立了典范"。

下面是我们当地一位老师写的文章:

亲其燕,信其道
——收获源于荆老师的生本实践指引

丹阳珥陵高中　袁柳燕

2011年6月24号晚,学生的报喜电话传来:40位同学达公办本科线,2位同学达民办本科线。两年辛劳盼今朝,终于达成目标。我喜极而泣,当即打电话给我的班主任荆老师,与老师同乐。因为艺术班的收获源于荆老师生本理念的指引。

2009年8月底,当我得知自己将要带艺术班时,我感觉天都要塌了:总共48个学生已处分的有22个,离异或单亲家庭的有14个。整体学习状况(学习态度、学习能力、学习成绩)也比较差,大部分同学都是抱着"凑热闹"的心理而来。我一度抱怨过、放弃过,偶尔的一次机会向我的老班主任荆老师哭诉,荆老师只说了一句"你明天来听一节我的数学课吧"。当时我有点迷糊,我是语文老师怎么让我去听数学课呢。听罢,我的心里受到了强烈的震撼:数学课还可以这样上?老师在哪里?怎么好像课堂成了学生的天下?学生怎么能在课堂上把自己的角色演绎得这么出色?善解人意的荆老师依旧笑而不语,递给我两本书《谛听教育的春天——郭思乐生本教育思想随笔》和《教育激扬生命——再论教育走向生本》,我花了两个月的时间认真阅读了这两本书,才明白:荆老师正在日渐成功地实践着他的"生本"之路。也就在那天,我开窍了。

荆老师是明灯,一路指引我由黑暗走向光明。"一切为了学生,高度尊重学生,全面依靠学生。"这一生本理念也让我有了改变现状的灵感:通过生本理论的学习和实践摸索,在艺术班的教育教学实践中寻求教师、学生和课堂环境这三个生态因素的平衡和最佳结合点。

一、改变教室的环境

自任教以来,我一直在假想:假如教室能足够宽,我一定让每个学生都坐第一排。因为学生的座位编排一直困扰着我,手心手背都是肉,一不小心就会有一面被刺伤。所以课堂环境中的重中之重就是座位编排。个子高的理应坐后,矮的理应坐前,无奈个高的又有近视眼,外加同学关系:关系过密怕开茶话会,关系过疏怕影响学习情绪。无论我怎么费尽心思去排,前脚进办公室,后脚都会跟来哭鼻子的,头痛。在荆老师的指点下,我试着结合艺术班的特点对座位加以调整:总人数48人,我把他们分成8组,每组6人。然后对照之前两次考试的成绩,选出语文相对优秀的学生8人、数学8人、外语8人,然后让他们以语数外为单位自由组合,24人形成8个语数外组合。再让这8个组合从剩下的24人中自由选择3人,形成6人小组,小组绑定后,8个组各自推选一名组长,参加座位编排的抽签工作,小组座位抽定后,小组成员座位结合性别及个子高矮自由安排。终于,在排完座位后,我第一次看到了每个学生脸上的微笑。

此外,荆老师还指点我:教室文化氛围有利于学生身心的健康发展,还有利于形成师生和生生间的良好情趣,因此在教室文化布置上我也开始学习并实践。

首先是黑板报,黑板报分"时事专栏""校内新闻专栏""你争我赶专栏""今天是我的生日专栏"。"时事专栏"培养学生爱地球、爱祖国的情怀,并让学生养成看报纸的好习惯。学生利用课余时间翻阅报纸,把自己认为有价值的时事新闻摘录并及时上黑板与同学共享。"校内新闻专栏"主要是让学生观察校内的一些好人好事或者一些陋习,关注学校和学生自身的发展,做一个有心人,爱校人。"你争我赶专栏"要求学生在德、智、体、美、劳等方面加以竞争,使整个班级班风正、学风浓,使每个学生的个性都得到施展。"今天是我的生日专栏"要求每位同学在自己的生日当天写上自己的出生年月日以及当天最想对妈妈说的一句话。生日当天全班师生会给他(她)送去各种形式的祝福。既让学生感恩妈妈,又让全班具有亲情般的凝聚力。这四个专栏让学生在理性和感性中幸福地成长着,综合素质不断提升。

其次是墙上文化,传统的教室墙上文化是教室两侧的励志对联。笔者结合本班学生特长,让学生分4小组包干,每一小组都在一星期之后展出了自己的特色:1小组是绿色的希望树;2小组是幸福的摩天轮;3小组是踏实的小脚印;

4小组是金色的丰硕果。4组的设计风格相异,内涵相成,教室里一下子多了几分生气。除此以外,笔者还尝试了让学生家长每人写一份对孩子寄予的希望,并附上姓名,然后扫描制作成一幅大的"寄予信"张贴在后墙上。学生说,每每学习想偷懒时,到教室后面去看一看家长对自己的期待,就热血沸腾,那一句句话就像家长的眼睛在鞭策着教室里的每位同学,我们没有理由不刻苦学习。

再次是课桌凳文化,课桌凳除了保持应有的整齐和清洁外,课桌文化意义非凡。课桌上摆放着三部分内容:写一句自己最喜欢的格言;分别写一个自己的缺点和优点;制作一个所在月的倒记时表。富有哲理的格言像一盏盏明灯照耀着每一位学生的心灵;缺点和优点让学生常常自省不断进步,倒记时表让学生时刻具有学习紧迫感,日日有计划,天天有收获,让自己在校的每一天都过得紧张而充实。凳子的文化意义在于它让教室的垃圾来无影、去无踪。每个同学的凳腿上都绑一个垃圾袋,垃圾入袋,定时倾倒,教室干净整洁,空气清新自然,课堂上师生皆身心愉悦。

二、改变学生的心态

荆老师指导我给学生上了班会课
——《活出个样来给自己看》

1. 欣赏歌曲《活出个样来给自己看》。
2. 自己现在什么样?
3. 如何"活出样来"?

(1) 正视自己

① 互动小游戏

说明:艺术生不等于差生。

我们要正确地审视自己,自己先看得起自己,才能让别人看得起我们。但自信也要有度,别让它一不小心变成自负,让我们变成所谓的"另类"。

② 欣赏图片

说明:个性是一个人在思想、性格、品质、意志、情感、态度等方面不同于其他人的特质。

它是一种内涵的体现,并不是外表的怪异。

(2) 保护自己

中学校园里最敏感的话题:恋爱

真实的故事《栀子花开》

说明:男生、女生,其实你们还都是孩子,有些事情你们现在承担不了,承受不起,请再等一等。

(3) 锤炼自己

资料显示:

哈佛大学25年跟踪调查研究:

该项调查的对象是一群智力、学历、环境等条件都差不多的年轻人,调查结果发现:

27%的人,没有目标;

60%的人,目标模糊;

10%的人,有比较清晰的短期目标;

3%的人,有十分清晰的长期目标。

25年的跟踪调查发现,他们的生活状况十分有意思。

3%的人——25年来几乎都不曾更改过自己的人生目标,他们始终朝着同一个方向不懈地努力。25年后,他们几乎都成了社会各界顶尖成功人士,他们中不乏白手创业者、行业领袖、社会精英。

10%的人——大多生活在社会的中上层。他们的共同特点是,那些短期目标不断地被达到,生活质量稳步上升。他们成为各行各业不可缺少的专业人士,如医生、律师、工程师、高级主管等等。

60%的人——几乎都生活在社会的中下层面。他们能安稳地生活与工作,但都没有什么特别的成绩。

27%的人——他们几乎都生活在社会的最底层,他们的生活都过得很不如意,常常失业,靠社会救济,并且常常在抱怨他人,抱怨社会。

调查者因此得出结论:目标对人生有巨大的导向性作用。成功在一开始仅仅是一个选择。你选择什么样的目标,就会有什么样的成就,就会有什么样的人生。

说明:人活一辈子,想要活出样,必须有自己的人生目标。我们艺术班同学即将经历的艺术统考、校考、高考,就是一个个小目标。

珍珠的形成过程:

一粒细沙迷了路,被无情的海水冲进了蚌体内,从此它经历了海水不断的侵蚀,经受着贝壳的不断挤压,有时是遍体鳞伤,有时却是心灵破碎,终于经过岁月的磨砺,洗去铅华之后,细沙蜕变成了一颗明亮的珍珠。所以,别看珍珠美丽高贵、光彩照人,其实她也是一个经历磨难、受过创伤的生命。人如珍珠!

说明:人如珍珠,必须经过锤炼才能有所成就。

同学们高喊三声:我要做珍珠。

(4) 善待自己人

世人皆知"可怜天下父母心",今天我要说"可怜天下老师心"。

亲爱的同学们:我们43位同学+3位老师=一家人,我们都是战友,都是兄弟姐妹。找一节课,我们好好体味一下郭老师的心。她为了谁?

学音乐的同学演唱《为了谁》。

4. 活出个样来给自己看,也给别人看。

做一个不卑不亢、有理想有追求的珥中人。

班会课之后的一周,我们班学生真的改变了:奇装异服不见了,烫发黄发不见了,上课睡觉的不见了,自习课掉头的不见了……我不禁感慨"生本"的魅力。

5. 改变传统的师生关系。

通过多次观摩荆老师的"生本"课,我慢慢领悟:在教学过程中,教师与学生都是实实在在的个体,教师要以富有人性的力量去感化学生,要以身作则。其次要遵循对话原则,对话是建立在师生双方平等交流的基础之上的。

我的生本实践如下:

"好学之不如乐学之"。学生是学习语文的主人,是语文学习活动的主体。

教师的"教"要服务于学生的"学";学生的"学"需得益于教师的"教",即要使教师的主导不致成为主宰,使学生的主动不致成为盲动。具体地说,就是要变单向的灌输为双向交流,变"填鸭式"的教法为"诱导式"的教法,通过教师的定向、启发、点拨、引导、暗示,不断启动学生的学习动因,开发学生的学习潜能,提高学生的学习效能,把教师的主动性落实到调动学生的学习主动性、积极性和有效性上,比如为了拓宽内容,激发学生的语文学习兴趣,讲授"必修五"中的《长亭送别》时我播放马兰的经典黄梅戏唱段;教授《唐诗宋词》选读时我适时插入了《唐之韵》的解说;教授《史记》选读时我选择插入了《百家讲坛》;每个星期定期播放《新闻周刊》等时事类节目等就某一话题师生共同探讨。从"教教材"到"用教材教",使得语文教学指导思想发生了转变,语文教学也由静态走向动态,将指引着语文教学达到从教到不需要教的理想境界。

除此之外,要想教师和学生的关系生态化,教师还得在教学之外的细节上下工夫,多关注、鼓励学生。

小礼是个很叛逆的学生,曾因打架事件开除才转入我班,一度迷恋网络游戏不能自拔:饭不吃、觉不睡,课不听、画不画,一心钻研游戏编程。有一次我在上语文课,他又在痴迷游戏。批评的话到嘴边了,想一想我又把它咽下去,课上不能这样做,于是趁讲解的时候走到他的课桌旁,自然地摸了一下他的头,拍了一下他的肩。课后他在周记本上写道:"小礼,你知道吗?当你认真听讲的时候,老师的心就像花在开;当你的注意力游离于我们的时候,老师的心就像坠落的陨石。"果然,在下一节课我看到了挺直了腰板、一脸灿烂阳光的小礼。针对他的问题,我还到图书馆查阅了《中学生心理》等杂志,和他一起看一些学生因迷恋网络游戏而堕落的案例。渐渐地,我们的交流多了,他在跟我谈话时不再鼻尖冒汗,也愿意把心灵深处的一些话说给我听了,并保证不再把宝贵的时间浪费在游戏上,不再做老师同学心目中的"怪人"。从此,他除了文化课上进了,画画也冲到了班级前列,最终考上了名牌大学。在这两年的教育教学中,我不再是那个学生眼里的"灭绝师太",课后,学生都亲切地喊我燕姐,我也在这种"没大没小"的师生关系中深深地感受到了一种比师生情更浓的亲情。

经过高二一年的实践,我的艺术班不仅学习成绩不比兄弟班级差,而且在学校的运动会等各项比赛中均能取得很好的成绩,在同事眼里艺术班不再是艺术班,变成了强化班。所以到了高三,班主任兼语文老师的我,觉得工作特别轻松,因为学生已经真正成为了学习的主人,他们中有竞争有合作,在校的任何时间里他们都能够自律,我也充分相信他们为了心中的梦会拼尽最后的力气,在高考前那一周的周记里,48位学生一致写了"亲其燕,信其道——遇见老班是我们一生的喜剧"。那一刻,我很感动,但更多的是感谢和感激:感谢荆老师这两年来对我的指导和帮助,感激荆老师帮我把那么多"不成器"的学生培养成了健康阳光的本科生。

思想决定行动,如果没有荆老师生本教育理念的指引,或许我还一直处于困惑和抱怨中,较之于现在,我在想,那可是真正的"误人子弟"呀!"学海无涯,教海亦无涯",以前我是"不知道自己不知道",现在终于"知道自己不知道"了,所以我必须继续边学理论边实践,并不断总结得失,争取不辜负荆老师的期望!

第二节　全国各地网友评价

全国各地许多老师学习了郭思乐教授生本教育理论,听了我生本实践讲座或来我校听课交流后深受启发,通过践行生本教育都收到了很好的效果,我外出讲学的足迹遍布全国各地,令我高兴的不是他们对我的赞美,而是他们愿意和我一起做。追随生本的课堂理念就是追随教育的本源和生命的成长。许许多多省内外的老师和我的生本课堂相遇后,他们也就与生本结下了不解之缘。和生本课堂相遇,其实是和教育者内心蛰伏的教育理想相遇,是自己和自己的相遇……

河南省一位老师听完我报告说:今天有幸在郑州市嵩山饭店聆听了荆主任的报告,果然有拨云见日的感觉。作为郑州市的一名普通小学老师,我和荆主任一样执着地热爱着教育事业,在实施课改以来我们也在不断地反思和改进自己的教学。曾经轰轰烈烈地搞过分组教学,也尝试过赏识教育,还聆听并在课堂上实践过语文课要求的一节课要有听、说、读、写的教学……但都让我感觉到有种哪疼挠哪的感觉,没有哪一种方式方法能够让老师坚定不移地坚持下去。听了这个专家的就做这,听了那个优质课就跟着做那。因为老师们往往都会认为优质课就是专家领导们认可的课,是评出来的课,授课方式就一定是最好的。那么这种评课的方式就引导着一线老师们向他们靠拢,尽管在自己原有的课堂上摸索出的一点点好的做法,但也因不被评课的大趋势所认可,只好暂放一边,不予深入吧。其实回想我自己的课堂,也有您说的分组活动、分组学习、分组检查识字、分组检查背诵等等,效果真的比老师亲力亲为要好得多。难道老师就真的得累死在讲台上或作业山上才可能会被讴歌吗?您的讲座太精彩了,我真希望这些抓一线教学的领导和校长们能够吸收您的精良思想,别给老师框得太死了,也给我们一些快乐工作的动力吧!再次感谢您给中原大地上的老师带来的精彩报告!

湖南桑植四中彭发文:有了有效的管理,班级不乱而治,不弱而强。在一个积极向上、奋勇进取的班级里,学生不扶自正,见贤思齐。近朱者赤,这就是好班的影响力。这也是一个有能耐的教师的教育能力:善于把草变成树,把蛹化成蝶,把虫变成龙。蜕变的过程是痛苦的,嬗变的过程也是痛苦的,高明的教师要善于带领学生苦中作乐,乐在其中。轻轻松松教学,快快乐乐学习,谈何容易?因为现在的学生辛苦,现在的教师辛苦。学生苦,苦在哪里?机械重复的太多,已所勿欲太多。学习辛苦是客观存在,不苦不现实,但是这种辛苦更多的是"心苦"。荆志强认为,只要是学生愿意做的事情,高兴做的事情,学生就不再感觉到辛苦。比如有的学生迷恋网吧,废寝忘食,乐此不疲,毫无辛苦可言。所以荆志强看准了学生这一心理特点,大打情趣、兴趣、乐趣牌,解放学生的心灵,为每一个同学放飞写有自己奋斗目标的巨大充气气球。荆志强使不可能出现的奇迹出现了。荆志强所教班级的学生扬起了青春的风帆,有朝气,有活力,自信心强,竞争力大,学生学习成绩优秀。"荆老师是我们的榜样!"这个社会在不断地变化,变化的速度远远超越个人学习的速度,让学生懂得不断地感知

第五章 一起做生本

变化的世界,跟上时代的变化,不被边缘化,快乐地成长,需要教育者自身也能跟上时代的变化,终身努力学习。

厦门集美中学蒋丽英老师说:我愿意欣然接受这样的洗脑,如果我的孩子能够接受这样的教育那该有多好啊!南京令我感触最深的是震撼。丹阳六中荆志强老师高二数学练习课,让似乎已出现"高原反应"的我震惊许久,之前对于生本教育的质疑与困惑也消除很多。也许你会遗憾地告诉我"你已被洗脑成功",可我却说"我愿意欣然接受这样的洗脑",只因看到了那一双双渴求知识、渴望表达的眼睛,孩子们在合作、竞争中享受着学习的喜悦与收获的幸福,这样的场景,让身为人母和人师的我久久无法平静,以致感叹"如果我的孩子能够接受这样的教育那该有多好啊!"荆志强老师的数学课堂,唱主角的永远是学生,学生思维非常活跃。如果说教师可以做秀的话,那么学生的表现则是绝对无法做假的,如果我们非要界定学生是在做假的话,那么这样的"做假"也必定是贯穿于平时的每一节课堂。在听课老师是上课学生近五六倍的情况下,一个又一个、一组又一组的学生勇敢、踊跃地走上讲台,拿起教鞭,向同学们讲解一道又一道他们认为需要掌握的题目,台下的同学也不时地走上讲台,展示他们认为更为简便的解法;更为可贵的是,还有学生走上讲台,大胆地承认自己对某些题目的困惑,希望能得到同学们的帮助。而荆老师只是站在讲台的角落乐呵呵地看着他的弟子"拼得你死我活",时不时以醉翁之意不在酒的方式引导学生回顾知识点、总结方法和进行反思。多少年来,已经习惯于在课堂上唱独角戏的我们,见到如此"硝烟弥漫"的战场,又怎能心如止水地坚持着我们高处不胜寒的"执著"呢?原来,把课堂还给学生,他们的学习热情是可以如此高涨,他们的思维是可以那么活跃。每个学生都争着、抢着,想和大家来分享他的自学成果;每个学生都为了小组加分而积极地思考、踊跃地发言。身为老师,面对这样的学生,你还会担心他们的学习积极性,还会担心他们的学习成绩吗?

深圳菊满南山博文《丹阳之行的收获》:本周一、周二两天,我们初一、初二语数外及物理学科部分老师赴丹阳六中学习,继续加强对生本教育的认识,进一步探讨生本课堂的教学方法。到了丹阳六中,我们才知道这次活动是安排在高中部进行。看来,这是一所完中。到达时,第一节课已经开始了,是一节高二的数学课。我很失望,因为对于高中数学,我本来就很怕,加上这些年从不接触,听课已经是完全不懂了!第一节课下课了,我还没有什么感觉。心里暗暗责怪校长安排我们来这,简直是浪费时间嘛!第二节是高二的语文课。语文是我喜欢的学科,所以,我稍稍提起了精神。上课的老师叫汤建伟,他是通过问题引导学生进行自主学习的。但根据听课内容得知,他们是在学习古诗。所有知识要点都是通过课前学生的自主学习和课上的讨论而进行的,之后的展示也很精彩。到底是高中学生,比起我们初中的学生来,他们的思想明显深刻,语言表达能力也明显强。这节课,我似乎听懂了。汤老师将不同小组安排了不同的任务,在展示过程中适当的评价鼓舞了学生,恰到好处的点拨,起到了画龙点睛的提升作用。看来,跨学科听课也是可以学到东西的,即使是跨学段听课,也会有很好的收获!第三节仍是数学课。我的头皮有点发麻——会不会又让我云里雾里?我拿出我的一首七律,准备在听不懂的情况下偷偷干点私活——对照格律进行修改。可是,不知为何,这位上课的老师在不知不觉中吸引了我的注意力,仔细听听,哎呀,怎么那么精彩啊?这下,由不得我再开小差了,想不听都不可能!原来是这位老师的魅力太大!听听他的精彩语言吧:

1. 哎哟!很后悔吧?不要后悔,下次注意就好了!
2. 朋友们,我倒建议这么考虑……
3. 高!实在是高!
4. 这可都是你们说的,我一句也没说哦!考试时要记住哦!
5. 哪位朋友上来浪一浪?……看他浪得多好啊!

……

一看就知道,这位老师的语言很有特色,他的课堂已经成了学习的乐园,在这种充满和谐、友善的氛围里,孩子们有使不完的劲。还有一个片段十分精彩:当一个学生在台上与他进行争论时,他就像朋友一样跟他较劲,步步紧逼,把学生从讲台中央逼到讲台边上,而学生还是梗着脖子跟他争论,而全部同学都是

第五章 一起做生本

观众,这真是令人难以忘怀的一幕!试想:经过这样的争论,学生对这部分的知识还会模糊不清吗?当我想起来拍照时,已经过去大半截课了。后来,我终于想起来应该拍下视频,很庆幸能听到荆志强老师的课。哪怕只是听了这一节课,就不虚此行,何况还有其他老师的课以及荆老师的报告呢!这次的丹阳之行真的很有收获!我希望在今后的教学过程中,能学习荆老师的语言风格,尽量营造出和谐积极的教学课堂,提高教学效果,让生本课堂成为学生学习的乐园!

河南省沁阳一中张彩霞主任说:"听荆老师上课和报告,好像享受一道丰盛的精神大餐!"河南省焦作一位马老师听完我的报告即发来短信:"荆老师您好,今天上午听了您的报告,真的让我很振奋,您的每一句话都说到我的心坎里了。您的幽默、风趣、生动,我一上午都兴奋不已。真的,我感觉自己要学的东西太多了,我在看您的博客,冒昧打扰您很不礼貌,可是您讲得太好了,我想和您多交流,谢谢!"

湖北省十堰市几位女教师说:"荆老师的报告非常精彩,解决了很多教学中的具体操作疑问。"并真诚地邀请我一定要去他们学校讲生本。

甘肃兰州的老师说:"上次在兰州东方学校听过荆老师报告,这次又听感受更深,真的受益匪浅"。

桂林七中吴宪林党总书记听完报告后对我说:"我是一个不易激动的人,但听报告时流下了感动的泪水,你讲得太好了!"桂林市七星区教育局李副局长在广州曾听过我的报告,她对老师们说:"荆老师的报告一定要听,讲的很实在,对一线老师帮助很大,不听会很遗憾的!"

韶关市田家炳中学骆校长对我的评价:"听了荆老师讲座真的受益匪浅,尤其是生本教学中如何操作的细节讲得很详细,听后老师们都知道怎么做了,是我们一线老师最需要的。"

江苏省武进高级中学的《与生本实践大师握手——我校数学组教师赴丹阳六中观摩学习》:在杨云逸校长地带领下,我校全体数学老师奔赴江苏省丹阳六中学习,观摩了生本实践大师荆志强高三数学课,并且进行了深入的交流。

宋海永、秦春华副校长以及科研处、教务处和行政办等相关人员一起参加了学习活动。丹阳六中特意为我校老师开放了2节高一和2节高三的数学课。第三节全体学习人员共同观摩了荆志强老师的高三数学练习讲评课。整个课堂通过学生小组交流,精彩展示,思维碰撞,错误分享,加上荆老师热情的鼓励、机智的质疑、精彩的追问和恰当的点拨,学生们自然而然地纠正了错误,复习了知识,总结了方法,开放了思维,展示了能力。课后,丹阳六中朱万喜校长和荆志强老师等与我校数学教师进行了深入的交流。我校教师就在生本教育理念下如何调动学生、组织课堂教学、批改等各方面提出了困惑,朱校长和荆老师一一作答。他们强调生本课堂并没有一成不变固定模式,生本课堂的基本理念就是为学生好学而设计,按生本教育创始人郭思乐教授理念"一切相信学生,一切尊重学生,一切依靠学生",在教学中"有困难找学生",这些都是荆志强老师一直坚守的信念。在开学初,杨校长就大胆提出改革课堂教学模式,确立"以学生为本,以学习为本,以生命为本"的教学理念,打造生本课堂,推进有效教学。科研处制定了"更新观念,专家引领;分层推进,骨干先行;活动搭台,科研跟进;积累资源,滚动发展"的实验思路。与大师握手,老师最大的感触是震撼,与大师交流,老师思考最多的是改变。杨校长肯定了开学以来数学教师的实践,要求通过本次学习全体数学老师要进一步更新观念,改进方法,提高效率。我们有理由相信,我校数学老师将成为课堂改革的排头兵。他们对我过奖了,我不是生本实践大师,我是一位普通的老师,仅是践行郭思乐教授生本教育理论的一位探索者,祝武高师生早日走上生本的幸福大道!

海南邹志华、胡一丹老师的《听荆志强老师高三数学复习课有感》:11月7日上午我们来到江苏省丹阳六中听了一节非常精彩、非常生动的高三数学复习课。这是一堂成功的生本课,课堂上任何一个学生都可以带着自己的讲义,直奔讲台,用多媒体实物投影展示自己的做法,手执教鞭讲给大家听。一个同学讲完后,其他同学有不同做法的,可接着上去讲。每到这时,课堂上总是此起彼伏,学生抢着上台,直到每一位学生把每一个问题彻底弄懂为止。荆志强教师在课堂上的作用和价值,不再表现为口才有多好,而是如何引导学生,使学生学

第五章 一起做生本

得更好。使学生发现自我,实现自我,信心高涨,在兴趣盎然的学习过程中,让学生的潜能得到空前的发掘和运用,从而形成了高质、高效、生动、快乐的自主学习和自我发展机制。目前,大部分课堂上老师讲得口干舌燥,学生被动听课,接受"满堂灌",不会主动学习,缺乏解决问题的能力。课外,老师辛苦地批改作业、辅导,学生订正错题,又有做不完的作业,在重复机械的听课、训练中,学生仍然经不起考试。于是就形成了老师教得辛苦、学生学得痛苦的尴尬局面。怎样才能做到"提效"与"减负"的有机统一?这一直是高中教学教研苦苦追寻而又难得其解的一个课题。今天,荆志强老师的生本课,让我们明白要想教师教得轻松、学生学得轻松,必须充分调动学生和教师两个方面的主动性和积极性,更需要学生充分的自主合作和老师对课堂的精心设计、驾驭。通过这次生本的学习,激发了我们的改革激情。因为生本教育的实验成果让我赞叹,更让我们看到了教育的希望之光。我们从中得到这样一个启示:教学改革必须坚定地从课堂改革切入——我们的课堂不能再这样继续灌输下去了。要彻底改变满堂灌、低效率的课堂教学模式,努力构建以生为本、充满生命律动的课堂模式。学生是教学中最重要的资源,要回归学生主体地位,改变学生学习方式,真正把教学交付给学生,放手让学生自主学习、合作学习、探究学习。

广州育才中学一位老师说:"荆老师在教学中把郭教授的生本教育理论运用得淋漓尽致。"一位女学员说:"听荆老师讲的我都忘记吃饭了,好震撼,原来书可以这样教。"生本研究中心李主任说:"荆老师报告是有感而发,是自己在教学一线践行生本教学的切身体会,我一直坐在后面听,从头到尾处处皆生本,看到学员们听得都非常投入、聚精会神,在座的都被他的讲演吸引了,非常感谢荆老师精彩的报告。"

汪秀春的《采众师之花粉 酿造教育之甜蜜》:

南京之行最大的收获是聆听了荆志强名师上的一堂《立体几何》课,那是灵性课堂与生命激情完美结合的一节课,精彩的课堂让学生"我的地盘我做主",学生自主选题——学生讲题质疑互动——学生点评题目——学生归纳数学思想和解题方法。荆老师似一位"隐士",在一旁感受和欣赏着课堂的精彩纷呈,让学生各出奇招,各显神通,在自由自在的状态下尽情学习。在他真正的生本课里我感悟:教师要"无我",学生才会"忘我"。正如印度哲学大师奥修说:"当鞋合脚时,脚就被忘记了。"当教育适合学生时,学生就忘记了自己在学习,忘记了自己是在课堂上,甚至忘记了自己。我体会到:学生是教育对象,更是最丰富的教育资源,生本教育是解放学生的"生产力"的教育——产生快乐,产生素质,产生成绩。"生本教育"理念下,一堂好课的标准不是看教师表现有多精彩,而是看学生表现有多精彩。有一位校长说过:"作为老师要做好三种人,一是毛泽东,在课堂上要当好指挥官,掌控着整个课堂;二是要做好张艺谋,把课堂当成演场,让学生能够尽情地表演;三是做好袁伟民,把课堂当成赛场,发扬拼搏的精神",我在荆老师的课堂都领略到了,我更领略了荆大师站在太阳下托起太阳的大智慧和高境界,生本课堂"懒在教师,勤在学生",生本老师应"懒在课堂,勤在课外"。

"从怀疑到相信,从相信到认识,从认识到了解"。

走在生本的路上——全国生本教育理论与研习班有感此次生本学习之行,带给我的不仅仅是震撼可以形容,这是一次教育的洗礼,让我从教育的思想上有了更为深刻的认识。结合此次之行,谈谈我浅薄的认识和感悟。

感悟一:从怀疑到相信。

去之前,我们在学校就已经多次通过讲座进行了理论的学习,也有老师摸索着开展这样的课堂,可总觉得这样的教学透着一个"假"字,一节课下来,热闹了,生动了,活泼了,可孩子究竟学到了多少?我们无从考察。抱着这样怀疑的心态,听了荆老师的讲座。首先,他说了很多比较"道理"的话让我也不怎么以为然,甚至产生了被"洗脑"的错觉。后来,他列举了很多他教学中的实例,让我倍感亲切。仿佛看到亲人一般,觉得只有第一线的老师才能讲出我们老师的心酸与痛苦。他的很多发言深深地打动着我。他说到"老师讲得最得意之时,却是学生听得最痛苦之际",让我反思为什么每次我讲得声嘶力竭,使出浑身解数,孩子们依旧不买账,自己玩自己的。他还说到"教师最得意的不是获得多少物质的奖励,而是来自学生真实的肯定",让我感动。当看到视频里荆老师因为学生的激动话语而"老泪纵横"时,我也不禁动容,眼中蓄满泪水。我是一个容易感动的人,而这是我第一次为了教育而感动。

面对一个个数据,一张张图片,一组组视频,还有学生的"现身说法",我还有什么理由不去相信生本教育的魅力呢!拿荆老师的话来说,只有真正的相信了生本教育,你才能信服地去做好生本教育。

感悟二:从相信到认识。

生本教育是这一年多来校园里最火爆的"关键词",它的核心理念大家已经背得滚瓜烂熟了,一切为了学生,高度尊重学生,全面依靠学生。通过这次学习,我对这三句话有了更理性的认识。

一切为了学生,高度尊重学生。我们常说爱生如子,但我们也仅仅只做到了爱,就好像很多家长一样,爱自己的孩子却不懂自己的孩子。我们也一样,不了解学生,学生的世界我们不懂,我们的苦心他们更不明白。所以生本教育更讲究去研究学生,研究他们的学习需要,找到他们学习的内驱力,明白他们学习的困难与困惑。生本,其实就是在搞研究!

全面依靠学生。这一点,其实很多老师都已经做到了,而我要说的是,还做得不够彻底。来给我们做报告的老师常说的一句话就是:我出来这几天,一点都不担心他们的学习和生活,因为他们可以自己学习,自己搞定班上的事务。与会的老师无不露出羡慕的表情。这就是在全面的依靠学生,他们的口号是:有困难,找学生。课是学生讲,家长会是学生开,出去户外活动规则是学生定,凡是学生有能力去做的,生本的老师都不会去抢着做。而这"凡是",我认为还是通过老师们研究过的,而不是我们认为的"放任自流"。研究学生有没有这个能力去做,甚至研究学生会把一件事做到什么程度。这就是我理解的生本理念。

感悟三:从认识到了解。

听了许多生本讲座,在脑海中幻想了无数次的生本课堂,终于能看到原汁原味的了,说实话,内心还真有点激动。我们去到了一所只开展了四年生本教育的学校,听了一天的课,感觉比上了一天的班还累,因为这一天,我目不暇接地看到了生本课堂的各个层面,让我有机会慢慢观察学生们在生本课堂的表现。如何评价生本课堂呢?常规的评价我都不再赘述,只感觉学生在课堂上很真实的表现自我,能力强的发言十分精彩,害羞的也努力再展现自我,小组合作确实有成效,一堂课不知不觉就过了。而最让我关注的,莫过于老师的表现,上课的老师,犹如一个世外高人,悄悄地在一旁观察着学生的一举一动,仿佛所有的意外和不意外他都能掌控。如:三年级的数学课堂上,讲长方形、正方形周长的计算,大家在说到公式(长+宽)×2时,老师在旁观察,这时,一个孩子站起来说,长和宽不是数字,如果是数字,就可以不打小括号了。学生们一片讨论,老师这时不慌不忙地在黑板上的公式下板书出了一组数字,这时一个学生心领神会,立刻站起来充当起了小老师,于是这个难题迎刃而解。这样的课堂,有谁会认为是不好的呢?

上生本课的老师,还有一像,那就是像主持人。所以,我们以后就学学央视名嘴,将课堂变成学生的舞台,而我们,只要在台下会心的欣赏就可以了。

岁月催人老,生本教育却让我越发年轻。生本课堂带来的是一种无与伦比的享受,虽带不来万贯家财,却带来了学生的成长,沉睡的潜能被唤醒,封存的记忆被激活,幽闭的心智被开启,囚禁的情愫得到放飞。只要沿着生本这条路走下去,相信志同道合者都会像我一样爱上教书,享受课堂。

郭鑫老师:幽默风趣、魅力四射,荆志强便以这个形象走进了我的视野;大刀阔斧、颠覆传统,生本教育便以这个形象刻进我的心灵。以往的经验告诉我,学校召开的大型演讲会一般都是无聊的,也是无语的,更是无作用的。然而这一次我想错了,因为荆老师的演讲所散发的魅力已经超越了传统,进入了一个引人入胜的境界。他演讲的引人之处有一分来自他的声音和动作,他的声音像极了某部电影中的一个经典人物,动作也极其随意,我想我一开始之所以能静下来听他演讲就是因为这两点。剩下的九分当然是来自他演讲的内容。

邢祖德的老师:生本教育,相识恨晚。教育改革的号角已经吹响,这次改革成功的可能是非常大的,因为这是我们学生真正需要的"被教育"方式。这几天,第15期全国生本理论和实践研习班在我区天宝中学、天宝小学举行。通过

第五章 一起做生本

几天的学习、观摩,感觉收获很大。特别是听了来自江苏丹阳六中的荆志强老师的讲座之后,感觉心里汹涌澎湃,有点摩拳擦掌的冲动。现在到处都在提倡给学生减负,但没有什么地方在说给老师减负,而生本教育就是给老师减负。生本教育打造活力课堂,激发学生生命力。学生真正成为课堂的主人,学生内心的自主学习驱动使他们把精力、热情和智慧全都用在了学习上,所以效果肯定好。而老师又感觉很轻松,少了那种让人很 stress 的繁琐的事情,彻底解放了出来。荆老师说,进行生本的老师根本不用担心学生成绩。因为生本是学生自我成长的过程,过程好了成绩自然就好了。我很羡慕荆志强老师,他是一个农村出来的,而且大学学的是淡水养殖专业,就这样一名所谓的大学毕业生,把生本搞得这么好,我们还等什么呢?以前我还在怀疑郭教授,怀疑生本,但现在我有为生本冲锋陷阵的冲动和欲望。

杨凤敏老师:我的收获可用四个字来概括:不虚此行。在去南京培训前,我对生本教育是质疑的:学生的素质达不到做生本的要求;学生会不会支持老师这样来教;生本教育下的学生成绩是否会理想;班级中的后进生老师讲解尚且存在问题,更何况通过小组讨论解决;小组的内部交流、思想碰撞只属于那些层次较高并且素质差不多的学生们的,后进生在这个过程中是否会更加边缘化;生本教育下的课时够用么;如何建立评价体系等。有质疑,就是没有完全信任生本教育,所以,在课堂中也就没有彻底实施生本教育,虽然也在班级分组,让学生以小组的形式去讨论学习。我常嘲弄自己,只学到生本教育的形式,却没掌握生本教育的灵魂。这也是郭思乐教授所指的那种"皮笑肉不笑"的,而没真正做到"大笑"。对于生本教育,事实胜于雄辩,听了丹阳六中荆志强老师的生本课,让我彻底信服了。整个课堂上充满生气,学生个个儿是鲜活的,小组内部积极讨论问题,争先恐后上台讲解自己的做法,在不同想法的碰撞过程中总能激发学生更深入的思考和更多的解题方法,教师只作为课堂的组织者和引导者,适时引导、适时质疑、适时激励。在这样的课堂中,学生真正成为了学习的主人,充分发挥了其主观能动性,他们快乐地学习、他们勇于并乐于探究;他们在与大家分享过程中学会了讲解和表达,巩固了知识并由此知新,最重要的是他们获得了自信和成就感,我想这也是他们持续下去的动力源泉。这也不正是新课改所提倡的素质教育么?而我们在高中课堂所看到的常态是:老师在讲台上活灵活现地讲,学生死气沉沉、鸭子听雷一般,学生只懂得听,只懂得输入,不懂交流合作,不懂探究。有对比才有选择,毫无疑问,如果我们都看到了生本教育理念下的课堂前景,我们都会丝毫不迟疑地来做生本。

生本研习班学员:荆老师,那天听了您的讲座,我激动极了!那是我第一次听生本的讲座,之前完全不知道什么叫生本,确实有种相逢恨晚的感觉。因为上学期接了六年级的一个班,他们上课不愿意举手,懂与不懂都很难了解,把我累坏了,想不到更好的办法。您的讲座,向我介绍了您很多成功的例子,我把它们录下来了,开学就放给我班同学看,他们原来还不太了解,三个星期过去了,我们深深体会到生本给我们带来的快乐,学习的主人站到了讲台,学生管理学生,变"要我学"为"我要学",那些调皮捣蛋的同学的缺点越改越少了。太感谢您了,在我教育的道路上又看见了光明!今天下午第一节,我们班终于出现了奇迹,全班50个同学都举起手来请求上讲台说题,都嚷着"Let me try!",场面让人激动,如果每节课都能这样,那该多好啊!无论是为了表现自我,还是为了加分,反正满足了他们的表演欲,既锻炼了他们的胆量,又加深了他们对知识的掌握,确实体现了小组合作学习的魅力!上学期没人举手发言的场面终于过去了,调皮捣蛋、逼着留堂才背书的同学,每天见到老师会追随身后要求背书,把"要我学"变成了"我要学"。同学的一言一行互相监督着,"有问题找学生"基本实现。也许这就是生本教育的魔力,让学生真正成为学习的主人。期待着在他们身上出现更多的奇迹!

淄博十七中贾丽萍的《探索生本,体会教育的快乐》:

一、实施生本的原因和契机:这个学期我担任高一(3)(4)两个班的数学教学,还担任高一(3)班的班主任。这两个班的学生全部是通过学校提前自主招生进来的美术和音乐专业学生,在开学后的一个多月的教育教学中我逐渐地感受到了以下几个问题:

1. 班级学生人数多,学生差异明显。

第五章 一起做生本

2. 作业抄袭严重,课堂教学很难真正落实。

3. 班级管理中,摁下葫芦起了瓢。

就在自己渐渐觉得束手无策的时候,10月14日到18日,我参加了在南京举行的第三十一届全国生本教育理论与实践研习班,虽然只有短短的五天时间,但是收获很大,第一次对生本有了深刻的认识,同时也切身地体会到了生本课堂的活力和生本在班级德育工作中的应用。因为在11月8号的校报上我已经写了一篇文章《生本教育带给我的几点震撼和启示》,所以具体的学习过程我就不再赘述了。挑选其中对我启发最大的一点和大家分享:

荆志强老师是丹阳六中的总务主任,主动承担一个班的数学教学,他自己说,之所以做了总务主任还想做数学老师,是因为他觉得真心喜欢课堂,他觉得老师的主要任务是"鼓励学、帮助学",现在他上课的主要任务就是端个茶杯,在教室的后面欣赏、鼓掌。在听他的报告时,我还觉得是不是他太能吹了,结果在后面的听课过程中真正体会到了荆老师的确是这样做的,他的教学过程一般是这样的:1. 设计前置作业,2. 小组合作探究,3. 学生上台展示,4. 评价激励超越。我听了他的一节试卷讲评课,在课堂上荆老师很少讲,是学生自己出题,自己讲解,学生的表现欲和求知欲都很强烈,学生找到的题目也是像模像样,一节课下来,班里的学生基本上都在动脑动手,看不到那些无事可做的学生。

二、近一个月以来的生本实践。在南京学习期间,我就想,既然开学一个多月,班里的教学和管理出了这么多的问题,我也没有好的办法,那回来以后就一定要试一下生本教育,试一试"有困难找学生",试一试"尽可能把老师做的事情交给学生去做"。所以从南京回来以后,简单处理了一下班内的事情以后,我就利用下午第四节自习课给学生讲了我去南京的整个行程,并给学生放了几段生本实践课的录像。看得出来,学生也有兴趣,于是趁热打铁,在数学课上,我就大胆地鼓励小组讨论,先试试看学生能不能接受这种方式,因为要全面地铺开生本教育还有很多的前期工作,并不是简单的小组讨论就行了,有几个很重要的问题是必须事先想好并解决的,一是合理地划分小组,二是制定评价激励机制,三是做好学生和班教育组老师的思想工作。从19号到26号我根据自己南京学习的收获和从网上查到的经验作了这样几个前期工作:首先将班内60名同学划分为15个小组,每小组4人,分组的原则就是尽量避免把所有的差生分到一个组,同时根据班里实际,每个组至少有一名男生。其次是打印了高一(3)班课堂管理规定,张贴在教室并给各位任课教师每人一张。在课堂管理规定中明确了加分和减分的原则和各个小组的人员名单。最后是进行了班级文化建设,在教室里布置了小组荣誉榜,上面的标语是:"和衷共济,风雨同舟;拼搏进取,铸就辉煌。"

在经历了这些前期准备以后10月27日下午小组和座次调整完毕,从10月28日开始了生本教育的实践阶段。到现在已经有近一个月的时间了,其间在11月8号的下午进行了两周总结,评出了冠亚季军小组,给获奖的小组找了照片,在小组荣誉榜上张贴,并给获奖小组和表现优秀个人颁发了奖状,在校讯通上向班内所有家长公布。

三、在生本教育中的收获和思考。这个也从两个方面来说一说,一个是我的数学课堂教学,另一个是班级管理。

在数学的课堂教学中,我也是借鉴了荆志强老师的做法,尽可能布置前置性作业,也就是平时我们所说的预习。这个预习要做到从根本入手,要布置具体的预习内容,给学生两到三天的准备时间,然后在课堂上尽量让学生讲,实在讲不出来了,老师也不要着急,要让学生进行充分的小组讨论。在学生小组讨论的过程中,我就下去转一转,看看问题究竟是出在哪里,然后可以给学生个别提示一下。其实有的时候很多问题,一个人不会,四个人一讨论就会了,进行完小组讨论后,就可以让学生再次展示了,最后只要是课堂上还有时间就要让学生自己小结本节课内容。如果还有不会的问题,提出来,作为课后作业,全班同学一起完成。这样一来,有几个很深的感受,一是我有充足的时间下到教室里面,听学生的问题,同时也加强了学生的课堂管理。二是上课时间不学习的学生没有了,每个人都在学,好学生在教别人,差学生在问别人。三是发现了很多好的想法,教学相长,以前总是觉得学生很笨,教了

第五章 一起做生本

多少遍都不会,可是当你听到学生讲解问题时,你有的时候会猛然发现,原来学生和你的思维习惯不一样,他们讲出来的思路更清晰,而我只是因循守旧,承袭了做老师十年来的老路子!四是虽然一开始可能的检查讨论会影响到进度,但是学生习惯了以后,进度也不会很慢,而且成绩也会进步,因为没有了不学习的学生,最起码不会拖累班内的平均分。而且通过生教生,尖子生的成绩也会提高。

在班级管理中,成立了合作互助的小组以后,变化最明显的就是作业的收取。以前的时候总是课代表一个一个地去收作业,收得慢而且总是有那么几个人不交。有了小组以后,以小组为单位,课代表轻松了,也有了督促的人,所以作业的收取就比以前及时了许多。第二个就是在卫生值日的安排上,以前总是很头疼,室外树叶很多,走廊怎么拖也拖不干净,谁都不愿意打扫,现在就把这些事情都交给小组,教给学生,学生自然地就分配好了,也不再有怨言了!第三个体现在课堂管理上,上一节课刚刚就期中考试成绩分析召开了班教育组会,任课老师纷纷反映在课堂上踊跃回答的学生明显增多了,课堂气氛很好,极大地激发了学生的好胜心。而且利用学生管学生,上课说话的、睡觉的学生基本上消失了。第四个体现在学生之间的关系上,原本担心小组竞争会引起学生矛盾,可是近一个月以来学生的表现出乎意料。举一个例子,我去南京学习期间班里有几个女生发生了矛盾,家长还因此找到学校来。后来其中的两个女生分到一个组,经过几节课的磨合两个人你教我我教你,反而成了好朋友,家长也打电话到学校来表示感谢。

当然在生本的过程中也遇到了一些问题,例如小组之间的不均衡,仍有部分学生不踊跃发言,评价机制还有不完善的地方。但我坚信困难是暂时的,坚持下去必有胜利的曙光!

"是花,总有盛开的时候,即使花季已过,也会在合适的时机绽放一生最明艳的美丽。同样的道理,只要是正常人,总有开窍的一天。因此,不要急于揠苗助长,只需提供足够养分,然后静静等待,就像守候一朵花悄然开放"……耐心地静候花开,更能体验到教与学共同成长的真正和谐,也更能真实地感受生本理念下简单的"牧者"的幸福。丹阳六中荆志强老师的数学课。

温金龙的《对生本教育实践有感》：

我有幸听了江苏丹阳六中荆志强老师的生本教育讲座。为时三个多小时的讲座中,荆志强老师分别从生本教育取得的成绩、实行生本教育必要性、实行生本教育带来的好处以及重点如何践行他本人生本教育进行了详细而生动的阐述。最后,我唯一感叹的是:原来课可以这样生动活泼地上,学生对数学都可以这么着迷,更何况是我们的体育课,这需要作为体育教育工作者的自我去深思与总结。要践行生本教育,首先应在心目中给它下个定义,不同类型的老师都有自己的经验与总结。但利用荆志强老师的话来说,生本教育是发动学生自主学习的教育,为学生好学而设计的教育。我对他这句话的理解是:教育的过程,教师是发动者与设计者,然而整个教育过程的主角是学生;或者是把课堂看作一部即将开拍的戏剧,那么老师应该是导演,戏剧拍得好坏全靠学生。学生主动学习包括自主学习、合作学习以及探究学习,最终达到的目的是探究性学习。

关于如何进行探究性学习,荆志强老师的做法值得借鉴。

首先设前置学习,这是预习也是下节课学习的开端;其次课中小组合作探究,组长监督学习情况,确实让上台的组员考虑全面后才可以上台展示。表现好坏,关乎本小组的声誉与分值高低,所以这个做法可以促进组长与组员之间,组员与组员之间的合作性;让学生上台展示,展示得好可以大大提升个人的自信心与本组的集体荣誉感,展示不好其他学生可以很踊跃地上台帮助与展示自己的观点,这个过程相当于批改作业。最后师生实时地进行评价,在评价激励中促超越,适当做超越自己挑战有难度的题目。以上做法符合了本教育的全面提高学生的能力,为学生的终身发展打下基础的原则,也就是终身性原则。

其次,笔者认为要践行生本教育,必须实时改变课堂的评价机制。评价机制应该顺应课堂所出现的问题作相应的变化,没有一套理论是任何时间与空间都适用的。借用我校某个老师的观点就是:评价机制应该是每个星期都要做适当的调整,这样才能促进学生的积极性。

第五章 一起做生本

最后是管理方面,荆志强老师在这方面虽不是完美的,但是他的经验是成功的。笔者认为以学生管理学生比起老师管理学生更适用,特别是他那个发动多数力量管理组内某个厌学学生的例子效果明显。解放了教师的艰辛的同时,提高了学生的管理能力。要在管理方面做得好前提是要相信学生,然后就是放手让学生去做事,适当提点。

生本教育是可行的,也是值得去践行的,希望有一天也可以感叹:书原来可以教得如此"轻松"。

生本研习班学员:昨天上午6:30就出发了,去丹阳六中,继续"生本教育"的学习。印象最深刻的是荆志强老师的一堂数学课。可以说,这是我所有听过课以来所听到的最好的一堂课。因为学生的表现实在是太好了!一堂数学课,都是学生在发言,在总结。老师所给的是发自内心的微笑与掌声。第一个拿着自己的试卷跑上去展示的学生,你难以想象他展示给我们的是他打满"×"的试题,他没有跟我们讲他的成功之处,而是全面总结了自己的错误!一堂课,老师没有在黑板上写任何字,黑板上的结论都是学生上去一句一句写的。老师给予学生的,是引领和赞美。我注意到,最激烈的时候,有7位学生在为一道题争论。高三的学生呵!他们的解题方法、解题思路,完全超出了老师的想象。这样的班级,你还要担心他们不会学习、考不好吗?——不可能!事实上,朱校长在介绍的时候说,这个班刚刚参加的联考,数学比最好的重点学校高14分!

由此我在想:我们所谓的优质课,到底是要为学生喝彩呢,还是为老师喝彩?我们的观念在转型。正如朱校长所说的一样,我们的"教",我们的"学"都必须转型。包括我们的老师、学生都必须转变"教"与"学"的观念,回到最根本点上,就是"生本教育"。我们的优质课,太注重于老师的表现。这堂课,老师表现得好,正好学生的表现也符合老师的预设,就是好课;如果老师教得最好,正好碰到的学生不对,配合不上,就不是优质课。这样的理念,是不是也要改一改呢?

生本教育是要一个过程的。下午回到横林初级中学,我们从一所普通中学的学生那里,也看到了他们学习的激情与蓬勃。甚至于语文课可以在野外上。

让学生用眼睛看、鼻子闻、耳朵听,用嗅觉去感受"秋",再把它写成一段一段稚嫩的文字,用笛子、胡琴伴奏读出自己的一片想象与感受,这样的语文,你见过吗?

我们无需去猜疑他们的成绩会怎样,这样的学习热情被激发出来了,这样的自信被展现出来了,我们还需去讨论他们试卷上的那点分数吗?

夸美纽斯说过:寻找并找出一种教学方法,使得老师因此可以少教,但是学生却可以因此多学,使学校因此可以少些喧嚣、厌恶和无益的劳动,多具闲暇、快乐和坚实的进步。

相信一切的教育改革,都是围绕"生本"展开的。今天还有荆志强老师的一个讲座,一定要好好去听!

厦门六中陈艺民:我校李钢、叶璇毅、陈艺民、张晓茜、刘静怡等14位教师远赴江苏,参加生本教育考察,老师们聆听了生本教育创始人郭思乐教授作的《教育激扬生命》精彩报告,听取了生本教育名师荆志强的经验介绍,还深入丹阳六中观摩生本示范课堂。通过学习,让老师们进一步了解了生本教育的理念,并为其独特的魅力所深深吸引。特别是听完荆志强老师的生本课后,大家共同感受是"震撼,真的十分震撼",震撼之余,深入思考,感悟良多。课堂可以如此快乐,学生可以如此热爱学习,师生可以如此和谐,这不就是我们老师苦苦追求的课堂吗?他们能做到,我们为什么不可以呢?此次生本教育培训,激起了老师们实施生本教育的冲动,他们纷纷表示今后一定要践行生本教育,激扬生命。

真心希望全国各地老师朋友们,大家一起做生本,而且都能做好生本!通过做生本教育体会到做老师的幸福。衷心祝愿生本之花开遍祖国的大江南北!

第三节 各科生本模式介绍

生本教育,就是以"一切为了学生,高度尊重学生,全面依靠学生"为宗旨的教育,是真正以学生为主人,为学生好学而设计的教育。它的深层意义是,以生命为本。它关注和弘扬的理念是:人具有发展的无限可能性,教育应充分发挥人的潜能;人具有学习的天性,教育的功能在于顺应人的天性;人具有发展的需要,人渴望实现自己的价值;尊重、信任、依靠学生,是教育成功的秘诀。

生本没有固定的教学模式;

生本的其他学科课堂可以比我的数学课堂更精彩;

生本的其他学段课堂可以看到学生更加充满灵性和智慧的回答。

大家看我的生本课堂,不应该仅仅看到我课堂的"形":1. 设计前置作业,2. 小组合作探究,3. 学生上台展示,4. 评价激励超越;更应该看到生本理念下课堂的"神"——每一个学生都是我的朋友;每一个学生都有内在的潜力;每一个学生都应该被尊重被欣赏;每一个学生都有权利站在讲台上展示自己;每一个学生都有自由表达的权利;每一个学生都不仅属于他自己也属于团队;每一个学生都是班级的主人;每一个学生都不是接受知识的容器,而是可点燃的火把。一堂课要看学生掌握了多少,而不是老师教了多少。我们经常说,我们需要的是"道"的感悟,而不是"术"的把握。可见,学习生本,要学习生本之"道",而不是生本之"术"。

可喜可贺的是,有很多老师在生本之路上参照我的做法,走出了更多的自身特色。下面我介绍我们学校各课开展生本教育的模式,虽然很不成熟,但是我想抛砖引玉,提供给大家参考:

我们探究的生本课堂模式介绍

1. 数学

丹阳六中数学生本"新授课"是怎样操作的?

操作流程:

自主预习 → 课初交流 → 互动探究 → 分层提高 → 总结归纳 → 巩固提升

一、其总体思路:作业前置,建立自我知识体系,课上学生展示课前所自学的知识,让每一名学生都有参与的机会,自主地走上讲台,积极地进行分析,发表自己的看法,在课堂上形成个个跃跃欲试、为争参与的机会互不相让的局面。

二、课前自主预习:精心设计自主预习作业,指导自学。

目的在于引导学生在预习课本知识基础上,深入思考,提高主动参与学习的积极性。

三、课初交流评比

课前老师先收集预习提纲,了解学生预习情况,学生预习中的问题或错误就是课堂教学讲授、点拨的落脚点,再对教学作适当的调整。上课伊始,组织学生在小组内分享和评论。

四、互助探究

(1)根据学生的预习情况,让预习充分的同学到讲台就本节课的重点难点向全班同学讲解,其他学生补充,老师适当的点拨或有针对性的讲解,帮助突破重难点,并规范解题步骤,注意学习方法和数学思想能力的培养。

(2)学生按照规范的步骤对概念、例题进一步讲解。

五、分层提高

教师根据课前备课内容并结合学生课堂的掌握情况,运用多媒体出示不同难度的变式题,学生进行口头或书面练习。

六、总结归纳

教师引导学生回顾本节课新学知识,师友交流、总结知识点和解题方法以及包括的数学思想,由学生板演,对表现优秀的学生予以表扬、激励,树立典型。

七、巩固提升

(1)根据课堂授课内容及学生掌握的具体情况作灵活安排。教师出示一到两个典型题,学生当堂限时完成,当堂检查或互相批改,或自批,或教师收集后课后批阅。

(2)教师出示下节课预习内容,师友课后互相完成。

丹阳六中数学生本"讲评课"是怎样操作的?

一、操作流程:

二、其总体思路:作业前置、先做后评;评在关键点、讲在疑难处。

讲评课的关键在"评"。先由学生展示进行自评,再由学生互评,教师评,师生共同评;其原则是:不仅要评"不足",评"误解",更要评"亮点",评"进步",要评出方向,评出信心,要把它作为教学过程中重要的准则。

三、流程的解读

(1) 前置作业

① 教师要在前一天(或两天)布置内容,要求学生限时、独立(组间、组内)完成,并标出不会的题目或疑惑的问题(做到个人解决70%)。

② 在课前几分钟有组内成员 AA 互批,A 批 B。

(2) 小组讨论、交流

① 课中,组内成员交流讨论互批的问题,对于简单不会的问题,完全可以由 AB 互动解决,从而实现点对点的讲解(做到小组讨论解决20%)。

② 组内推出代表(或团队形式)作为班级展示交流,或提出疑惑问题。

(3) 班级展示、质疑

① 针对小组讨论交流的情况上台展示,分析解题思路、求解方法、问题的难点、注意点易错点等进行全面的分析。

② 展示过程中组间同学可质疑及提出新方法,并进行补充和总结。

③ 教师要针对学生展示质疑过程中反映出的普遍性的突出问题进行启发、点拨、剖析,并提出改进方法(做到师生共同解决10%)。

(4) 总结提升

① 在学生展示质疑和点拨过程中,由教师或学生在黑板上进行知识点的梳理和总结。

② 梳理过程中既要总结问题所反映的知识点、重难点、易错点,还要突出对解题方法和解题技巧的总结,并提炼出问题所蕴含的数学思想。

(5) 针对训练

为了提升课堂的教学实效性,教师要根据本节课讲评的重点内容,以及普遍存在的问题,通过展台让学生进行当堂练习,进行补偿性限时训练,以期巩固知识,从而达到举一反三的效果。

(6) 整理反思

该项任务在课尾或课后完成,学生自主整理。要求有以下两点:

(ⅰ)将典型问题、经典方法写在总结本上并作出批注;

(ⅱ)将错题订正在纠错本上,并注出错误的原因,写出反思和心得。

丹阳六中数学生本"复习课"是怎样操作的?

一、操作流程:

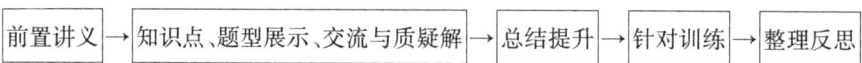

二、其总体思路:讲义前置、现行梳理、形成网络;题型归类、形成方法。

复习课中,学生现行知识梳理、题型归类;由学生评与议,交流解题思路、互为补充,形成网络共同提高。

三、流程的解读

(1) 复习提纲前置

① 教师要在前一天(或两天)布置复习内容,要求学生根据复习提纲,先梳理再解题。限时、独立(组间、组内)完成,并标出不会的题目或疑惑的问题,由做到个人解决70%。

② 在课前几分钟由组内成员互批。

(2) 知识点题型展示、质疑、讲解

① 课中,组内成员交流讨论互批的问题,对于简单不会的问题,完全可以由AB互动解决,从而实现点对点的讲解(做到小组讨论解决20%)。

② 组内由A作为班级展示总结的知识点,其他组内同学适当补充。

③ 教师出示知识结构,组内同学相互检查并提问讲解。

④ 教师将对学过的内容的相关题型及方法进行归类、精选并予以展示,组内同学按照教师出示的题型结合自己的情况互讲互学。(PK式教学法)

⑤ 针对小组讨论交流的情况上台展示,师生共同对解题思路、求解方法、

问题的难点、注意点易错点等进行全面的分析。

⑥ 展示过程中组间同学可质疑及提出新方法,并进行补充和总结。

⑦ 教师要针对学生展示质疑过程中反映出的普遍性的、突出问题进行启发、点拨、剖析,并提出改进方法(做到师生共同解决10%)。

(3)总结提升

① 在学生展示质疑和点拨过程中,由教师或学生在黑板上对反映的问题知识点予以突出。

② 梳理过程中既要总结问题所反映的知识点、重难点、易错点,还要突出对解题方法和解题技巧的总结,并提炼出问题所蕴含的数学思想。

(4)针对训练

为了提升课堂的教学实效性,教师要根据本节课讲评的重点内容,以及普遍存在的问题,通过展台让学生进行当堂练习,进行补偿性限时训练,以期巩固知识,从而达到举一反三的效果。(自出题)

(5)整理反思

该项任务在课尾或课后完成,学生自主整理。要求有以下两点:

(ⅰ)将典型问题、经典方法写在纠错本上并作出批注;

(ⅱ)将错题订正在纠错本上,并注出错误的原因,写出反思和心得。

2. 语文

(一)语文课堂生本模式探究

生本的理念是"以学生为本,先学后教,以学定教"。"生本"不是去灌满一桶水,而是去点燃学生心中一把火。把课堂时间还给学生,这种形式有利于调动学生的积极性和主体地位,老师不再是课堂的"主宰",讲台不再是老师的"领地",教师则是学生探究的合作者、指导者。它最基本的出发点就是发挥学生主体地位,使全体学生参与到教学活动中来,变机械听讲为主动参与,从而使课堂生动、活泼、效率高。

课堂学习结构简单,却尊重了学习者的本然;

课堂学习过程简单,却焕发着生命的活力;

教学指导策略简单,却能陶养无穷的智慧。

语文新授课生本模式:

新授课教师要想方设法把课文设计成一个个问题,或者说创设出一个个情景,然后引导学生在这个特定情景中去讨论、研究。设计问题时要掌握好"度":一个是梯度,即问题或情景的设计要体现出循序渐进的原则。也就是说,整堂课讨论的问题要由易到难,由简单到复杂,由形式的东西到本质的内容,体现高潮的问题设计在最后;另一个是适度,即过难或者过易的问题不要设计,要让学生"踮着脚摘桃子",要有思维价值。

整体感知 → 品读释疑 → 思维拓展 → 合作探究 → 交流收获

1. 整体感知(预习检测)。

2. 品读释疑:通过小组讨论、集体交流等形式,引导学生走进文本,交流学案或者发现的问题,师生合作共同解决。

3. 思维拓展。

在积累、巩固本节课基础知识的基础上,调动学生的生活积累,由浅入深,引导学生在辨析问题上下功夫,以求理解更深入,挖掘文本深层内涵,把握作品情感价值。

4. 合作探究。

学生细读课文之后,要求学生精读多想,比较分析,展开论辩交流,充分发挥学生的主观能动性和潜力。

5. 交流收获。

生生、师生总结文本感受,提升文本情感价值。

语文复习课生本模式:

复习课是教师引导学生对知识进行梳理、归类、沟通的一种课型,其主要任务是理清知识,理清思路,加深对已有知识的理解和掌握,弥补知识上的缺陷,沟通知识之间的内在联系,进一步使知识系统化,条理化,网络化,纳入已有知识结构,使学生获得比较系统完整的知识并能综合运用所学知识解决实际问

题。相对于新授课,学生对于复习课有着相对更多的能动性,因此教师的放开程度应相对更大。因此,我们设计复习课基本流程为:

前置作业 → 现场演练 → 拓展提高 → 课后巩固

1. 前置作业(课前完成):目的在于引导学生在预习课本知识基础上,深入思考,提高主动参与学习的积极性。

(1) 教师对作业情况进行反馈。

(2) 课堂小组讨论。

(3) 上台展示,学生互动,对新增知识点归纳方法。

2. 现场演练。

(1) 独立完成习题。

(2) 小组讨论。

(3) 上台展示,学生互动,巩固新增知识点方法。

3. 拓展提高。

(1) 独立完成习题。

(2) 学生展示交流。

(3) 学生或教师总结点评。

4. 课后作业巩固。

(二) 生本无模式,语文组两位老师还就同一篇诗歌——王维的《山居秋暝》,同课异构生本课探研,展示了生本教学的别样风采。一位老师根据理科学生的特点,从学生的认知规律出发,按照诗意、诗情、诗法的顺序,充分发挥学生的主体性和能动性,在质疑与释疑的多向互动中感受诗歌语言的魅力。另一位老师则根据文科生的特点,从学生的情感出发,展开联想与想象,让学生在与诗人的情感碰撞中感受诗歌的诗意美,在自我的涵泳中体会诗歌的音韵美。诗歌的生本教学,激发了学生学习诗歌的热情,展示了学生自我的激情。

3. 英语

英语生本模式介绍

高中英语从新的一轮课程改革以来,英语教材发生了根本的变化。这几年随着社会的发展,学生也与以前有了很大的不同,作为教师既要因材施教,更要因才施教。我们认为,不妨尝试把生本教育的"本",与新课标的"标"结合起来,以本带标,标本兼顾,希望能够改变高中英语教学的现状,使学生在高中毕业时真正做到英语过关。在将近几年的生本教育的实验中,收获颇大,有经验,也有失败和反思,现进行总结如下:

生本教育的理念和新课标之间是统一的、无矛盾的。因为新课标非常重视学习的情感、态度、策略、价值观、小组讨论、综合实践等,这与生本的理念"以学生为本,尊重生命,提升生命,每节课都是实践与活动"是一致的。新课标的要求恰好是生本理念的细化和丰富。

新教材也给我们带来挑战。词汇量大,课时不够,有的学生基础较差,很多旧词和用法都未掌握,课堂上有时出现引而不发、调而不动的现象。课文教学可以比较生动,可是一到测验就打回原形,最后还是要落实到每个词汇和语言点的学习。这时,就很容易回到传统的以师为本的教学模式,教师照本宣科,学生洗耳恭听;教师问,学生答。这时,我们认为,只有在生本的思想指导下,新课标的目标才能真正达到。很多时候,我们改变了教材,但学生调而不动,引而不发,达不到预期的效果。这是因为我们的观念没有改变,还是过去的以师为本的观念。只有真正地改变观念,以生为本,"为了学生,尊重学生,依靠学生",才能在实施细节时从学生出发,使用恰当的教法,从而达到预期的效果。

在实施生本教学实验中,我们借鉴了语文和数学的一些做法,比如,让学生自己预习课文,找资料,有不懂的地方,课堂上给时间讨论;大量的时间用来进行小组的活动,过分要求学生自己发现问题、解决问题等等。考试时,成绩却不理想。经不起考试检验的教改是失败的教改。在失败后,我进行了反思,得出结论:英语虽是语言,毕竟不是母语,不能照搬语文和其他科的经验,既要踏实地学习词汇、词组,逐步积累,对重点、难点、关键性的知识,要精讲多练,也要精心设计每个步骤,引导学生拓宽思路,广开言路,使学生在课堂上既活跃又紧张,所有学生参与每个活动,动静有度。不能从过去的包办代替退到旁观不动的位置。教师的智慧应体现在课前的设计,课中的机智应变,和课后的反思。

关键是:从学生的角度来设计教学,不是从教师的角度来设计教学。使学生始终保持学习过程中的主动状态,使教学过程成为学生听、说、读、写能力的发展和提高过程。

所以,我们英语教研组在从新角度重新研读高中英语教学大纲的前提下,在生本教育的思想、宗旨、理念等培训、学习、交流下,在校内、校外学习、研讨、观摩等系列活动的实践后,遵循教学规律,调整教学思路,根据学科特点和不同课型,尝试了各种课型的生本教学。

总的参考模式是: 作业前置 → 小组合作学习 → 班级交流 → 总结巩固

英语生本基本课型:

① Reading I & ② Project

Step 1 lead-in (topic/theme)

Step 2 task-reading ① main idea ② structure

Step 3 careful reading (ask & answer)

Step 4 sentences

Step 5 practice (related activities)

③ Reading II (language points)

Step 1 revision/answers to homework

Step 2 discussion

Step 3 presentation

Step 4 summary

Step 5 practice

④ Grammar

Step 1 answers to homework

Step 2 discussion

Step 3 presentation (questions—conclusions)

Step 4 practice

Step 5 summary

⑤ Revision A

Step 1 words & phrases;

Step 2 the topic of the unit (oral practice)

Step 3 discussion

Step 4 important or confused words & phrases; key sentences

Step 5 practice

⑥ Revision B

Step 1 deal with homework

Step 2 discussion

Step 3 conclusion

Step 4 practice (various types & comprehensive use)

总之,生本教育和新课标给我们定下了教改方向,是解决素质教育和应试教育之间矛盾的根本方法,值得我们反复揣摩其中精髓。从改变观念开始,以生本理念为内在支持,落实在日常教学的技巧、细节、操作上。不盲从,不照搬模式,不断采用新方法,作为一个生本教师,要有激情,勤于思考,富有创造。

4. 物理

丹阳六中物理生本"新授课"是怎样操作的?

操作流程:

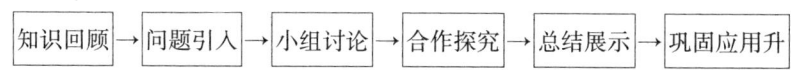

知识回顾 → 问题引入 → 小组讨论 → 合作探究 → 总结展示 → 巩固应用升

一、课前自主预习:精心设计自主预习作业,指导自学。

目的在于引导学生在预习课本知识基础上深入思考,提高主动参与学习的积极性。

二、课初交流评比

课前老师先收集预习作业,进行批改,了解学生预习情况,学生预习中的问题或错误就是课堂教学讲授、点拨的落脚点,再对教学作适当的调整。上课伊始,组织学生在小组内分享和评论。

三、互助探究

(1)根据学生的预习情况,让预习充分的同学到讲台就本节课的重点难点向全班同学讲解,其他学生补充,老师适当地点拨或有针对性地讲解,帮助突破重难点,并规范解题步骤,注意学习方法和数学思想能力的培养。

(2)学生按照规范的步骤对概念、例题进一步讲解。

四、分层提高

教师根据课前备课内容并结合学生课堂的掌握情况,运用多媒体出示不同难度的变式题,学生进行口头或书面练习。

五、总结归纳

教师引导学生回顾本节课新学知识,师友交流、总结知识点和解题方法以及包括的数学思想,由学生板演,对表现优秀的学生予以表扬、激励,树立典型。

六、巩固提升

(1)根据课堂授课内容及学生掌握的具体情况作灵活安排。教师出示一到两个典型题,学生当堂限时完成,当堂检查或互相批改,或自批,或教师收集后课后批阅。

(2)教师出示下节课预习内容,师友课后互相完成。

5. 化学

(一)丹阳六中化学课堂教学模式

一、新授课

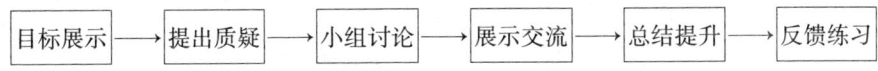

1. 目标展示

围绕与新授内容精编学案,激发学生学习兴趣。学生课前自学,简单的知识点先自行解决。

2. 小组讨论

上课时围绕导学案,小组合作解决较难理解的知识点,对小组不能解决的难题,则由小组长提出等到全班交流时解决。

3. 展示交流

在小组合作的基础上,学生上台展示小组不能解决的问题,在相互探讨、质疑、释疑时,教师要鼓励学生的创新思维。

4. 总结提升

在讨论、交流的基础上教师点拨,进行学法指导,引导学生总结习题中蕴涵的思维方法或答题技巧。

5. 反馈练习

引导学生归纳知识体系,强调重点,师生谈自己的体会,共同总结本课的收获。

二、评讲课

1. 批阅习题以了解学情,并分析检测的总体情况,公布详细答案。

① 让学生了解自己答题的情况,了解试题的难易程度;

② 明确小组需讨论的问题;

③ 表扬先进、激励后进;

④ 明确教师要讲解的问题。

2. 展示学生答的规范卷,学生自主纠错,分析错因。

3. 小组讨论、合作探究,出示未解决的问题。

4. 教师点拨、提升

① 对典型问题进行点拨、强调;

② 对问题恰当进行变形和扩展,让学生思考抢答;

③ 引导学生总结题型和解决相关问题的基本思路。

5. 针对训练,巩固提高。

三、复习课

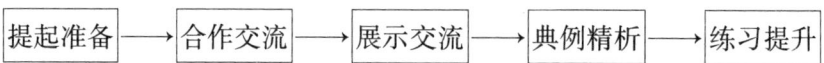

1. 设计好复习学案,以便学生课前做好充分准备,完成学案。

2. 合作交流。

① 小组成员就提纲中的问题进行交流,重点对自己不能解决的疑难问题寻求他人的帮助,予以解决;

② 把自己构建的知识网络在小组内部展示交流,在小组长的带领下再进行归纳概括,形成本小组相对完整的知识结构。

③ 讨论结束后,组长记好不会的问题交给老师,并总结本组的解题方法和解题规律。

3. 展示提升。

① 教师选择有代表性的知识结构向全班展示,供其他小组借鉴、补充、完善。

② 教师选择书写和步骤均规范的学案向全班展示。

4. 典例精析:教师根据出现的问题,针对重点、难点,结合热点,精选1—2个典型例题,与学生一起进行精要剖析,重点解析答题的方法,探寻解题的规律,逐渐培养学生分析解决问题的能力。

5. 针对训练,巩固提高。

总而言之,在高效课堂中教师要给学生探究问题的机会,让他们自己去发现;给学生选择的权利,让他们自己去选择;给学生自由支配的时空,让他们自己去发展。"企者不立,跨者不行",教学模式的构建是一个厚积薄发的过程。教学有法但无定法,教学模式是在一定范围一定时间内适用的,它不是放之四海而皆准的真理。"道法自然",我们既要走进模式,更要跳出模式。

(二)化学教学中怎样进行生本教育

生本教育的化学课堂是没有预知的,是随课堂情形不断生成的,因而是开放的、充满活力的、易为学生接受的课堂。根据化学学科的特殊性,创建生本教育的课堂,使学生的认知和情感在课堂上得到充分体现。

生本教育在笔者的化学课堂上已经试行一段时间,以前认为学生是无知的,什么都不懂,不相信学生,总担心他们这也出错,那也出错。实施生本教育以来,笔者发现,对学生的担心是多余的,学生的能力远远比想象的要大得多。笔者在荆老师的指导下,现在把一些浅显的做法与大家交流一下。

1. 布置带有思考性的前置作业,为课堂生成做准备。

为了帮助学生养成良好的好学、乐学、会学的习惯,教师要给学生设计好前置性作业。教师提前一天找出学生能自主学会的知识或解决的问题,让学生课前完成,给学生创设一个在课堂上展示自我的交流机会。前置作业的设置,能让每个学生主动参与到知识的形成中,发扬学生的个性,激发学生的潜能,培养学生的创新精神和实践能力。如在讲授苏教版化学与生活中"水资源的合理利用"这一单元时,课前布置前置性作业,让学生调查自家饮用水的来源,了解天然水的净化原理和过程,查找关于水的资料。学生为了参加课堂上的小组讨论和交流,查资料,做调查,积极准备第二天上课时要当众表现的内容。

2. 努力激发学生学习化学的兴趣。

兴趣是最好的老师,兴趣是驱使学生去学好功课的内在动力。创设一种生动活泼、引人入胜的情境,激发学生强烈渴求知识的欲望。

(1) 创设精彩的课堂引入,先声夺人,激发学生的兴趣。新颖、精致的开头,会给学生留下难以忘怀的印象,创造良好的氛围,吸引学生迅速进入本堂课的情境之中。

(2) 用化学实验入手,自主体验,激发学生兴趣。化学是一门以实验为基础的学科,我们不但要做好演示实验,还要为学生创造更多自己动手做实验的条件,在课堂演示实验中注重师生、生生互动。通过学生对实验的亲自参与和教师的讲解,培养学生在实验中的探究能力和创新能力。

(3) 从联系生活入手,学以致用,诱发学习兴趣。心理学研究表明,学习内容与学生熟悉的生活背景越贴近,学生自觉接纳知识的程度就越高。在教学中,教师必须从学生已有的生活经验出发,找准学习内容与生活实际的切合点,把学生熟悉的题材引入课堂教学中,使学生体验到化学与日常生活密切的联系。

3. 创建和谐的课堂氛围,允许学生随时发言。

把课堂真正还给学生,就应该让学生能在课堂上积极思考,积极讨论,有想法就说,这样才是充满活力的课堂的具体体现,才能让课堂真正成为学生自己的课堂,学生随时发言表达自己的观点,可让教师及时掌握学生的认知心理及学习兴趣,使教学过程因不断生成而充满活力。

生本教育的课堂是不教而教的,因为教师的不教,才能体现学生的多学,而学生的学需要与学习伙伴的交流。随时发言,才能及时提出自己的疑问和自己已有的经验积累,才能让个性化的经验在生生、师生之间交流沟通,思想才能碰撞出智慧的火花,实现以学生为本的生本教育的化学课堂。

4. 积极改进教学方法,提高课堂教学效率。

改变课程实施过于强调接受学习、死记硬背、机械训练的现状,倡导学生主动参与、乐与探究、勤于动手,培养学生收集和处理信息的能力、获取新知识的能力、分析和解决问题的能力以及交流与合作的能力,有效的教学能够唤醒沉睡的潜能,激活封存的记忆,开启幽闭的心智。

(1) 善于创设情景,设计疑问,让学生有需求感、好奇心,激发思维。古人云:"学贵有疑,疑则进也,小疑则小进,大疑则大进"。先让学生发现新问题,再通过探究、分析、讨论等一系列教学活动,让学生进一步去研究、解决这些问题。

(2) 在课堂上改变学习方式,提倡自主、合作、探究的学习方式。《新课程标准》指出:"学生是学习的主人,教师是学习的组织者、引导者和合作者。"动手实践、自主探索与合作交流已经成为学生学习化学的重要方式。解决问题的方法、策略和具体操作等都应尽量由学生自己来完成,教师只是在学生遇到困难时加以引导、点拨,起到为学生"导航"的作用。

(3) 重视师生的感情交流,平等对待每一个学生,多鼓励表扬学生,建立民主、平等的新型师生关系,让学生积极主动地学习。叶澜教授指出:活跃、和谐、民主、平等、欢乐的课堂氛围是学生的潜能、创造性、积极健康的人生态度生长发展的"阳光、空气和水"。要求教师营造接纳的、支持性的、开放的课堂氛围，将课堂还给学生，把尊严还给学生，把自主还给学生，使课堂教学与学生的情感、体验、思维创新水乳交融。

（4）发挥多媒体的教学功能，优化化学课堂教学。运用多媒体辅助教学，能创设逼真的教学环境，动静结合的教学图象，生动活泼的教学氛围等。具体优势体现如下：增加课堂教学信息量，提高课堂教学效率；展示动态效果，激发学生学习化学的兴趣；运用多媒体技术，画龙点睛，突破重难点；将设计好的相似内容进行类比，引导学生找出其共同点和各自特点，从而得出规律，使零散知识结构化和网络化等。

5. 把课堂还给学生，引导学生全身心投入知识的领略中去。

在化学的复习课教学中笔者大胆尝试把课堂还给学生，让学生当"小老师"去讲课，教师退居二线。首先，让学生分好学习小组，根据学生的情况给分工合作的建议，确保学生能在自己的小组中起到各自积极的作用。然后，提前布置复习的内容，让各学习小组做好准备。待每个小组把自己的复习专题内容搞好后，上课时用多媒体或者其他行之有效的方式展示出来。轮到哪个小组的复习专题，这个小组的成员和组长等"小老师"就要负责那堂复习课的复习内容的展示、解说，然后其他小组参与补充修订，最后由笔者进行小结指导。在此过程中，对于学生所犯的知识性错误给予及时的指导与纠正。这样下来，教学工作量很大，但教学效果却是一般常规复习无法做到的，因为每位学生都能够积极参与其中，这样一来不仅可以让学生学会如何提取信息、处理信息，而且能促进学生对知识掌握的熟悉程度。

学生不仅是课堂教学中最活跃的因素，还是课堂教学中最宝贵的资源。立足生本，就是让学生的个人知识、直接经验、生活世界成为重要的教学资源。以学生本身的"最近发展区"作为知识能力构建的生长点，使他们实现知识和经验的共享，丰富个体的情感和认识。

6. 尊重学生的学习差异，挖掘每个学生的潜能。

学生的学习差异往往是生本教育课堂关注的重点，以学生为本就要关注学生的个体差异,特别是学习上的个体差异。学生学习化学的差异是客观存在的,教师要承认差异,鼓励富有个性的学习活动,不能总以自己的眼光,从成人的角度去干涉和评价学生。遇到问题时让学生自己拿主意、想办法,给学生留下"自决"的余地,会有利于学生学习个性的展示,有利于课堂的生成和丰富多彩。生本教育的课堂是学生自主发展的课堂,也是教师专业成长的课堂。因此,教师要尊重学生的学习差异,以广阔的视野和宽容的心态来对待学生的学习失误,积极帮助他们纠正一些认识上的偏差和克服一些学习上的困难,使学生健康活泼地发展和提高的同时也得到自身的发展。

7. 转变评价观念。

在新的课程改革的形势下,要提高教学,就必须转变评价观念。针对探究问题,最好先采取学生互评,然后在此基础上师生互评,目的是为了能够树立学生的创新意识,给学生创设民主、愉悦的学习氛围,鼓励他们大胆争鸣,在争鸣中擦出创新思维的火花。教师的评价以激励型为主,对学生不成熟的观点不能随意加以批评和断然否定,而应该给予引导和点拨,帮助学生自己去分辨是非、辨别正误。要靠老师的慧眼去找出每个学生身上的闪亮点,多表扬,多鼓励。充分尊重学生的个性,挖掘学生的亮点,才能鼓励学生的自信心和高涨的学习热情,激发学生思维。

总之,真正让化学课堂充满快乐关键在于教师转变观念,确实做到"以生为本"。把学生看做学习的主人,让他们自主地学习他们喜欢的东西。在教学中分析学生可能存在的一些问题,然后有针对性地去解决,这样学生学习生物的兴趣提高了,从而实现学生积极、快乐、高质、高效学习这样一种教师乐教、学生乐学的目标。著名教育家夸美纽斯在《大教学论》中写道:"找出一种方法,使教师因此可以少教,但学生可以多学;使学校因此少些喧嚣厌恶和无益劳苦,独具闲暇、快乐及坚实进步。"在郭思乐教授的生本理念指导下,经过二年的实践与探索,我们丹阳六中人都认为生本教育可以使教育从复杂回归简单和自然,教育可以简简单单地做,而学生可以获得快乐和最终的优异成绩。素质教育的问题就此得到解决。

6. 生物

生物复习课模式

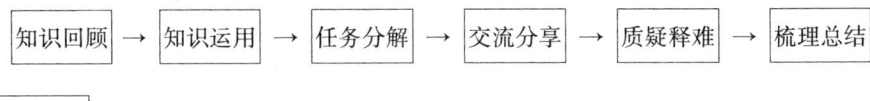

1. 知识回顾。

（1）教师选择性地出示师生准备好的知识提纲，全班交流，教师补充强调。

（2）师生间互相检查提问，教师对学生掌握情况进行指正，抽查学生掌握情况。

2. 知识运用。

（1）运用相关知识，分析一些问题或者现象。

（2）学生分析解释，教师总结，点拨应注意问题并指导学习方法。

3. 任务分解。

（1）将要分析的一系列问题进行分解，分配到各个合作小组，每个小组重点分析若干问题，其他问题适当分析。

（2）各个小组进行讨论，给出分析思路和结论，用于交流，并能对其他小组的质疑进行适当解释和探讨，或者进行修正。

4. 交流分享、质疑释难。

（1）各小组当堂展示自己所领任务的思考、解决成果，并与其他小组一起探讨。其他小组分享成果的同时，可以质疑，提出建议。师生对疑点和难点进行探讨，共同解决、完善。教师也可以交流者的身份通过质疑、建议等进行引导。

5. 梳理总结。

学生自主思考，师生共同探讨，总结列出分析关键、核心要点。

6. 训练拓展。

适当布置训练题和拓展题，视情况或当堂或课后练习巩固。

7. 政治

政治课生本教学流程

（一）新授课结构程度

1. 问题前置。

围绕与新授内容相关的近期发生的国内外大事精编学案，激发学生学习兴趣。学生课前自学，简单的知识点先自行解决。

2. 小组合作。

上课时围绕导学案，小组合作解决较难理解的知识点，对小组不能解决的难题，则由小组长提出等到全班交流时解决。

3. 展示交流。

在小组合作的基础上，学生上台展示小组不能解决的问题，在相互探讨、质疑、释疑时，教师要鼓励学生的创新思维。

4. 拓展提高。

在讨论、交流的基础上教师点拨，进行学法指导，引导学生总结习题中蕴涵的思维方法或答题技巧。

5. 检测反馈。

引导学生归纳知识体系，强调重点，师生谈自己的体会，共同总结本课的收获。

（二）复习课结构程序

1. 知识回顾

（1）教师选择性地出示师生准备好的知识提纲，全班交流，教师补充强调。

（2）师生间互相检查提问，教师对学生掌握情况进行指正，抽查学生掌握情况。

2. 误区展示

(1) 师生将做错的习题进行归类投影,探究错因。师生互问、互讲、互学。

(2) 学生做典型发言,教师总结,点拨应注意问题并指导学习方法。

3. 记法归纳

师生讨论、交流巩固知识的方法,也可师生互讲,并当堂强化记忆。

4. 当堂训练

师友共同总结本课的收获后,教师出示对应的典型习题,当堂训练。

5. 总结提高

学生自主思考,总结得失,师生共同列出近期复习提纲、学习方法和技巧。

(三)讲评课结构程序

1. 查漏找误

师生改正自己习题中出现的错误,然后交换试卷,互相检查对方的改正情况。

2. 交流释疑

(1) 师生交流试卷中存在的疑惑,全班共同参与解决。

(2) 教师再提出疑问,引导学生总结易错点,总结出知识规律。

3. 总结点拨

(1) 教师出示综合性习题,学生自主思考后交流学法。

(2) 全班学生交流思路,教师补充,点拨难点。

4. 典例训练

(1) 师生互相总结本节课的收获,全班交流。

(2) 教师强调重点,点评师生表现。

8. **历史**

丹阳六中历史生本教学模式

生本教育以生为主体,以学生的全面发展为本,满足学生的当前需要和未来发展的需要。充分尊重学生,调动学生,根据学生各自的特点发挥其特长。在生生合作、师生互动的教学过程中,实现师生共成长。

一、明确目标、把握方向

1. 知识目标要进扣要求,具有层次性和可操作性。

2. 能力目标:

培养学生的历史学科能力。例如,解读材料的能力、正确看待历史人物或事件的能力。

3. 情感目标:

利用历史学科的德育功能和人文精神,熏陶学生、激励学生,提升学生的精神品味。

二、问题前置,自主学习

1. 教师在讲课的前一天把学案发给学生,让学生在课下预习。通过预习,使学生明确学习的目标,要学的内容,教师的授课意图,教师要提的问题,自己不懂的地方,以及听课的重点等。

2. 课前布置本节课的相关问题。问题的设计不仅仅是梳理基础知识,同时设计了易错点、重点、难点。

三、究惑责难,课堂讨论

1. 学生上交作业后,教师根据作业情况进行上课反馈。对具有代表性错误的答案进行投影展示,由会的学生上台交流并回答下面学生提出的质疑。

2. 在历史教学中,创设讨论的情景,鼓励学生争论,教师及时点拨,可以使问题在讨论中解决,知识在讨论中丰富增长,又可使学生分析、综合、比较、概括能力得到训练和提高。

3. 立足于本节课的基础,进行思维拓展,分成小组进行相关问题的合作讨论。组内合作组间竞争,全班参与,思维碰撞。最终展示成果,形成知识网络体系。

四、总结归纳、承上启下

让学生来归纳总结本节课主要知识点,以及说出它们之间的联系,归纳不全面时老师再补充,或者言简意赅地引导学生把各知识点之间的关系搞明白。

五、理解巩固、知识应用

1. 通过练习及时巩固并提高能力。练习,不仅使学生深入地掌握历史基础知识,还能培养运用技能技巧解题能力,使思维具有灵活性和准确性。

2. 练习要有针对性和目标性,题量宜少不宜多。

3. 材料题可训练学生的分析概括能力。问答题可训练学生的归纳、语言文字表达能力等。要有的放矢,根据重点难点来讲评,提高学生解题能力,从而达到温故知新的目的。另外,总结归纳教材内容、知识结构,对旧知识加工梳理,也是锻炼思维能力的一种重要方法,对所学内容提炼要点,找出规律,清理知识间的联系,使学生对所学知识有一个系统的、完整的、清晰的印象。

9. 地理

(一) 地理生本教学模式

地理新授课生本模式:

高一:

1. 学生自学:自学完成导学案第一部分预设问题,学生代表上台展示自学成果。

——梳理课本

2. 小组合作:分组讨论预设问题,包括本组所分一问题和全体都需讨论的一两个问题。

——考点解读

3. 小组展示:小组代表上台阐述本组所分问题答案;组间竞争,抢答全体都需要讨论的问题。

——能力拓展

4. 教师总结:总结全课,知识框架建构。

5. 当堂巩固:学生边做边答。

高二、高三:

1. 作业前置:学生自学完成导学案基础知识梳理部分,小组代表上台展示自学成果。

2. 小组合作:分组讨论预设问题,包括本组所分一问题和全体都需讨论的两问题。

3. 小组展示:小组代表上台阐述本组所分问题答案;组间竞争,抢答都需要讨论的问题。

4. 质疑点拨:学生质疑,其他小组讨论解答问题;教师点拨,总结全课,指导方法。

5. 练习巩固:学生边做边答。

地理复习课生本模式

高一:

1. 知识回顾:导学案展示知识提纲,小组讨论阐述重难点。

2. 小组展示:展示复习结果。

3. 质疑点拨:本小组解决不了的问题,质疑全班,其他同学解答疑问;教师点拨,解疑释惑。

4. 习题讲解:学生先自己做题,小组解疑,上台展示讲解。

5. 教师点评:突出重点,指导方法。

高二、高三:

1. 作业前置:课前完成复习课导学案。

2. 学生展示:展示知识体系,讲解重难点。

3. 质疑点拨:本小组解决不了的问题,质疑全班,其他同学解答疑问;教师点拨,解疑释惑。

4. 习题讲解:小组讨论习题中的疑难点,上台展示讲解。

5. 教师点评:突出重点,指导方法。

(二)地理:基于网络的生本自主探究学习

地理学科内容具有开放性、综合性、社会性和实践性的特点。对于一些地理热点问题,如全球变暖,可以让学生上网查找资料、展开广泛的讨论;也可以是结合本地实际,研究一些区域问题(特别是对当地有重大影响的问题),如长三角经济建设等。基于网络的地理自主探究学习,能够完成从收集资料、交流讨论、确定课题、实施研究、成果评价等研究型课程学习的基本过程,并且能培养学生运用因特网收集资料、合作及协作的能力,为将来开展真正的科学研究打好扎实的基础。

如何有效使用网络?可以从以下几方面展开:

1. 课前准备:教师在上课前收集各种和课堂有关的资料做成专题网页,在网上公布学习目标及相关预备知识,以便学生在课前明确学习要求、重难点、发现目标,复习相关知识,预习将要学习的内容,并可通过 E-mail 向教师提出问题。教师根据教学内容和学生原有的认知结构,确定教学策略,有效地创设学习情境,设疑引学。

2. 课堂教学:教师在课堂上利用多媒体 CAI 课件,呈现生动、活泼有趣的教学情境,并引导、启发学生分析,使学生独立思考探究,发现原理和规律。对重、难点教师进行精讲精练,并对学生提出的共同性问题进行有针对性的讲解。采用讲授、实验观察、自学、讨论等多种教学方法,引导学生对发现目标的探求,实现意义的建构。

3. 网上练习:在课堂学习后,学生可以随时上网针对所学知识点进行练习,通过系统提供的习题及参考答案,进行诊断学习,反馈信息。练习题以基本概念、基本规律及其应用为主,使学生通过练习来思考、探究、发现,获得对概念、规律及其联系的较深刻理解和利用规律解决问题的思路和方法。

4. 网络讨论:教师根据单元教学目标提供讨论主题,学生可以随时进入讨论区,阐明自己的观点,浏览、评价其他同学的观点,并可提出进一步的讨论题,扩充、深入问题的讨论;讨论中教师监控、参与、正确引导,以保证学生的讨论符合教学目标的要求。教师还可提供相关的参考资料和相应的网址,对于同一知识内容提供不同角度的解释和描述,让学生对多种解释和描述进行交叉思考,提高分析问题和解决问题的能力。

5. 网上测试:通过网上练习和测试,可以反馈学生学习的情况以及在学习中还存在的问题,以便老师及时的补充和调控。

在整个学习期间,网上练习、网络讨论和课堂教学是交叉进行的,课堂教学丰富网上讨论内容,网上信息调整课堂教学,网上练习巩固课堂教学,网络讨论促进网上练习,网上练习拓宽讨论层面,三者相互促进,相互调整,以提高教学质量。在整个学习结束时,学生可以对照学习目标检测自己是否达到了标准,如果未达到要求,可再次进行练习,重复巩固,并可在讨论区查询自己还未能理解的问题的相关解答,进一步掌握知识,完成学习任务。

这些形式上不一样的生本教学实践揭示了这样一个秘密,在教育教学中,不管你采取何种形式,只要都指向同一个目标和内涵:使儿童可以自为,使我们更可以全面依靠学生,就可以实现天纵之教。生本教育是一种理念,而不是模仿的技艺,所以不能复制。

真诚地做生本,深信人的天性,静待花开,眼界就会越来越开阔;真实地做生本,彻底改革,决不苟且走过场,就会根深叶茂,促使人本质发展;真切地做生本,到达课程与教材整合的深水区,就能获得学生与老师的更大自由。

第四节 生本管理之花绽放

生本不仅在教学中彰显它无为而治的魅力,也在管理中展现它的生命力。生本管理之花在和我搭班的洪琴华老师为班主任的班级中绚烂绽放,而后向全校扩展。高中的学生处于展示青春、放飞理想的年龄,他们用自己的思维用自己方式去理解和诠释"我的梦":或诗歌朗诵,或小品表演,或歌曲演唱,或英语访谈,或激情演讲,无论策划,还是编排,无论台上,还是台下,90后的自信,90后的执着,无不显示在他们的脸上,体现在他们的活动中,他们是在用自身最佳的方式表达自己的思想。学生在活动中合作,小队在合作中竞争,班级在竞争中前进。生本管理下班会活动,彰显了学生的生命力,凸显了班级的竞争力。

生本教育不仅在课堂,班级管理也用生本,我们班采用值周班长负责制,7

位民选班委每人负责一天管理,班级一切事务有他(她)全权处理,处理不了班委集体研究想办法,实在不行再向老师汇报。

[附1] 生本班级考核措施方案

1. 常规考核(占100%)。

(1)班级值日:

有流动红旗:班级未被扣分,值周班长加1分,班级被扣分值日班长不加分,没有流动红旗,学校扣几分,值周班长扣几分。被学校点名批评,值日班长扣1分,没被扣分的加1,被表扬加1。

(2)宿舍考核

如果以1分计算,班级被扣1分,舍长和当事人扣2 其他舍员各扣1,被评为文明宿舍 舍长加2,舍员加1

(3)课代表考核(一月一次)

语数外课代表加2分,物化课代表加1分

(4)卫生考核(一月一次)

没被扣分,负责者加2,体育考核(课间跑步),没被扣分,体育课代表加2分。

(5)组长:(以小组考核为根据)

第一二名的组长加2,第三四名的组长加1

(6)为班级服务(一月加一次)

如:收费负责人:加1,帮忙做事者:加1

(7)竞赛获奖:按奖项高低加分

2. 考试考核:前20名加分。

第一名:加20分 第二名:加19分

第十九名:加2 第二十名:加1

选修得C,一个C扣1分

进步大于30名 加5

大于 20 名小于 30 名　加 3

大于 10 名小于 20 名　加 2

(标准名次为之前考试的平均名次)

五门单科　任课老师打分,分为五个等次

如 +3　+2　+1　0　-1

3. 小组考核,考试成绩按小组整体算语数外三总平均分。

组内成员有一个 C 在平均分上扣 1 分。

[附2]　生本主题班会节目表

高二(20)班主题班会《我的梦》节目表

序号	小队	题目	类型
1	第一小队	奋斗	小品
2	第二小队	南京大学	介绍
3	第六小队	Everyone is NO.1	舞台剧
4	第四小队	生本介绍	演讲
5	第八小队	成长的梦	舞台剧
6	第三小队	我的梦	朗诵
7	第十小队	你的位置在哪里?	英语秀
8	第七小队	阿甘正传	写书评
9	第九小队	生本圆梦路	演讲
10	第五小队	我的未来不是梦	朗诵

[附3]　主题班会演讲稿

生本园梦路

第九小队

曾经的我,当老师问出一个问题,会习惯性环顾四周,习惯等待。

曾经的我,在遇到难题时,会习惯性扔在一旁,习惯逃避。

曾经的我,在我的集体里,只有我自己。

直到一年以前,有一个人告诉我,其实你可以学得更快乐,这种快乐的学习方式叫生本。

依稀记得那天,我走过几个世纪般漫长的一段距离,迈上了讲台,讲解了第一道数学题。当讲台成了舞台,当掌声击退恐惧,当喜悦冲散了紧张情绪,我渐渐明白了生本的真谛。

依稀记得昨天,我淡定地解决了一道道难题,成功的喜悦不言而喻,我开始对自己说:难题,我不怕你!

依稀记得那天,我试着融入六个人的集体,互帮互助的感觉如此神奇,我豁然开朗,其实,我们整个20班,就是一个温馨的大家庭。

生本,改变了我太多,荆老师,让我成长了太多。

我相信,插上了生本的翅膀,一定可以飞向成功的太阳。

(我的博客的播客中有生本班会课,欢迎大家观看)

生本教育不仅在课堂,可以延伸到学校各个领域,我们学校"德育生本管理"也已成熟完善,被评为"全国五四红旗团委"。

第六章　课堂实录选

课堂实录1　数学课,还可以这样上!

"数学课,怎么上?"这个看似平谈的话题却十分沉重。毋庸讳言,现今的数学课教学,普遍存在教师讲得累、学生学得苦、效果不理想的状况,严重影响教学质量的提高和优秀人才的培养,笔者长期在教学实践中摸索出"自学交流,自主成长"的模式,收到了"轻负担,高质量"的良好效果。本文以高三"求数列前 n 项和"第一轮复习课为例,介绍我们的做法和体会,供参考。

一、自学交流,自主成长

1. 课前准备。

课前一天我们印发学案让学生自己初步完成,内容有基础知识:数列前 n 项和的概念,等差数列,等比数列,通项公项及前 n 项和公式。

基本训练题:

(1) $1 + 2 + 2^2 + \cdots + 2^n =$

(2) $1\dfrac{1}{2} + 3\dfrac{1}{4} + 5\dfrac{1}{8} + \cdots + (2n-1)\dfrac{1}{2^n} =$

(3) 等差数列 $\{a_n\}$，公差 $d \neq 0$，则 $\dfrac{1}{a_1 a_2} + \dfrac{1}{a_2 a_3} + \cdots + \dfrac{1}{a_n a_{n+1}} =$

(4) 已知数列 $\{a_n\}$ 的通项 $a_n = (-1)^{n-1} \cdot n$，求前 n 项和 s_n 以及例题

(5) 求数列 $1, 1+2, 1+2+2^2, \cdots, 1+2+2^2+2^{n-1}$ 前 n 项和

(6) 求数列 $a, 2a^2, 3a^3, \cdots$ 的前 n 项和

上课之前，我将同学们初步完成的学案浏览，了解学情，了解学生掌握基本方法的情况，学生的常错点、卡壳处（做到心中有数），并及时发还给学生，供学生上课使用。

2. 变讲台为合作、交流、自主成长的平台。

课堂上，我把讲台让给学生，让学生把课前准备的学案在投影仪上交流，并相互对话，去伪存真，集思广益。

学生 s_1 首先到讲台的实物投影仪上，展示自己的学案：

在等差数列中，$a_n = a_1 + (n-1)d$，$s_n = \dfrac{n(a_1 + a_n)}{2} = na_1 + \dfrac{n(n-1)}{2} d$

在等比数列中，$a_n = a_1 q^{n-1}$，$s_n = \dfrac{a_1(1-q^n)}{1-q}$，

此时，学生 s_2 冲到投影屏前，指明 s_1 给出的等比数列 s_n 公式有错，正确结果应对公比 q 加以讨论，即 $s_n = \begin{cases} na_1 & q = 1 \\ \dfrac{a_1(1-q^n)}{1-q} & q \neq 1 \end{cases}$

教者认为，此处潜在一个很好的教育契机，应留给全班同学一个深深的烙印，于是问 s_2，你知道为什么要分类讨论吗？这就把学生的思维引向了回顾，反思之中，s_1 补充说，追溯公式的产生过程，由乘减法得 $(1-q)s_n = a_1(1-q^n)$，只有 $1-q \neq 0$ 时，才能作分母，事实上，等比数列中有 $q = 1$ 的情况，因此，我给出的公式不全面，全班同学给这两位同学报以热烈的掌声。

理解公式的来龙去脉，走出机械记忆的怪圈，就能有效避免忽视特例导致失误。

接下来的基本训练较容易，学生都跃跃欲试，学生 s_3 拿着学案到讲台上来

展示了自己对第(1)题的解答。

$s_3: 1 + 2 + 2^2 + \cdots + 2^n = \dfrac{2^{n-1}}{2-1} = 2^n - 1$

s_4 跑上讲台,拿起教鞭,指点着数列的项对大家说:这里有 $n+1$ 项,原式应等于 $2^{n+1} - 1$。但是 s_3 并不服气,他说:经验证,当 $n=1$ 时,左边 $=1$,右边 $=1$,显然成立。

这时教室里一片寂静,学生陷入沉思,心智展开充分的辨析活动,孰是孰非,原因何在?讨论后,学生达成共识:正确答案为 $2^{n+1} - 1$。

注意到 $n=1$,左边 $= 1 + 2^1 = 3$ 与 $2^{n+1} - 1$ 相等。

至此,大家心悦诚服地接受了学生 s_4 的结果。

然后学生 s_5、s_6、s_7 分别展示了第(2)(3)(4)题的做法。

s_5: 原式 $= [1 + 3 + 5 + \cdots + (2n-1)] + \left(\dfrac{1}{2} + \dfrac{1}{4} + \dfrac{1}{8} + \cdots + 2^{\frac{1}{n}}\right) =$
$n^2 + 1 - \left(\dfrac{1}{2}\right)^n$

s_5: 化 $\dfrac{1}{a_n a_{n+1}} = \dfrac{1}{d}\left(\dfrac{1}{a_n} - \dfrac{1}{a_{n+1}}\right)$

$\therefore$ 原式 $= \dfrac{1}{d}\left[\left(\dfrac{1}{a_1} - \dfrac{1}{a_2}\right) + \left(\dfrac{1}{a_2} - \dfrac{1}{a_3}\right) + \cdots + \left(\dfrac{1}{a_n} - \dfrac{1}{a_{n+1}}\right)\right]$

$\qquad = \dfrac{1}{d} \cdot \left(\dfrac{1}{a_1} - \dfrac{1}{a_{n+1}}\right) = \dfrac{1}{d} \dfrac{a_{n+1} - a_1}{a_1 a_{n+1}}$

$\qquad = \dfrac{n}{a_1 a_{n+1}}$

$s_7: s_n = 1 - 2 + 3 - 4 \cdots + (-1)^{n-1} \cdot n$

n 为偶数时,$s_n = -\dfrac{n}{2}$

n 为奇偶数时,$s_n = \dfrac{n+1}{2}$

$\dfrac{n+1}{2} n$ 为奇数

即:$s_n = -\dfrac{n}{2}$ n 为偶数

教者肯定了同学们的做法,及时和同学们共同归纳了数列求和的基本思路:转化为等差数列,拆项抵消,分类讨论等,尤其要注意所给的数列的项数。为了培养学生洞察力及思维的机敏性,教者启示学生观察第(4)题的特征,思考不讨论求和的途径。这就激发学生积极搜索有效信息,开辟新的思维通道。

学生 s_8 运用推导等比数列前 n 项和的思路给出了做法。

$s_8: \because s_n = 1 - 2 + 3 - 4 + \cdots + (-1)^{n-1} \cdot n$

两边乘 -1, $-s_n = -1 + 2 - 3 + \cdots + (-1)^{n-1}(n-1) + (-1)^n \cdot n$

相减 $2s_n = 1 - 1 + 1 + \cdots + (-1)^{n-1} - (-1)^n \cdot n$

$\qquad\qquad = \dfrac{1-(-1)^n}{1-(-1)} - (-1)^n \cdot n$

$\qquad s_n = \dfrac{1 + (-1)^{n+1}(2n+1)}{4}$

总评:运用"乘减法"求数列交 n 项和是十分重要的思路,在数列求和中广泛应用。

接下来,引领学生共同研究余下的两个例题。

s_9:第(5)题 $\because$ 通项 $a_n = 1 + 2 + 2^2 + \cdots + 2^{n-1} = 2^n - 1$

$\therefore s_n = a_1 + a_2 + \cdots + a_n = (2 + 2^2 + \cdots 2^n) - n = 2^{n-1} - n - 2$

点评:抓住通项公式,是求数列前 n 项和的重要环节。

s_{10}:第(6)题

令 $s_n = a + 2a^2 + 3a^3 + \cdots + (n-1)a^{n-1} + na^n$ \qquad(1)

两边乘 a 得:$as_n = a^2 + 2a^3 + \cdots + (n-1)a^n + na^{n+1}$ \qquad(2)

相减 $(1-a)s_n = a + a^2 + a^3 + \cdots + a^n - na^{n+1}$ \qquad(3)

$\therefore$ 当 $a \neq 1$ 时,$s_n = \dfrac{a(1-a^n)}{(1-a)^2} - \dfrac{na^{n+1}}{1-a}$

当 $a = 1$ 时,$s_n = \dfrac{n(n+1)}{2}$

此时,已有思维敏捷者发现学生 s_{10} 解答过程不严谨。

s_{11} 认为在(3)式中对 $a + a^2 + \cdots + a^n$ 求和时,已默认了数列 $a, a^2, \cdots, a^n$ 为等比数列,其实 $a = 0$ 时,它不是等比数列,$s_n = 0$,尽管这个结果蕴含于 $a \neq 1$ 时的形式内,这就是说,必须分类讨论后归纳出正确的答案:

即 $s_n = \dfrac{n(n+1)}{2}$ $a = 1$

$\dfrac{a(1-a^n)}{(1-a)^2} - \dfrac{na^{n+1}}{1-a}$ $a \neq 1$

以上六道题并不复杂,选题旨在帮学生归纳基础知识和基本方法,引领学生掌握数列求和的基本思维策略,最后我们与学生共同研究了一道学案之外的思考题:

从公差 $d \neq 0$ 的等差数列 $\{a_n\}$ 中,选出的部分项 $a_{k1}, a_{k2}, a_{k3} \cdots a_{kn}$ 恰好为等比数列,如果 $k_1 = 1, k_2 = 5, k_3 = 7$,求 n 项和 $k_1 + k_2 + \cdots k_n$。

这道题课前没有做过,较生疏,没有现成模式可以套用,必须临场发挥,具体问题具体分析,良久不见学生举手,可见学生思维受阻。教者不急于告诉学生方法,而是启示学生从已知条件 $\{a_n\}$ 为等差数列,$\{a_{kn}\}$ 为等比数列中去挖掘数列 $\{k_n\}$ 的特征,(简约化过程)然后启迪学生从联结上述两种数列的纽带上去寻找关系,(引而不代)让学生从简单入手,寻找阶梯一步一步走出困境。

$s_{12}: k_1 = 1, k_2 = 5, k_3 = 7$

$\therefore a_5 = a_1 + 4d$ $a_{17} = a_1 + 4d$

又 a_1, a_5, a_{17} 成等比数列

$\therefore (a_1 + 4d)^2 = a_1(a_1 + 16d)$

已知 $d \neq 1$ $\therefore a_1 = 2d$

$(a_1 + 4d)^2 = a_1(a_1 + 16d)$

公比 $q = \dfrac{a_1 + 4d}{a_1} = 3$

(以下思维受阻)

总评:尽管生 s_{12} 没有走完全程,但毕竟迈出了艰难的第一步,我们要有不

畏艰险有勇气和毅力,请记住坚持就是胜利。s_{13} 终于在"纽带"上找到了希望。

s_{13} 在等差数列 $\{a_n\}$ 中,$a_{k_n} = a_1 + (k_n - 1)d$

在等比数列 $\{a_{k_n}\}$ 中,$a_{k_n} = a_1 \cdot 3^{n-1}$

即:$a_1 + (k_n - 1)d = a_1 \cdot 3^{n-1}$

注意到:$a_1 = 2d(d \neq 0)$ 得 $k_n = 2 \cdot 3^{n-1} - 1$

$\therefore k_1 + k_2 + \cdots k_n = 3^n - n - 1$

全班响起了热烈的掌声,这掌声既是对两位学生的鼓励,更是对不畏艰难、勇于攀登精神的赞美,下课了,学生们仍然余兴未尽,仍在追思其中的奥妙。

3. 初步效果。

整堂课,老师占用的时间不足10分钟,教学的重心是学生将自学的内容、心得在课堂上交流,在交流的过程中去伪存真,完善自我,开拓思维。学生深深感受到,老师把自己推到前台,汇报自己的所思、所做,真正有了主人的感觉,不再是被动接受的容器,锻炼了自己的表达能力、思辨能力,提高了优化解题、书写规范的意识,加强了学习自觉性,得到了学习的愉悦,收获成长的勇气和信心。

二、几点启示

在近几年中,我边学习、边实践、边思考,终于摸索出"自学交流,自主成长"的成功模式,取得了骄人的教学业绩,受到了同行专家的高度赞扬。深刻反思我的教学过程,有几点重要启示,值得广大同行关注。

启示1:让出讲台,不教而教

课堂教学的重心究竟在哪里?是以教为主还是以学为主?恐怕这是很多同行迷惑的一个问题,或者根本就没有加以思考,还在重复"我讲你听"的老调。数学课程标准明确指出:"高中数学课程应力求通过各种不同形式的自主学习,探究活动,让学生体验数学发现和创造的历程,发展他们的创新意识。"我在教学中让出讲台,把以教为主转变为以学为主,达到不教而教的目的,收到了很好的效果。教者的工作主要是编制学案,了解学情,把传统的教师讲解型转变为构建数学活动,引导学生参与数学活动,而教师则是活动的组织者、参与者、协调者,只在必要时进行点拨。

俄罗斯数学教育家 A. 斯托利亚尔认为,数学教学应看作数学活动的教学,即看作某种思维活动的教学。这个看法有建设性的,学生在教师设置的数学活动中认知数学,开拓思维,培养和发展能力,才能把传统型教学转化为能力型数学,让学生在活动中掌握数学。

启示2:自学交流,凸现主体

著名数学教育家乔治·波得利亚认为:直接从老师或书本那儿被动地不假思索地接受过来的知识,可能很快忘掉,难以真正变成自己的东西。我们在学生自学的基础上,创设交流、探究的平台,让学生感受到自己不再是听众,而是数学活动的主角,就会变被动接受为主动参与,毫无顾忌地将自己本领展现给大家,无论是对还是错,正确的东西可及时得到确认,谬误的东西可以及时得到纠正,此时的注意力总是比较集中的,容易留下深刻印象。

交流切磋,集思广益,在交流中相互启迪,可以开阔视野。使数学课不再感到枯燥和茫然,是一种责任、一种使命,这种交流给学生动力,学生甚至产生按奈不住的冲动,他们会在这种交流中认识自我、改变自我、超越自我。

启示3:符合规律,喜结硕果

我们在教学中体会到,学生是最宝贵的教育资源。学生既是学习的发生之处,也是学习的终极之处,教师在课堂上所做的一切,最后都得由学生自己去完成。当我们构建数学活动,创设交流,探究平台,引领学生积极参与活动过程时,无论其学得好还是差,同学的掌声都会使参与者得到心灵的震撼,让自尊得到抚慰,精神得到愉悦,学习数学的兴趣将在心底闪光。

学生在学习交流中既展示成果也暴露问题,使问题能得到及时纠正,并深刻铭记错因,有效提高正确率。

教学中发现,我们告诉学生的解题技巧往往被束之高阁,不能被灵活运用,而教学中创设情境,引领学生优化思路,在比较中感受简洁,这最优方案容易在大脑的信息库中被激活,做到灵活运用。如第(4)题,学生根据自身思维特点,

分 n 为奇、偶数讨论,是无可厚非的,我们要求学生不讨论直接求和,学生在反复审读命题时发现了命题具有"差比数列"特征,只要运用乘法就能一气呵成。学生在深思熟虑中领悟"乘减法",就能灵活求解这类特殊前 n 项的问题,并有效避免忽视对公比 q 讨论产生的失误。

当学生思维受阻时,教师不急于包办代替,而是启迪思维,引领学生寻找阶梯走出困境,这样的过程虽然艰难,却使同学在积极的心智活动中探索前行,达到成功的彼岸。他们不仅增长了独立分析问题、解决问题的能力,更是增添了自强不息、立志成才的信心,这样的教学无疑是学生生活的灿烂阳光,由此造就出生机逢勃的一代新人。

经过多轮教学实验,我所教班级学生连续多年高考都取得了优异的成绩。更可喜的是学生综合能力在轻松高效的课堂中得到提高。培养的学生不仅成绩优,而且口才好、能力强,生本教育可以让学生终身受益。学生们不无感慨地说,"原来数学课可以这样上,学习可以这么学","上数学课不仅是一个学习过程,更是一个锻炼的过程",我们在这里收获的不仅是知识方法能力,更是青春的成长、成才。

课堂实录2　变教为学,变听为讲,彻底变革课堂教学

教师教得累,学生学得苦,效果不理想,这是当前中学教育中存在的问题。扭转现状的关键在课堂教学。数学课程标准指出:"高中数学课程应力求通过多种不同形式的自主学习,探究活动,让学生体验数学发现和创造的历程,发展他们的创新意识。"在新一轮的课程改革中,我遵循这种理念,彻底变革课堂教学,让出讲台,改变教师讲、学生听的传统教学模式。变教为学,变听为讲,教师不见自我,采用自主、合作、互助的学习形式,使不同层次学生的学习能力、学业水平、学习自信都得到了极大提高,大面积提升了教学质量,历年所教学生在高考中都取得骄人成绩。

1. 变教为学,先学后研。

传统课堂教学模式,主要是老师讲,学生听(记),是老师牵着学生学,甚至

是老师替代学生学,所以老师很累。在此过程中,学生被动地接受,学习兴趣被老师的满堂灌所湮没,学生成天疲于应付作业,苦不堪言。由于学生缺乏理解,知识技能未能真正掌握,对考试缺乏自信,成绩平平。采取变教为学、先学后研的方法,彻底改变了这种状况。

在尊重教材的基础上,我对所学内容进行整合、提炼,从便于学生"好学"的目的出发,编制"教学案",提前印发给学生,要求每个同学认真自学,独立思考认知,尽量自己完成。课堂中分组交换批改"教学案"(一般前后六人一组),如有疑惑,组内讨论,形成共识。如果组内不能解决的问题再提交全班展开讨论。这样的学习活动,学生积极主动地认知知识体系,并尝试运用数学知识以及数学思想方法;这样的学习活动,有效地促进了同学之间的互帮互学,学会交流、学会合作;这样的学习活动,有效地培养了学生自主学习意识,激发了学习热情。

2. 变听为讲,自主学研。

变革课堂教学的关键是实现"教"与"学"的换位,即把主要依靠教师的教,转变为在教师的引导下主要依靠学生的学,教师"不见自我",把重心放在组织、服务、引领学生上,为"学"营造生机勃勃、令学生"忘我"的课堂。上课时,我主动"下台",把讲台让给学生,变传统的老师讲、学生听为学生自己讲。在学生分组互批时,我与一名学生主持人(每天轮换一名主持人)巡视现场。对通过小组间充分交流后还不能解决的共性疑难问题,由我或主持人组织全班讨论。学生可以径直走上讲台,通过实物投影展示自己的见解,在自由讨论中,学生辨析、质疑、补充、点评,集思广益,深化认知。在此过程中,师生共同总结、提升,老师不教而教,仅在关键处点拨。

变听为讲,自主学研,学生真正体会到了学习的快乐,发自内心想学。学生赵佳斌原来基础很差,通过这种学习方式,每天笑容满面,阳光活泼,生活在幸福中,享受学习,成绩明显进步。他说:"高中学习生活肯定是艰苦的,但我们可以把它变成一件快乐的事情去做。当做对了一道道习题,当讲对了一个个疑难问题,当解题速度超过了别人,同学们掌声一片,对我刮目相看,我的自信心顿时猛增,那种优越感,无法言语,只有体会过才知道。"

高考数学考了156分的学生李小云说:"若是从前,我要考到这个成绩,就是'痴人说梦'。这一切我最想感谢的是荆老师,是他的开放课堂帮助了我。以前学数学觉得很茫然,现在我觉得很多知识点都贯通了,有'做一抵十'的效果,从来都没想到数学还可以这么学,在您的课堂中,我从未感觉 x、y、z 枯燥,相反觉得这些字母很神奇。以前是老师要学生学,是鞭策力;现在是我自己要学,激发的是内在的求知欲,是一种渴望,一种从心底胜腾出的力量,正是这种力量为我赢得了满意的成绩。"

我觉得,学生的认可就是教学的成功。苏霍姆林斯基认为:教育不是拿真理来进行说教,而是要引起学生理智和心灵的碰撞,激起他们的情感体验。所以课堂上要做到"不愤不启,不悱不发",让学生从不同的角度、不同的途径,以不同的方法,反反复复地尝试。解决问题的过程就是一个锤练思维的过程,就是知识建构的过程。这样的教,是教会学生去学;这样的教,核心是启发学生思维;这样的教,是最大限度地调动积极性;这样的教,学生收获的不仅是成绩、知识,更是成长,成才。"知识仅占未来人生的百分之二十,能力和素质却占百分之八十",这样的教,学生将终身受益。

下面以学习"抛物线"第一节课时为例,具体阐述教学过程。

(可以在小组内讨论解决的问题就在组内完成,不再在全班展示,这样保证课堂能尽量做到讲在关键处。这里我不再赘言,下面我陈述的是在全班展示的内容)

(1)知识疏理:师生共同边讨论、边总结、边板书。

课堂讨论开始时,主持者通过抽签方式要求甲同学给出抛物线定义。

学生甲:平面内与一个定点 F 和一条定直线 l 距离相等的点的轨迹,叫做抛物线。

学生乙:根据小组讨论,认为学生甲给出的定义不严谨,请讨论。大家稍加思考,发现了其中的问题。

学生丙:如果点 F 在直线 l 上,动点的轨迹是一条直线,借助实验演示,移动

点 F 的位置,即可以发现这一点。

学生丁:学生乙的发现是正确的,只有当 $F \notin l$ 时,平面内与一个定点 F 和一条定直线 l 距离相等的点的轨迹才是抛物线。

学生生动而有价值的学习体验,加深了对抛物线定义的认识,填补了认知缺陷。

(2)错误分享:把学生的错误变成教学的资源。

在先学研究中,对于学生的错误,让学生自己自由地上台展示,讲给大家听,错因在哪里,通过小组讨论后知道应该怎样解决,其他同学就能引以为鉴。每当此时同学们总是抢着上台、争着发言,直到把问题彻底弄懂弄清为止。我的课堂有多根教鞭,上课时学生可直奔讲台,手执教鞭讲给大家听,这样的课堂因互动精彩,因生态而具活力。

问题1:抛物线 $y = ax^2(a \neq 0)$ 的焦点坐标为_____,准线方程为_____。

此处抛物线方程不标准,要有化归标准方程的意识,学生往往错在没有化成标准方程就求解。

问题2:求:经过点 $A(6, -2)$ 的抛物线的标准方程。

此题易漏解,这个练习,意在教会学生:已知焦点,如何辨别抛物线开口方向,从而揭示分类讨论思想,学生常会考虑一种情况忽略另一种情况。

这些问题对初学者来说,出错很正常,通过小组讨论发现自己错误的原因,再上台讲,可以加深印象、记得牢,防止重蹈覆辙。

最后师生共同总结:由方程求基本量必须先化标准方程,由条件求方程最好运用数形结合,分类讨论的思想,避免漏解。板书也有师生共同完成:主要分三个方面:知识点;方法总结;数学思想。

(3)质疑解惑:对于多数学生感到棘手的疑难问题,引导他们探索思考。

问题3:已知 F 是抛物线 $y^2 = 2px(p > 0)$ 的焦点,l' 是此抛物线的准线,直线 l 过 F 点与该抛物线及 l' 依次相交于点 A, B, C(如图),且 $AF = 3, \overrightarrow{CB} = 2\overrightarrow{BF}$,求:$p$ 的值。

这道题对初学者,不算容易,教学中,我们启迪学生紧扣题设条件,抛物线定义以及平面几何的相关知识,寻找入口,大家各显神通,打开解题通道,然后由学生主持交流了几种主要的方法:(使用实物投影仪)

方法1:利用定义与平面几何性质。

作 $AA_1 \perp l', BB_1 \perp l'$ 垂足分别为 A_1, B_1,由抛物线定义 $BB_1 = BF, AA_1 = AF$

因 $\overrightarrow{CB} = 2\overrightarrow{BF}$,所以 $CB = 2BF = 2BB_1$,

得 $CA = 2AA_1 = 2AF$,焦点 F 为 AC 的中点

$AA_1 = 2p$,由 $AF = AA_1 = 3$,求得 $p = \frac{3}{2}$。

方法2:利用定义求交点。

作 $BB_1 \perp l'$ 垂足 B_1,则 $BB_1 = BF$,由题设知 $CB = 2BB_1, \angle CBB_1 = 60°$,即直线 l 的倾斜角为 $60°$,直线 l 的方程为 $y = \sqrt{3}\left(x - \frac{p}{2}\right)$,点 $A(x_1, y_1)$ 坐标满足方程组 $\begin{cases} y = \sqrt{3}\left(x - \frac{p}{2}\right) \\ y^2 = 2px \end{cases}$,解得 $x_1 = \frac{3}{2}p, y_1^2 = 3p^2$

因 $AF = 3$,所以 $\sqrt{\left(\frac{3}{2}p - \frac{p}{2}\right)^2 + 3p^2} = 3$,解得 $p = \frac{3}{2}$

方法3:利用定义和图示

作 $AA_1 \perp l', BB_1 \perp l'$,垂足分别为 A_1, B_1
根据题设条件 $\overrightarrow{CB} = 2\overrightarrow{BF}$ 和抛物线定义知
$\angle AFx = 60°$ 作 $AH \perp x$ 轴,垂足 H,如图可得
$AA_1 = AF = p + AF\cos60°$,

将 $AF = 3$ 代入即得 $p = \frac{3}{2}$。

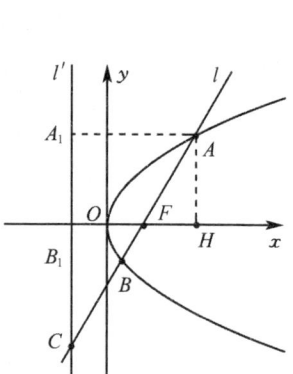

至此,问题已得到解决。主持者提请大家比较上述方法,做出解题评价,迅即学生戊发表了自己的

看法:方法1有点"晕";方法2有点"烦";方法3简洁明快,紧扣定义,回归本质。大家从不同角度审视命题,选择解题方法,博采众长,丰富了自己。可见,切入点的选择是优化解题的关键。

老师不把解题过程直接抛给学生,而是设置路标导航引路,学生根据自身特点,尝试解决问题的办法。初始,或许学生会感到迷茫,朦胧或束手无策,经过思维酝酿,一旦尝试成功,他们就会牢牢掌握自己想出来的方法,并且在交流中吸纳优秀的方法,充实和提升自己。使教学过程成为源源不断激励学生发挥自己最大潜能的过程。

(4)课堂检查:经过前三个环节后,开始抽签检查学习效果。

任抽一人,任点一题,让他代表本组上台讲解。同一小组只要有人讲错,整个小队扣分,强化团队合作意识。某同学讲错了,他会觉得相当歉意;讲对了,他会像英雄一样凯旋。这样让同一队的人互相帮助、共同努力,为了小组荣誉而约束了自己,促进了队员们之间的互帮互助,每个人都力求把事情做好,保证每个同学、每道题目都必须彻底弄懂弄透。充分利用组与组之间的竞争,最大限度地调动每位学生主动参与的积极性。用满腔的热情、高度的责任全力以赴、主动地投入学习。

开放课堂绝不是放任自流,而是增加学生的自主权。这种学习方式很好地体现了新课改的核心——自主、合作、探究。最大限度地依靠学生、解放学生、发展学生。通过兵教兵、兵管兵,不仅基础差的学生得到了提高,还反过来促进学优生提升,水涨船高,达到整体提升。学生徐珺婕说:在小队的学习过程中,我逐渐感受到了讨论合作的力量,我们在竞争中学习,在自主中成长,小队捆绑,绑住了六个人的心,大家都心连心共同努力,没有任何人愿意做落队的大雁,学习氛围好了,学习热情不可能不高,学习成绩不可能不好。

3. 变活例题,发展能力。

由于提高了课堂效率,"先学研究"的教学案解决后,在余下的时间,我让学生上台展示他们自命的变式题,他们的命题往往出乎我们的意料,学生在心智活动中提出问题,有助于由点及面建构知识体系,完善认知结构,使教学收到事半功倍的效果。讨论了问题3的解法后,有一组学生提出了以下问题:

变题1:如果将$\overrightarrow{CB}=2\overrightarrow{BF}$改为$\overrightarrow{CB}=3\overrightarrow{BF}$(改变比值),上述方法还行吗?

同学们经过思考、演算、交流后认为,此时$\angle AFx$不是特殊角,方法3仍然简便些,由$\overrightarrow{CB}=3\overrightarrow{BF}$知$\cos\angle cBB_1=\cos\angle AFx=\dfrac{1}{3}$,且$AF=p+AF\cos\angle AFx$,将$AF=3$代入,得$p=2$。

变题2:如果已知抛物线$y^2=3x$(交换条件与结论),且$\overrightarrow{CB}=2\overrightarrow{BF}$,如何求$AF$的长?

大家认为,三种方法都可行,仍属方法3较方便,只需将$p=\dfrac{3}{2}$代入$AF=P+AF\cos 60°$,即可得$AF=3$。

还有的学生提出:还可把题目改成在椭圆中。这就使问题更具开放性和挑战性。大家跃跃欲试,或独自深入钻研,或交头接耳合作讨论,神情极为专注。现摘录学生编制一道题如下:

变题3:已知F是椭圆:$\dfrac{x^2}{a^2}+\dfrac{y^2}{b^2}=1$($a>b>0$)的左焦点,倾斜角为$\dfrac{\pi}{3}$的直线$l$经过点$F$且与此椭圆相交于$A,B$两点,如果$\overrightarrow{AF}=2\overrightarrow{FB}$,求此椭圆的离心率$e$。

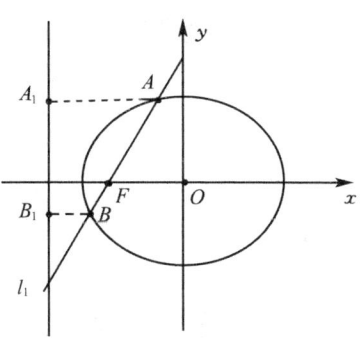

本题改变了圆锥曲线,思路与例题有异曲同工之处。

设l_1是椭圆的左准线。作$AA_1\perp l'$,$BB_1\perp l'$垂足分别为A_1,B_1。设$BB_1=t$,由椭圆定义知$BF=et$,根据题设$AF=2et$,且$AA_1=2t$,作$BH\perp AA_1$,垂足H,则$AH=AA_1-BB_1=t$,且$\angle A_1AB=60°$。由$\cos 60°=$

$\frac{t}{3et}$,得离心率 $e = \frac{2}{3}$。

课堂教学中,教师彻底"下台",让学生开放式学习,自由地思考,开阔了视野,提高了举一反三、触类旁通的能力。实践表明,学生自主研究的成果,是最有效的学习。

在变教为学、变听为讲、自己变式的课堂活动中,学生自己学、自己讲、自己质疑、自己提问、自己解决问题。学生完全自由地运用自己的经验学习(杜威语),使得学生的积极性被极大地调动起来。生命潜能的激发,使学习成为兴趣,求索成为快乐;这样的课堂活动,大家互相启迪、集思广益,使学生学得无限丰富和精彩;这样的课堂活动,践行以学生为主体的教育理念,大胆放手,通过独立思考与讨论交流相结合,在师生、生生互动中突出重点,突破难点。使学生在自信和愉悦中学会思考、学会学习。正如克莱恩所说:一旦我们开始根据人类的天性做事,过去认为复杂的事会变得的非常简单。

参考文献:

1. 教育部·普通高中数学课程标准实验,(M)北京人民教育出版社 2003。
2. 郭思乐:课堂:从短期指标回到人的发展,(J)人民教育 2009 15—16。
3. 刘群:郭思乐和他的"生本教育",(J)人民教育 2009 15—16。

课堂实录3 抛物线的几何性质

一、先学研究

教学目标:1. 掌握抛物线简单的几何性质。
    2. 能解决简单的应用问题。

(一) 知识点

1. 定义：

2. 标准方程：

3. 几何性质：以 $y^2 = 2px(p>0)$ 为例

(1) 范围：

(2) 对称性：

(3) 顶点：

(4) 开口方向：

(5) 焦点坐标：

(6) 准线方程：

(7) 通径：

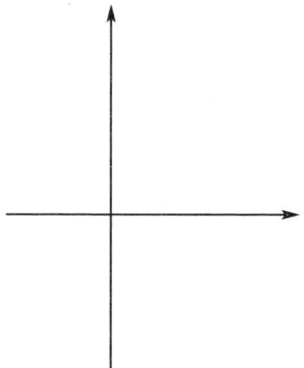

(二) 基础题选

1. (1) 求抛物线 $y = -8x^2$ 的焦点坐标、准线方程

(2) 求抛物线 $x = \dfrac{1}{a}y^2$ 的焦点坐标、准线方程

2. (1) 已知：抛物线焦点 $F(0,-6)$，求：其标准方程

(2) 已知：抛物线准线方程为 $x = 1$ 求：其标准方程

(3) 已知：抛物线过点 $P(2,-3)$ 求：其标准方程

3. 点 M 与点 $F(4,0)$ 距离比它到直线 $l: x + 5 = 0$ 距离小 1，求点 M 的轨迹方程。

(三) 研究题选

1. (1) 过抛物线焦点的直线交抛物线于 AB 两点，求证：以 AB 为直径的圆与抛物线准线相切。

(2) 已知：抛物线上任一点为 A，焦点 F 求证：以 AF 为直径的圆与 y 相切。

2. 若点 $A(3,2)$ 以及抛物线 $y^2 = 2x$ 的焦点 F 与抛物线上的动点 M 的距离

之和为 $MA + MF$,求其最小值,并求取最小值时 M 的坐标。

3. (1) 与直线 $x = -2$ 相切且过点 $(2,0)$ 动圆圆心轨迹方程。

(2) 与圆 $x^2 + y^2 - 4x = 0$ 相切与 y 轴相切动圆圆心轨迹方程。

4. (1) 已知:抛物线焦点在 x 轴上,其上一点 $P(-3,m)$ 到焦点距离为 5,求抛物线方程。

(2) 已知:抛物线焦点在 x 轴上,其上一点 P 到焦点距离最小值为 5,求抛物线方程。

(3) 已知点 P 在抛物线 $y^2 = 2x$ 上,定点 $A(a,0)$,求 $|PA|$ 最小值。

(四)学生自选题

略

二、课堂展示

荆:昨天我们已进行了讨论,那今天我们课堂展示的时间就多一点。下面我们就进行课堂展示阶段,首先来梳理知识点,请大家自己上来!

一、知识梳理

(小队1(3人)上台)

生甲:今天我们学的是抛物线,首先了解它的定义是平面内到一个定点的距离与到定直线的距离相等的点的轨迹叫抛物线。而且有个很重要的注意点是定点不能在这条直线上。

荆:很好嘛! 就是这个点不能在这条定直线上。

生乙(板书注意点:定点不能在这条直线上)

生甲:第二个我要讲的是标准方程,标准方程有四种形式。

荆:哦,有四种形式,看看如果错误的同学请举手。

(6人举手)

生:这边画的是图,那只要写哪几种标准方程形式就行了。

师生:下面已经写了。

生甲:一开始我们需要把标准方程的几种形式列出来,然后把标准方程的抛物线顶点要与坐标系的原点重合。

荆:哦,就是什么叫标准方程。

生:老师,这个地方是有问题的? 标准方程前面的系数 p 应该大于0。

荆:请同学们把没有注明 p 应该大于0补起来。感谢这位同学!提醒得很好!

荆:请讲讲 p 有几何意义吗?

生乙:p 的几何意义是定点到定直线的长(图形演示)。

生:生乙写错了($x=2py^2$),标准形式应是 $x^2=2py$。

荆:同学讲得很好,请用彩色粉笔把错误改过来! 谢谢指出小队错误!

荆:请问什么叫标准方程?

生丙:标准方程就是顶点在原点,对称轴是 x 轴的方程。

生:错!焦点在坐标轴上。

生甲:标准方程有四种形式,第一种如果是 Y 型的话,焦点是在 x 轴上的。

荆:那刚才那位同学讲的对吧?顶点在原点,焦点在坐标轴上,不好讲 x 轴,对不对?很好!

生乙(板书写出标准方程的知识点)

荆:把它写出来了,很好,其他同学再写一遍。什么叫标准方程?要搞清!

生丙:下面是几何性质,我们讨论好了。

生丙:我们是以 x 型($y^2=2px$)来讲的,然后它的范围是 $x \geq 0$。

荆:那个怎么打错了呢?

生丙:一开始写的是大于0。

荆:哦,用彩色笔改的是吧?她的错误分享给大家啊,我好像也看到好几个同学写错了。写 $x>0$ 还是 $x \geq 0$ 呢?

生:大于等于0,过原点。

荆:过原点啊! 能不能等于0?

生:可以。

生乙(图形演示 x 可以取到0)

生丙:抛物线的对称性可以利用类比法则学习。

荆:哟!类比法。

生丙:由之前的椭圆可知,以 $-y$ 代 y 看出方程不变,所以关于 x 轴对称。

荆:请问这是什么思想?

生:类比思想。

荆:类比思想在数学上是一种很重要的思想。

生乙(板书写出类比思想)

生甲:我总结了一下:对称轴看一次项,方向看系数的符号。

荆:是不是?是不是看一次项系数的符号?

生丙:焦点坐标 $\left(\dfrac{p}{2},0\right)$,这个大家都可以看出来。准线就是那条定直线,就是 $x=-\dfrac{p}{2}$。

生乙:(板书性质)

荆:那下面的同学是否还应该写一写。有的同学估计写错了,再写一下嘛!

生丙:抛物线的通径是过焦点垂直于坐标轴的线。

荆:注意过焦点且垂直于坐标轴的线段。

生乙(图形演示通径)

荆:能不能告诉我这个是怎么求出来的?

生丙:它的横坐标是 $\dfrac{p}{2}$,算出来它的纵坐标是 $\pm p$。

荆:哦,是这样子。她们展示的怎么样?看看有没有要补充的?

生:还有个特点。根据椭圆和双曲线类比出来的。

荆:又是类比思想。这个类比的思想很好是吧?

生丙:它只有一个焦点,一个顶点,一条对称轴,一条准线,而且是没有渐近线,希望大家课后回去与椭圆进行类比一下。

荆:这句话讲得好不好?

(鼓掌!)

荆:感谢她们!请大家看看展示中还有要补充的吧?我觉得刚才她们板书还少写了"几何性质",我写出来,就不讲了。看看还有要补充的吧?有没有什么性质和思想把它类比出来,如果没有就进入下一个环节。

二、错误分享

荆:下面进入基础题环节,希望错误的同学或者经过小组讨论才对的题目主动与大家分享。

同时有两个小队争抢上台

[小队2(3人)上台]

生甲:我错误的地方是没有化成标准方程的形式。

荆:刚才小队1没有讲到这方面,说明标准方程还要注意化归思想。

生乙(板书化归思想方法)

荆:同学们很厉害,能把思想方法总结出来,我还没有"注意"到呢?

荆:这一类题型都有什么特点?

师生:给方程求基本量,应该先进行方程标准化。

生乙(板书给方程求基本量,应该先进行方程标准化)

生丙:第(2)问先标准化,然后分类讨论a是否大于0,这里的a是没有几何意义的,标准方程是要求大于0的。

荆:我觉得他讲的最大亮点是a是否有几何意义,这个讲得很好!

(鼓掌!)

生(台下):要注意a不能等于0。

荆:这个地方是否要写。

生:不要写。

荆:对,应该在讲通式的时候写。有个同学总结了一句话在这里正好用上。

生:高中生要找定义域。

荆:对,也就是字母的取值范围。

生:第(2)问可以直接用公式,不要讨论了。

荆:讲得很好!

（鼓掌！）

荆：那请你再讲一遍，我还没有"听清"。

生：第(2)问可以直接用公式，不要讨论了。

荆：请大家给以再次鼓励！

［小队3(3人)上台］

小队主动争抢要求讲第3题。

生甲：求轨迹用建设现代化。

生乙（板书方法求轨迹用建设现代化）

荆：这个很重要！

荆：大家快记下来。有人研究发现错误停留的时间越长，犯错误的可能性就越小。

生丙：我用的是直接法，有点烦。请小组讨论一下，用回归定义的方法。

荆：哟！这句话讲得好！化归的思想到处闪现，在这个地方用回归定义！

生乙（板书回归定义思想方法）

生丙：根据定义到定点与到定直线距离相等的点的轨迹是抛物线。

荆：不怎么好吧？这个地方的定点是(4,0)，定直线是 $x = -5$ 哎？

生甲：没有关系，只需将直线平移到 $x = -4$ 就可以了！

师生：所求轨迹为到点(4,0)与定直线 $x = -4$ 距离相等的点的集合。这种方法就是定义法！

荆：如果能判断是什么图形，那么就可以用什么方法？

生：定义法。

荆：我们感谢这几位同学。

（鼓掌）！

三、质疑解惑

荆：下面我们讲研究题。

小队主动争抢要求讲题。

(2名同学上台)(最后一题)

生甲:抛物线方程是 $y^2 = 2x$，P 是抛物线上的点。

荆:请问抛物线上的点我们叫什么啊?

生:抛物点。

荆:你记住了吧?

生甲:A 是一个定点,不知道在哪里?

荆:不知道在哪里吗?

生甲:哦,在 x 轴上!现在求 $|PA|$ 的最小值?我们看到求距离就可以用距离公式,先设 $P(x,y)$,然后 $|PA|^2$ 就可以表示出来 $\sqrt{(x-a)^2 + y^2}$。然后化一下就可以得到一个式子。

荆:什么叫化一下啊?这个地方怎么既有 x 又有 y 呢?

生甲:因为是抛物线上一点就可以代入 $y^2 = 2x$，把 y^2 消掉就可以得到 $\sqrt{x^2 + 2(1-a)x + a^2}$。

荆:这个地方 x 有范围吧? 刚刚周林同学的话再讲一遍。

周林:高中生要注意定义域。

荆:对,定义域上谈问题!

生甲:这个地方注意 $x \geq 0$,得到一很漂亮的二次函数。

荆:哦哟!一个很漂亮的二次函数!

生甲:我开始做错了。

荆:你怎么错了啊?

生甲:我直接把顶点当做最小值的点了。但是现在不知道它的对称轴究竟在哪个地方,而它的定义域又只能是 $x \geq 0$。

荆:周林啊,你讲的话应正了哦! 这个题目是二次函数求最值,还是? 大家一起讲?

师生:定义区间是上求最值。

荆:给区间求最值,一定要讨论什么啊?

生:对称轴。

生:老师,我认为图像1的最低点应该在 x 上方,因为当 $a-1 \geq 0$ 时,在对称轴出取最小值,此时最小值是大于 0 的。

生:老师,我认为他的定义域不能这样写。

荆:哦,定义域这样写是错误的。我都没有"看出来"哎!那怎么写啊?

生:应写成区间或集合形式。

荆:那你们来帮帮他们好吧?

生乙(自己微笑的改正了)

荆:哎呀!非常好!

生甲:下面分类讨论。

荆:哟,赶快写一下,什么思想又来了!

生乙(板书写出分类讨论思想)

生甲:分类讨论 $a-1$ 是在 y 轴的左边还是右边。

荆:下面讨论应该是二次函数的问题啊?现在抛物线怎么弄成了二次函数了。

生甲:因为在求最小值时转化出来的。

荆:抛物线求最小值变成了二次函数的思想,应该要写下来。

生乙(板书函数思想)

荆:函数思想是我们高中的一种重要思想。非常好!

荆:什么叫解析几何啊?

生:代数的方法解决几何问题!

荆:对,这个在这个地方正好体现出来了。非常好!

生甲:先讨论对称轴在右侧,此时就在对称轴处取最小值。然后不要忘记,我们现在是在求 $|PA|^2$,完了还要开根号。

荆:这句话提醒得太好了啊!!我看很多同学都错了。要注意开方!再次感谢这位同学!

生乙:还要有综上所述啊!

荆:还打了一个大括号!对吗?

生:错!

师生(讨论):应分清 a 在什么情况下取什么范围!

生:老师我是这样写的!

荆:这样写可以吧!

生:可以!

荆:下面由小耿老师,你作为小老师来点评一下。

耿:要注意,只有当 $a \geqslant 1$ 时取上面的范围,当 $a < 1$ 时取下面的范围。

荆:很好!感谢你们!

(鼓掌)

生:老师,刚才的题目我也有话要讲的!

荆:那好啊!

生:这道题我是这样设的,我设的是 $x = \frac{b^2}{2}\left(P\left(\frac{b^2}{2}, b\right)\right)$,我觉得这里有一个很重要的方面是:以后设点要注意一些技巧。

荆:对啊!这一点我都"没有想到"。还有一个同学设成根号形式的,来自己上来展示一下。

生(上台)

荆:很好,这名同学多勇敢啊!现在错的好!

(鼓掌)

荆:这两种设法我们做一个比较。

生:我设为 $P(x, \sqrt{2x})$。

荆:这样设有什么不好,你们两人 PK 一下。

生:这样设 $P\left(\frac{b^2}{2}, b\right)$,有些人怕的,其实后面我可以换元。

荆:哦,好换元啊!哟!换元的思想都出来了!

生乙:(板书换元思想)

荆:我们同学很厉害,要我老师想肯定想不到这么多哎!不要怕嘛!换元嘛!换元又要注意周林讲的什么啊?

生:定义域。

第六章　课堂实录选

荆:新元的范围。看我们同学多好哦,该注意的都注意了。还没有讲清楚啊?那这种方法有什么不好啊?

生:这里有根号。

荆:哟!赶快上来!就要这样,我们要把问题彻底地讨论出来,碰撞嘛!智慧的火花!

我觉得你这里跟她的设法好像有一点不同哎!这里有个正负,要还是不要?你们两个PK。

荆:不要紧!在生活当中我们要女士优先,在知识上面我们要敢于质疑!

生:根据抛物线的图像是这样子的,设它的横坐标的话,对应的纵坐标有两个。

荆:嗯!有两个哦!是不是啊?

生:我觉得这里的问题只写一个也行。

荆:你知道为什么啊?

生:因为这里求$|PA|$的最小值,上下的点是关于 x 轴对称的,距离都是一样的。

荆:哎呀!她把对称都讲出来啦!充分利用几何性质,图形关于 x 轴对称的,这里的题目设一个点也不要紧。那以后遇到这样的题目怎么办呢?

生:看具体题目。

荆:哦,要看具体题目,就题论题。总之由繁到简,还是由简到繁?

生:由繁到简。

荆:总之做题目一定要由繁到简。感谢你们!

(鼓掌)

四、学生自选题:

[小队4(3人)上台]

荆:女士优先好吧?

生甲:我出了一道点到线的距离。

荆:哟!他这个题出的比我的好,我总习惯与用 X 型,她这个是 Y 型,要注

249

意不要 X 型建得太重啊！哟,我只讲了由方程求基本量,还有什么题型没有讲啊?

生:有基本量求方程。

荆:那有没有什么友情提醒啊?

生:一定要先看看是 X 型,还是 Y 型。

生甲:这个抛物线是 $y = x^2$,求抛物点 P 到直线 $2x - y - 4 = 0$ 的距离的最小值。

荆:前面给的是定点哎,你这个地方时定直线。差不多嘛。

生:前面是点到点的距离,我这个是点到线的距离。

荆:它们不都是用函数的思想吗?

生:我讲完了您再讲!大家请看看!

荆:那你请位同学来解答。

生:这是一条直线,设另外一条直线是 $2x - y - b = 0$,然后联立方程组,得到一元二次方程,令 Δ 等于 0 就行了。

荆:乖乖! 这是什么方法啊?

生甲:我这里有。

荆:哦,这个方法在她的掌控之中。

生甲:我们先来个铺垫,比如说这是个圆,我要求直线到这个圆的最短距离。就平移让它们相切。那把圆换成抛物线也是一样的,也是相切状态。

荆:哟,这个题目倒还可以。用几何法做的吧?

生甲:还有用代数法做的。

荆:哦,还可以用代数法啊?

生甲:这是最基本的方法。

荆:你最基本的设点技巧有没有用上去啊?设 x 还是 y 啊?

生甲:我设的是 x。

荆:这样设是简捷点吧?

生:是。

生甲:然后点到线的距离。

荆:又给出了函数吧? x 没有范围吗?

生甲:x 是属于 R 的。

荆:哟!这题目好在哪里?

生甲:好在两种方法!

荆:大家愿意做做吧?

生:愿意。

荆:命题组的同学在哪里?这个题目你们准备做做好吧?

生:这个题目还可以用定义法。抛物线上点到焦点与到直线的距离相等,那就可以转化成到焦点的距离。

荆:有没有问题?

生甲:那个是到准线的距离。

荆:你来看看,刚刚理的数学思想是回归定义。到点与到线,回归定义,这条线应是什么方向?

生:准线。

荆:能不能这样做?讨论真的是无限的,我们不能耽误专家和领导的时间。我们同学都不愿意下台。

生:老师我还要讲一下。

荆:好!对不起了大家啊!我们让他讲一下。

生:这道题目我们要分情况考虑。

荆:又是分类的思想。

生:告诉我们这个圆的方程,先把它化成标准方程。然后就可以把这个圆的图像画出来,题目说动圆与这个圆且与 y 轴相切。

荆:相切?

生:没有告诉我们是内切还是外切,所以我们两种情况都要讨论。

荆:既要考虑内切,又要考虑外切。另外,朋友我提醒你关键词要圈起来。

生:相切!

荆:高考的时候一定要这样做,审题要清楚。

生:我们先考虑外切的情况。

荆:既要考虑内切,又要考虑外切,很多同学只考虑外切,漏了一种情况。要分类思想。

生:然后把方程求出来之后,再考虑它的取值范围,它有两个点是不能取到的。

荆:哪两点?

生:一个是原点,还有个求出来的点。

荆:哎哟!你讲得太好了!这个时间应该留给你!求轨迹一定要注意"去杂补漏"。

生(板书去杂补漏)

荆:这个不叫方法,应该叫注意点。"去杂补漏"。这个"漏"会写吧?下雨天才漏的嘛?

生:这张讲义是研究抛物线的,而有的人思维定势就会只想到抛物线,其实这里还有一条x轴。

荆:这个x轴还要去掉两个点。同学们的思维不能定势,他讲得太好啦!实在是由于时间关系啊!同学们,那我们就上到这里了!我们再次以热烈的掌声感谢各位领导和专家!

(鼓掌!)